现代国际贸易丛书

对外贸易单证实务

（第3版）

谢娟娟等　编著

南开大学出版社

天　津

图书在版编目(CIP)数据

对外贸易单证实务 / 谢娟娟等编著. — 3 版. —天津：南开大学出版社，2015.7（2019.4重印）
（现代国际贸易丛书）
ISBN 978-7-310-04852-6

Ⅰ.①对… Ⅱ.①谢… Ⅲ.①对外贸易—原始凭证—教材 Ⅳ.①F740.44

中国版本图书馆 CIP 数据核字(2015)第 152832 号

版权所有　侵权必究

南开大学出版社出版发行
出版人：刘运峰
地址：天津市南开区卫津路 94 号　邮政编码：300071
营销部电话：(022)23508339　23500755
营销部传真：(022)23508542　邮购部电话：(022)23502200

＊

天津泰宇印务有限公司印刷
全国各地新华书店经销

＊

2015 年 7 月第 3 版　　2019 年 4 月第 14 次印刷
230×170 毫米　16 开本　15 印张　277 千字
定价：32.00 元

如遇图书印装质量问题，请与本社营销部联系调换，电话：(022)23507125

现代国际贸易丛书编辑委员会

主　任：薛敬孝　佟家栋
副主任：李坤望　刘重力　张伯伟　王乃合
成　员：徐　复　谢娟娟　饶友玲　史学瀛
　　　　周　哲　李荣林　盛　斌　王文先
　　　　白力威　汤秀莲　于志达

第 3 版前言

随着我国对外贸易在国际贸易中地位的不断提升，我国参与国际多边和区域贸易及其贸易关系发生了新的变化。与此同时，电子商务的迅速发展给对外贸易经营方式和运作方式带来了新的挑战，也导致了国际贸易做法和国际贸易惯例的调整以适应新形势下国际贸易操作和贸易管理。同时，随着贸易自由化的发展，我国从事进出口贸易的企业和公司越来越多，对从事贸易业务人员的要求也更高，不仅需要熟练掌握外语和进出口贸易方面的专业知识，还要求不断适应新的发展变化以及运用电子网络操作的技术。希望本教材能对学生的学习和专业人员的工作具有实际的指导意义。

进出口业务中的单证工作，贯穿于进出口贸易合同履行的整个过程，单证的签发、缮制、组合和流转，代表了货物所有权的发生、转移和终止。随着网络化发展和单据的电子化传输与管理，对外贸易企业更应重视单据内容与缮制的标准化、规范化，特别是贸易过程通过标准的单证格式在计算机间传输与处理，更需要掌握最基本的原理、规范业务程序与掌握正确制作单据的方法，从而尽量减少买卖双方的纠纷和争议，加速企业的资金周转，为国家和企业安全收汇，顺利完成进出口任务服务。基于这些原因，编者在维持原来教材结构的基础上，对每一章的内容进行了修订并重点做了如下调整：（1）强调国际贸易电子化管理下单据的申请、签发程序和正确做法；（2）结合国际贸易惯例的修订和贸易做法的改变，更新履行合同中贸易单证的内容和要求；（3）在系统归纳和详细讲解单证的基本原理和基本知识的基础上，注重操作与实践，密切联系实际工作中出现的问题，并附加了大量的单据实例和应用案例，使读者能了解单证的来龙去脉，学后能很快掌握并能操作，从而使单证工作达到标准、准确、及时和完整。

本书既可作为大、中专院校国际经济与贸易等专业的教材，也可供从事进出口贸易业务人员及相关的国际运输、保险、银行和海关等部门从业人员参考使用。本书在编写过程中，特别注意听取外贸、银行、运输及有关部门的意见和建议，也借此为给予指导的业内人士和为出版本书辛勤工作的编辑和出版人员表示衷心的感谢！由于编者水平有限，加之情况在不断变化，本书中如有错误和疏漏之处，敬请广大读者批评指正。

谢娟娟

南开大学经济学院教授

2015 年 1 月于南开园

juanxie@nankai.edu.cn

目 录

第一章 概论 1
    第一节 对外贸易单证工作的重要意义 1
    第二节 对外贸易单证工作的基本要求 5
    第三节 对外贸易单证电子化与网络化发展历程 10
    小 结 20
    复习思考题 20

第二章 支付方式与单证要求 21
    第一节 汇付、托收与制单 21
    第二节 信用证与 UCP600 30
    第三节 信用证内容与条款 37
    小 结 43
    复习与思考题 43

第三章 信用证的审核与修改 44
    第一节 银行对信用证的审核 44
    第二节 受益人对照合同的审核 47
    第三节 受益人对一般及特殊条款的审核 51
    第四节 受益人对单据条款的审核与信用证的修改 55
    小 结 60
    复习思考题 61

第四章 单证基本工作程序与操作 62
    第一节 出口单证流转程序 62
    第二节 货物托运与制单 69
    第三节 出口货物通关与单据 80
    第四节 出口退税管理 92
    小 结 95
    复习思考题 96

第五章 进出口结算单据——资金单据 97

第一节　汇票 97
　　第二节　本票与支票 103
　　小　结 108
　　复习思考题 108
第六章　进出口结算单据——商业单据 109
　　第一节　商业发票 109
　　第二节　其他类型的发票 119
　　第三节　运输单据 130
　　第四节　保险单据 149
　　小　结 156
　　复习思考题 157
第七章　进出口结算单据——公务证书 158
　　第一节　原产地证明书 158
　　第二节　商品检验证书 172
　　第三节　进出口配额、许可管理与许可证 183
　　小　结 191
　　复习思考题 192
第八章　其他结算单据 193
　　第一节　包装单据 193
　　第二节　装运通知 197
　　第三节　有关运输方面的证明 198
　　第四节　受益人证明 202
　　小　结 209
　　复习思考题 210
第九章　进口贸易程序与单证 211
　　第一节　进口配额与许可证管理 211
　　第二节　信用证的申请和开立 217
　　第三节　进口单据的审核 222
　　第四节　进口货物通关与报验 224
　　小　结 230
　　复习思考题 231
主要参考书目 232

第一章 概论

国际货物买卖即商品在国际间转移和交换的过程。买卖双方对于商业合同的主要义务体现在：卖方的交货和收款；买方的收货和付款。实际业务中，由于买卖双方所处的地理位置相对遥远，货和款的交割方式和过程往往需要大量的贸易关系人来完成，商品的转移、当事人的责任和义务往往由代表货物的单据的签发、转移和交换来完成。因此，国际商品的买卖往往表现为单据的买卖，正如国际贸易问题专家施米托夫（1985年）[①]在他所著的《出口贸易——国际贸易的法律与实务》一书中指出的：从商业观点来看，可以说 CIF 合同的目的不是货物本身的买卖，而是与货物有关的单据买卖。其中的单据即指本书中的对外贸易单证。

当然实际业务中，除 CIF 合同以外，经常使用的 CFR、FOB 合同，以及 FCA、CPT 和 CIP 合同等也同样体现了单据的买卖。因此，单证工作是进出口业务中的一个重要环节，贯穿于合同履行的整个过程。工作量大，时间性强，涉及面广。除了涉及企业内部之间的衔接配合外，还必须与银行、运输部门、海关、商检、保险公司以及有关的行政主管部门发生横向和纵向的联系。特别是卖方完成了货物的交割后，能否做到单证的及时、正确、完整，是决定能否顺利结汇的关键，直接关系到国家和企业的经济利益。因此，为了做好这项工作，进出口企业不仅要注意提高自身的单证工作质量，而且也要取得有关部门的支持和协作，才能降低收汇中的风险、保证商业利益的实现。

第一节 对外贸易单证工作的重要意义

进出口贸易支付方式中，对单证要求最严格的是信用证支付方式。目前参与国际贸易的各国普遍以国际商会《跟单信用证统一惯例》(ICC——The Uniform Customs and Practice for Documentary Credits) 作为履行信用证下合同的依据。

[①] 〔英〕施米托夫. 出口贸易——国际贸易的法律与实务. 对外经济贸易大学对外贸易系译. 北京：对外贸易出版社，1985. P37.

根据 2007 年修订本，即国际商会第 600 号出版物（以下简称 UCP600）中第 2 条定义中规定：信用证意指一项约定，无论其如何命名或描述，该约定不可撤销并因此构成开证行对于相符（提示）交单予以兑付的确定承诺。（Credit means any arrangement, however named or described, that is irrevocable and thereby constitutes a definite undertaking of the issuing bank to honor a complying presentation）。其中的"相符交单"是指与信用证中的条款及条件、本惯例中所适用的规定及国际标准银行实务相一致的交单提示。因此，信用证业务对受益人提交的与上述要求相符的单据质量提出了更高的要求，而且银行有条件的付款承诺的条件即是代表货物的单据与信用证的相符性，各当事人均以单证来确定其权利与义务。即使随着业务往来和多年的合作后，不再使用信用证，单据的质量也同样影响到卖方的顺利发货和买方收货与交接。所以，单据是否正确和符合贸易的做法和规定，任何一方都不容忽视。

一、单证的质量是决定能否顺利收汇的前提

我国对外贸易的目的，一是为国家换取外汇，二是为进口国家建设与发展经济所必需的物资、技术和设备。贸易结算无论采用何种方式，其付款的主要依据就是单据，特别是上述提到的信用证方式尤为突出。根据 UCP600 第 5 条规定：银行处理的是单据，而不是单据所涉及的货物、服务或其他行为。因此，在信用证支付方式下，若单据与信用证不符，哪怕有细小的差别，银行完全可以依此拒付货款、拒收货物，不承担付款责任；反之，只要出口商提交了符合信用证规定的单据，银行就必须承担付款的责任，至于货物的实际情况如何，银行无权过问。

【案例 1.1】 南京扬子石化公司诉新加坡策密恒得公司信用证拒付案

案情简介：1993 年 2 月 9 日《文汇报》介绍，南京扬子石化国际贸易公司与新加坡策密恒得公司，在海湾战争爆发前订立了价值 218 万美元的 2000 吨聚乙烯塑料的合同，由瑞士银行新加坡分行开出了不可撤销、即期信用证。海湾战争爆发后，出乎意料的是石油化工产品不仅没有涨价，反而急转直下。扬子公司正暗自庆幸，却收到策密恒得公司的传真，提出因质量问题要求每吨降价 200 美元，否则拒付。问：作为受益人应如何处理？

案情处理：扬子公司成立了包括律师在内的工作小组，分析对方的来函，拒付的理由明显违背信用证业务的做法，可以看出是由于市场价格下跌给对方造成了一定的损失，买方提出拒付的目的是要求降价。于是公司在了解对方国家相关法律法规的基础上，首先通过我方银行向新加坡瑞士分行交涉该信用证项下付款一事，很久之后仍然收到对方表示拒绝的回复。于是公司组织小组到

新加坡，依据国际惯例，没有理会策密恒得公司而是直接对开证行瑞士分行提出起诉。起诉理由主要有两条：（1）扬子公司单据不存在任何不符点；根据跟单信用证统一惯例，银行在单证相符的条件下必须付款，无权过问货物；（2）瑞士分行在收到我方单据 11 天后才表示拒受单据和拒付；而按当时《跟单信用证统一惯例》1983 年修订本，即国际商会第 400 号出版物（以下简称 UCP400）的规定：银行收到单据应尽早（as soon as possible）审核并通知客户。并没有具体规定银行审单的时间限制，但是按新加坡判例：拒绝单据应在三至四天内通知客户。

这样，我方以 UCP400 为依据，理由充分，新加坡高等法院判决我方胜诉，成为我国改革开放后诸多涉外信用证纠纷案中胜诉的一例。

案例分析：本案中，除上述两条买方开证行存在明显违背信用证做法外，从收到买方来函提出因货物质量问题要求降价，很明显存在开证行与买方的勾结。信用证业务是银行信用，而银行有条件付款的前提是单证相符，银行只能依据单证的正确与否决定接受或拒绝。而现实中往往开证行会因与买方的业务关系而在收到单据后提示买方，买方如果因各种原因提出拒绝，银行就会为买方利益考虑而提出拒付，而这恰恰违背了信用证业务的本质。本案中即使银行提出拒付，一应该以单据不符为理由提出；二单据也应该保留听候卖方的处理意见。而本案拒付理由是买方提出质量问题，意味着银行已放单给买方将单据拿走提货，一旦银行放单，其实意味着开证行丧失了拒绝的权利。

因此，后来《跟单信用证统一惯例》的修订中，考虑到由于审单时间不明确所造成的纠纷，UCP500 对有关银行收到单据后表示接受或拒绝的时间做了明确规定（即第十三条 b 款）：开证行、保兑行及代表其行事的指定银行，应各自有一个合理的时间，即不超过从其收到单据的翌日起算 7 个工作日，审核单据以决定是否接受或拒收单据，并相应地通知从其处收到单据的一方。UCP600 则进一步缩短了银行接受单据后审单的时间，在第十四条 b 款规定：按照指定行事的被指定银行、保兑行（如有）以及开证行，自其收到提示单据的翌日起算，应各自拥有最多不超过 5 个银行工作日的时间以决定提示是否相符。

国际贸易业务中，除信用证方式外，在跟单托收的情况下，进口商也是凭必要的、符合买卖合同规定的单据履行付款或承兑的责任。如果单据不符合要求，也有被进口商拒付的风险。从该意义上讲，单证就是外汇。

二、外贸单证是履行合同的必要手段和证明

在国际贸易中，商品与货币的交割不同于国内合同的履行，不能进行简单的直接交换，而必须以单据作为交换手段。单证主要分为两大类：一类具有商

品的属性，即代表商品的特性和交换价值；另一类则具有货币的属性，即直接代表货币或作为货币支付做出承诺或有条件的付款保证。按《托收统一规则》（1995 年修订本）即国际商会第 522 号出版物（以下简称 URC522），总则与定义中第 2 条 B 款的定义，前一类属于商业单据，如发票、运输单据，所有权单据或其他类似的单据；后一类是资金单据，如汇票、本票、支票或其他用于取得付款资金的类似凭证。每一种单据各有其特定的作用。它们的签发、组合、流转、交换和应用，反映了买卖合同履行的整个过程，同时，也反映了买卖双方权责的发生、转移和终止。如提单的签发，代表了卖方已经完成交货义务，即使货物并没有直接交到买方手上。正是由于单证在国际贸易中具有这种重要的作用，才使得国际间贸易得以跨越时间和空间而日益发展。

三、单证工作反映对外贸易的涉外性和政策性

首先，进出口单证是一种涉外商业文件，体现了我国的对外政策。因为，我国的单证与发达国家私营企业和社团的商业文件不同，大多数是由国营企业和国家政府机构签发的有效凭证，在一定程度上代表着国家有关对外贸易方面的法规和制度。如出口许可证制度，关系到国家对出口商品的计划管理，也牵涉到两国之间的贸易协定。

其次，进出口单证又是涉外法律文件，在国际贸易的实际操作中，发生纠纷时又常常是处理争议的依据。目前，随着国际贸易的不断发展，国际上逐步完善和制定了一系列统一法规和惯例，如上述提到的国际支付结算中的 UCP 和 URC 等惯例，已经被大多数贸易国家所采纳和遵守。其范围涉及到国际货物买卖、国际金融、国际结算、国际保险与国际货运规则等等与对外贸易相关的诸多方面，同时，不同的国家和地区在实际操作时，又有各自具体的惯例和做法。因此，进出口单证作为涉外法律文件，必须与之相符，并严格按照有关规定来执行。否则，会造成工作上的失误，使国家、企业或个人遭受不应有的经济损失。

四、单证质量的好坏直接关系到企业经济效益

单证工作在进出口业务活动中，虽然体现在最后交单的环节，但却是十分重要的工作，所谓成交是前提、备货是基础、运输是关键、结汇是目的。单证的全部工作是落实安全收汇，也是对外贸易的目的所在。合同的内容，信用证的条款要求，货源的衔接，商品品质、数量以及运输管理上的问题，都在单证工作上集中地反映出来。因此，单证工作不是简单地制作和交接，它贯穿于贸易的全过程，妥善处理各种问题和矛盾，才能使企业的经营成果

得到保障。

单证工作与经济效益密切相关,包括资金的加速回笼,利息开支的节约以及减少单证的费用等都可以为企业带来经济效益。例如,2013年我国全年出口2.2万亿美元,如果年息按8%计算,以平均提前一天结汇计算的话,就可以不花任何费用和成本,每年为国家创造约4.82亿美元的外汇利息收入。因此,加强单证管理工作,提高单证的质量,不但可以弥补经营管理上的缺陷,还可以节约各种费用,无形中为国家和企业创造大量外汇,因此,单证工作对企业的经济效益具有重要的现实意义。

第二节 对外贸易单证工作的基本要求

对外贸易单证工作的质量如何,不仅关系到能否安全收汇和顺利接货,也从一个侧面反映了一个国家对外贸易的工作水平和技术水平。所以,单证的缮制必须符合商业习惯和规范,对单据的缮制原则上做到:正确、完整、及时、简明和整洁。

一、缮制单据的要求

(一)正确

对外贸易单证工作,单据的正确性是前提。其包含两个方面的内容:一方面,特别是在信用证结汇方式下,要做到三相符,即单证相符、单单相符、单货相符,单证的正确性要求精确到不能有一字之讹。如案例2。在跟单托收业务中,虽然单据的正确性不像信用证业务那样严格,但如果单据不符合买卖合同的有关规定,也可能被进口商找到借口,拒付或迟付货款。

【案例1.2】"一字之差"导致出口商损失案

案情简介:某公司出口毛浴巾一批,信用证内商品规格规定13"×30",实际出运的货物完全相符。但缮制发票时,误将30"打成39",审单交单过程都没有发现该错误。单证寄到国外,银行审单时发现发票上的错误,由于当时市场行情不好,客户抓住该公司发票上的一字之错,拒付货款。后公司与买方几经磋商调解不成,最后只好把货物运回,造成货价和来回运费损失。因此,单证上任何细小的错漏都会造成重大的经济损失,不可掉以轻心。

另一方面，单据还必须与有关国际惯例和法令规定相符。目前，各国银行开证，绝大多数都在证内注明：本证系按照国际商会《跟单信用证统一惯例》的规定执行（该惯例自1933年第一次正式发布至今，已进行了七次修订。最近一次是2007年修订并于2007年7月1日正式生效，即UCP600）。银行在审单时，凡证上有上述规定者，除信用证另有特殊规定外，都以UCP600作为审单的依据。因此，在缮制单据时，应注意不要与UCP600的规定以及国际商会颁布的其他相关银行标准实务的惯例和规定有抵触，否则，就会被银行当成出单不符而退还或拒付。如国际商务2002年通过的《关于审核跟单信用证项下单据的国际标准银行实务》（International Standard Banking Practice for the Examination of Documents under Documentary Credits，简称ISBP规则），即国际商会第681号出版物，作为与UCP配套的补充文件又称ISBP681规则同时生效。

除此之外，还要注意了解进口国的法律规定和不同于国际惯例的习惯做法、对单据的特殊要求等等，注意尽量做到出单内容与其规定相一致，以避免进口国当局拒绝接受。

（二）完整

单据的完整性，一是指出口人向银行或进口商提交出口单证时，必须是全套的、齐全的。在信用证支付方式下，进口商需要哪些种类的单证，通常都在信用证上订明；托收或汇付方式下，往往在签订合同之后，买方在卖方发货前应该予以明确（最好是书面的规定）。因此，出口商只有按信用证或买方规定备齐所需单据，银行才能履行议付、付款或承兑的责任。

目前国外来证要求的单据种类较多，一般除有发票、箱单、提单、保险单等主要单据外，还有附属证明，如检验证书、重量单、产地证、船龄证明书、航程证明书、邮政收据等等。这些单据都需要经过一定手续和事先联系才能取得，在单证制作和审核过程中，必须事先了解各环节的衔接以及单据申领的时间，注意催办，防止误期或遗漏，以保证在信用证有效期内或货物发货后提交全套的、完整的单据。

二是除上述单据种类齐全外，单据本身内容必须完备齐全。每一种单据本身有其固定的格式、项目、文字、签章要求等等，如果格式使用不当，项目漏填，文理不通或签章不全，就不能构成有效文件，因而也不能被银行所接受。例如背书，是使单据的转移得以实现的手段，如果单据没有背书，影响到单据作为流通手段的作用。又如普惠制产地证明书表格A（GSP Form A），原产地标准一栏，虽仅填一个字母或加上税则号或进口成分，但如果漏填或填得不正确，便会使证明书成为废纸一张，毫无作用。

三是指出口人所提供的各种单据的份数要交齐。尤其是提单份数，要严格按信用证的要求，并在审证时落实所出份数是否能满足要求。例如：一信用证要求出具提单一套，正本三份（Full Set of 3 Original Bill of Lading…），但买方所指定的船务公司只能提供两份正本为一套，而卖方事先没有想到会没有三份，造成交单时的被动。因此，要审核对方对份数规定的措辞。例如，规定提供全套正本（Full Sets of Original Documents），并没有明确份数要求时，只要提供至少一份正本也是符合要求的。

（三）及时

单证工作的及时性，一是指出单及时。出口单证工作的时间性很强，每一种单据都有一个适当的出单日期。因此，除了出口商自身出具的单据外，业务人员需要了解其他各种单证的出单规定，以便合理安排申领时间，才能在取得运输单据后尽早备齐全部单据向银行或进口商提交。按国际惯例，单据出单日期之间有一定的关系。一般提单日期不得迟于装运期限；保险单据不得在装运日期后签发；在 CFR 和 FOB 等交货条件下，必须在装运后立即或按规定的期限、以规定的通讯方式发送装运通知，以便买方及时办理保险等等。

二是指交单及时，即在前面所述及时出单的基础上，经审核单据无误后尽早向银行或出口商提交单据，达到及时出单、尽早交单、尽早收汇的目的。因此，制单工作不允许有拖延时间的现象，特别是信用证支付方式下，一般有在装运货物后限制多少天交单议付的规定，即信用证的交单期（Presentation Period）。根据 UCP600 第 6 条有效期限及地点 d 款 i 条规定：信用证必须规定提示单据的有效期限。规定的用于兑付或议付的有效期限将被认为是提示单据的有效期限。在第 33 条"交单时间"中规定：银行在营业时间外无接受交单的义务。同时在第 29 条"截止日或最迟交单日的顺延"中又规定：如果信用证的截止日或最迟交单日适逢接受交单的银行非营业日，则截止日或最迟交单日，将顺延至其重新开业的第一个银行工作日。因此，要注意信用证规定的最后交单的截止日以及该日如果是银行非营业日则应在开业的第一营业日提交单据。

（四）简明

单据制作的简明，即简单明了，单证内容应力求简化，力戒繁琐。只要内容与信用证或合同的基本规定不冲突，尽量防止对有关内容规定将其他文件内容添加的做法。如 UCP600 第 4 条 b 款规定：开证行应劝阻申请人将基础合同、形式发票或其他类似文件的副本作为信用证整体组成部分的做法。这样可以避免单证的复杂化，减少工作量，提高效率，有利于提高单证的质量。

例如，有关商品名称，除信用证特别规定或指明外，发票以外的单据均可以使用统称。如轻工产品中的餐具，合同或形式发票中一般具体规定商品细节，如不锈钢餐具（Stainless Steel Tableware），有餐刀、餐叉等之分，一般发票上需详细列明每一种餐具的具体名称、规格、单价和数量，而提单或保险单等单据上则可以使用统称 TABLEWARES，这样可以大大减少出口单据的差错，提高单证的质量。

（五）整洁

单证的整洁，一是单证的标准化和规范化；二是单据内容格式布局的合理和易读性；三是单据表面没有涂改和差错。这些不仅反映单证的外观质量，而且也反映一个国家、一个企业的业务技术水平、单据的电子化和网络化发展水平以及对外贸易便利化的程度。

首先，有关国际贸易单证的标准化问题，早在 1978 年，联合国国际贸易简化与电子程序委员会（UN/CEFACT）就向世界推广《贸易单证设计式样》（U.N. Layout Key for Trade Documents）。1981 年 UN/CEFACT 给出了建议书 1 号："联合国贸易单证样式（UNLK）"。1985 年 ISO/TC154 采纳了 1 号建议书，并作为国际标准 ISO6422：1985"贸易单证样式"发布。我国参照联合国发布的单证样式（见单据附样 1-1），制定了我国贸易单证国家标准：GB/T 14392-1993，并于 2009 年进行了新的修订[①]，名称修订为"国际贸易单证样式"（Layout Key for International Trade Document），并将名称由位于右上角改为居中。

我国 GB/T 15310-2009 包括了进出口许可证、商业发票、装箱单、装运通知、原产地证书等。目前，我国大部分对外贸易企业采用了国家颁布的标准化格式。

其次，单据内容的排列要行次整齐，字迹清晰。这是指在具体单据的填写时，必须在格式规范的前提下，具体内容缮制时力求表面的整齐。

再次，单据应尽量减少差错和涂改。在上述单证标准化和规范化的推动下，企业都不同程度地开发了制单软件，因此，制单人员缮制电子版单证后，经过仔细审核和校对，对错误的修改更加容易，打印出纸质单据时可以避免有涂改。而一旦打印签章后的单据，在更改时必须在改正处进行签署或加盖更正章。

[①] 资料来源：工标网。

单据附样 1-1　联合国贸易单证样式

联合国贸易单证样式
UNITED NATIONS LAYOUT KEY FOR TRADE DOCUMENTS

发货人（出口商） Consignor (Exporter)	日期和参考号等 Date, Reference No., etc	
收货人 Consignee	买方（其它收货人）或其它地址 Buyer(if other than consignee)or other address	
通知方地址或交货地址 Notify or delivery address	出口国 Country whence consigned	
	原产地国 Country of origin	目的地国 Country of destination
运输事项 Transport details	交货和付款条款 Terms of delivery and payment	

运输标志和集装箱号码 Shipping marks;Container No.	包装类型和件数、货物描述 Number and kind of packages; Goods description	商品编码 Commodity No.	毛重 Gross weight	体积 Cube
			净数量 Net quantity	价值 value

自由处理区
Free disposal

认证（签署）
Place and date of issue, Authentication

二、对制单人员的要求

在对外贸易结算业务中,根据销售合约或信用证条款,缮制和出具各种对外贸易单据和证书,提交给银行办理议付或向买方寄单的人员为单证员。单证质量如何,往往取决于制单人员的政治素质和专业素质。

首先,作为单证员要有为国家、为企业默默奉献的高尚情操。单证员应当认识到自己工作的重要性。对外贸易单证在一定程度上代表着一个国家,一个企业对外贸易的技术水平,因此,要求单证员要熟悉和掌握国家有关外贸的方针、政策,遵守外贸纪律和本企业的规章制度,具有为企业的对外贸易事业而默默奉献的精神;热爱本职工作,责任心强,不计较个人得失,努力学习,充实自己。在外贸新的形势和变化下,不断掌握新的国际法规和惯例,不断更新知识。只有如此,才能胜任此项工作。

其次,应具备国际贸易方面的专业知识和实践经验。单证工作涉及面广,不管是外销、货源、运输还是财务,各环节都有密切的联系。工作中涉及到许多相关单位和部门,如银行、商品检验检疫机构、保险公司、贸促会、海关、对外贸易运输公司等等。因此,单证员必须具有一定的外语基础,熟悉进出口业务知识,能审核信用证、外文合同,更懂得或起草英文函电、一般的外文证明文件等;掌握进出口业务的基础知识,包括价格条件、各种支付方式的做法;熟悉国际惯例和法则,如国际商会第 522 号、第 460 号、第 600 号出版物等等,以及与我国有贸易关系国家的贸易惯例、有关法令和对单证的要求,并能实际运用;还要熟悉国际贸易地理及有关装运概况,包括港口、航线、运输方式、运费计算等等;了解中国人民保险公司及伦敦协会保险险别和有关条款,以及商检法等。

再次,应具有一丝不苟,踏实细致的工作作风。作为单证员除具备上述的政治素质和专业素质外,由于单证工作比较繁琐,任务重且时间性强,所以,要求制单人员必须有端正的工作态度,一丝不苟,踏实肯干,认真仔细的工作作风。否则,一单之错,甚至一字之差都会给对外贸易工作的进行造成障碍和困难,直接影响到外汇的顺利收回,给国家和企业造成难以弥补的经济损失。

第三节 对外贸易单证电子化与网络化发展历程

目前,全球贸易逐年增长,国际贸易的方式不断变化,新的做法也不断涌现,给对外贸易工作带来了前所未有的挑战。如运输方式上,随着现代物流、国际集装箱运输以及网络信息技术的广泛发展,现代集装箱运输系统要求铁路、公路、水运、航空、港口、机场、仓储以及相关的海关、商检、企业等方面的协调性越来越高,运输方式的变化带来了单据的多样化。除传统的海运提单外,出现了包含至少两种以上不同运输方式的多式联运单据、不可转让海运单和租船合约提单等等;在贸易结算方式上,除信用证、托收外,备用信用证、国际贸易证书(ITC)、保理业务和出口信用保险等灵活的付款和融资方式,在贸易的多边化、信用化、网络化发展的促进下有了实现的可能。

这些变化对单证工作提出了新的、更高的要求,特别是随着电子商务、大数据的迅猛发展,网络技术和通信技术工具逐步应用于贸易领域。除银行界信用证业务普遍运用"环球银行间金融电讯协会"(Society For Worldwide Interbank Financial Telecommunication,简称 SWIFT) 网络系统加快银行间文件和信息传递速度外,贸易企业使用的种类繁多、格式各异的纸质单据也逐步被电子单据取代。我国对外贸易单证工作也经历了单据的标准化、电子单据的生成、电子单据的网络传输与处理等改革,加快了单据的缮制、组合和流转过程,也催生了贸易电子运营商承接企业业务中大量单据的处理,建立从通关、结算到退税一站式服务平台,为广大中小企业和个人从事对外贸易提供了全面的贸易服务。

一、单据格式的国际标准化

早在 20 世纪 50 年代,国际上就出现了单证改革的浪潮。瑞典是最早进行简化单据工作的国家,并在1957年创造了一种套合式的单据(Master Document)形式,统一了单据的大小,并将各种单据中相同的项目放在同一位置上,制单时只需用打字机将各项内容打在一张总单据上,然后根据各种单据的需要,利用复印和影印技术将事先设计的有方格的遮盖板把不需要的部分盖住,复制出各种所需的单据,这样只需一次制单,校对和改错也一次完成,大约只需半小时,大大节省了人力和时间,提高了工作效率。仅此一项使单据缮制费用减少了 70%,而且大大降低了单据的差错率。瑞典的实践引起了欧洲以至联合国有关组织的重视。1973 年联合国欧洲经济委员会将其拟制成《欧洲经济委员会单据设计式样》(EEC Layout Key),作为贸易单据标准格式正式向全世界各国推荐。1981 年开始,如上文提到的 UN/CEFACT 出版并向世界发行、推广《联合国贸易单据设计样式》(UN Layout Key for Trade Documents-UNLK),强调单证标准的三要素:数据元标准化、代码标准化及结构和布局标准化,为单证的规范化、标准化、电子化和单据传递的网络化提供了前提条件。

二、制单软件与单证电子化应用

随着传真、复印技术和计算机技术的广泛运用，单证的制作和传递的速度进一步提高。国际上越来越多地使用电脑制单，即将单证内容的各项资料编好程序纳入计算机系统，利用电子计算机功能来制作单据。20 世纪 90 年代初期，我国外贸公司开始采用计算机制单，与传统纸质单据的制作相比，这种方法可以将合同或信用证要求的内容一次输入，多次、反复输出到不同单据上，使单证的审核、修改一次完成，避免单据上出现错误和涂改，提高了单证的制作水平和质量，节省了时间和人力，加快了制单的速度和单证的流转。

随着电子计算机软件技术的不断开发和应用，除专门用来处理外贸企业的业务类单证、运输类单证、报关报验类单证和出口结汇类单证以外，还应用于信用证分析、信用证管理、交单日期的预报，运输数据的储存等方面。但是，由于外贸企业根据各自的需要开发的电脑制单软件产品种类较多，其标准化、软件环境各有不同。如专业技术部门开发的制单系统灵活性强，用户界面好，但不如外贸业务部门开发的实用性强，易于操作；业务部门开发的系统在结构设计、灵活性和界面方面又存在一些不尽人意之处。加之当时国家对企业的单据标准化、规范化，缺乏强制性、统一性要求，且通过制单软件填写的单据，仍然需要打印出纸质单据，供外贸履行各环节的相关部门进行审核、使用，贸易单据成本并没有明显降低，单据的转移和使用仍然是传统的人为方式来进行。因此，需要进一步提高电子单证标准化的统一，实现贸易的网络化和无纸化。

三、EDI（电子数据交换）——无纸贸易的先驱

（一）EDI（Electronic Data Interchange）

自 20 世纪 80 年代兴起的 EDI（电子数据交换）在世界各国普及和采用，给我国贸易做法和单证改革带来了新的挑战。原外经贸部认识到，只有尽快加速单证的标准化、规范化，实现对外贸易单证的计算机处理，才能适应国际贸易发展的趋势，否则会成为阻碍对外贸易发展的因素。

EDI 是指按照协议对具有一定结构特征的标准经济信息，经过通信网络在商业贸易伙伴的电子计算机系统之间进行自动交换和自动处理，使国际贸易往来过程不再依赖纸面单证，而逐渐被电子单证所代替。简言之，是一种商业信息快速传递手段。EDI 是现代计算机与通信技术相结合的产物，它的最大特点是将商业文件标准化，用电子数据通讯方式将市场需求、原料采购、生产制造、合同签订、商检、保险、银行汇兑、货物托运及海关申报等贸易链中的各个环节有机地结合起来，使贸易过程缩短时间，降低人为干预程度，减少人为错误，提高经济效益。所以，当时称 EDI 是改变传统商业贸易运行习惯的催化剂，是

一场结构性的商业革命。

（二）EDI的标准化问题

EDI标准的发展经历了由产业标准、国家标准到国际标准三个阶段。其中较著名的国家标准，如美国国家标准局（ANSI）授权ASCX.12委员会依据行业TDCC标准开发、建立的跨行业且具有一般性的国家标准ANSIX12；欧洲较广泛使用的是由联合国欧洲经济理事会从事国际贸易程序简化工作的第四工作组（UN/ECE/WP.4）负责发展及制订的TDI及GTDI标准；而英国则应用TRADECOMS等等。而国际贸易的进行需要制定统一的国际标准而非国家标准。因此，1985年在联合国赞助下，欧、美两大标准北美ANSIX.12欧洲GTDI开始广泛接触与合作，进行国际间EDI通用标准的研究与发展，UN/ECE/WP.4承办了国际性EDI标准制订任务。考虑到各国EDI的发展现状，他们将EDI国际标准分为三个领域：行政（Administration）、商业（Commerce）和运输（Transportation），并于1986年正式以UN/EDIFACT（United Nations/Electronic Data Interchange For Administration, Commerce and Transport）的形式作为国际性EDI通用标准发布。这个标准1987年为国际商业协会体系所承认，后者向ISO-TC/154建议EDIFACT的语法规则，并于1987年8月获得通过。美国的ANSI ASCX.12也于1992年在其第四版标准制订后不再使用，全力与UN/EDITACT结合。1997年以后，国际上统一为UN/EDIFACT标准。

UN/EDIFACT宣布之后，得到了世界上大多数国家的支持，UN/ECE也不再是单纯欧洲国家组织。从1986年到1988年，分别成立了北美、西欧和东欧三个地区性的EDI委员会。任何联合国的正式成员如果对UN/ECE的某个主题感兴趣，均可参加UN/ECE会议。1990年4月，澳大利亚和新西兰加入，成为第四个委员会。后来，亚洲和非洲也相继成立了相应的委员会。我国是亚洲EDIFACT委员会（ASEB）的成员国，1991年成立了中国EDIFACT委员会（CEC），对内又称中国促进EDI应用协调小组。

UN/EDIFACT标准的特点在于：由于是欧洲和北美的融合体，保持了原有灵活性和有效性，因此具有广泛的适用性和前期应用基础；它既可作为跨行业跨地域的标准使用，也可作为政府或专用标准使用，因此应用起来比较灵活，适用面相当广；UN/EDIFACT标准有一套严格的报文程序，保证了由联合国批准发布的EDIFACT报文完全符合标准的要求，因而具有国际范围应用的功能。因此，EDIFACT是目前全球EDI应用最流行的标准。我国在推广应用EDI的过程中，已明确把采用UN/EDIFACT国际标准作为EDI实施中的一项发展战略，并积极参与了UN/EDIFACT标准的有关工作和亚洲EDIFACT委员会的各项活动。

（三）一些国家 EDI 发展情况及前景

世界各国为了维护本国的商业利益和经济地位，都非常重视商业文件的快速传递和处理，积极开发、推广、应用电子数据交换技术。美国由于有较高的电算化管理水平和较好的网络设施，是最早开发、应用 EDI 的国家。美国发展 EDI 是自下而上的，因而形成了多种标准共存的局面。如存在国家标准，即上述提到的 ANSIX.12，涉及到零售业、汽车制造业、电子工业及化工等多种行业；还有行业标准，如美国电子交换委员会（EDIA），涉及海运、空运和陆运；百货公司的条形码（UCS）等等。它们在一些具体数据元、代码的定义、文件格式等方面不尽相同，在一定程度上限制了 EDI 的发展。但随着对 EDI 标准问题的逐渐重视，美国积极开展不同标准的转换工作，美国海关于 1993 年 3 月起开始接收第一份 EDIFACT 标准格式的报关单和海关批复单证用本。

亚洲国家和地区，如日本、新加坡、韩国、中国台湾和中国香港地区等，也积极推进 EDI 的应用，努力赶上北美和西欧。新加坡是亚洲最早也是最成功使用贸易电子化管理的国家——TradeNet 是政府自上而下主导开发成功的 EDI 系统，是连接贸易主管机构及有关业务单位贸易文件的 EDI 网络。实现了对外与世界其他国际贸易网络连接，建立新加坡在世界经济体系的新地位，对内协助贸易解决繁琐的贸易文件处理和传送问题，节省文件处理成本，加速业务进行，提高效率，增强竞争能力。TradeNet 在 1989 年元月开始运行，每年可为政府及贸易部门节省 10 亿新加坡币。其成功的因素在于：网络一开始就汇集了经济规模相当的用户；解决了网络安全及电子文件法律地位问题；简化了行政程序。中国香港由于小型企业多，国际市场竞争激烈，劳动力紧缺等因素，无论在企业内部还是与海外企业之间均进行数据通信，电子贸易成为香港普遍的经商方法。1988 年，相关多家私营企业和商贸协会一起组建了贸易通（Tradelink），开始建立 EDI 服务，重点是使基本贸易程序自动化，给全港进出口商提供一系列增值服务。香港贸易署致力于推动商界广泛使用电子数据交换服务，以提高香港的生产力和竞争力。韩国由数据通信公司主持的 EDI 工作，初期以国际贸易应用为重点。美国的 EDI 公司、加拿大 EDI 协会、北美的 EDI 厂商参与了韩国的前期 EDI 工作。1991 年 4 月，韩国加入了日本/新加坡 EDIFACT 委员会；同年 12 月颁布了"促进贸易自动化法令"，从法律上明确采用国际标准，之后韩国投资 5.8 亿美元，建立了全国性 EDI 服务机构"韩国贸易网"（KTNET）。

（四）我国 EDI 发展情况

我国与世界其他国家和地区相比，EDI 的研究与开发工作起步较晚。1986 年，原对外经济贸易部计算中心对全国经贸系统的计算机应用和信息管理制订了发展规划，即三级网络：经贸部、各省、市经贸厅委、各地市经贸机构和外贸公司。为实现这一规划，又提出了经贸系统推广计算机必须遵守的四原则：统一规划；统一机型；统一软件工程设计规范；统一数据格式和代码标准。为了具体落实这一规划，原外经贸部把 EDI 纳入部"八五"计算机应用规划中，并从 1990 年开始，召开会议专门进行研讨，采用走出去、请进来的方式，了解国际 EDI 发展情况，宣传和推动该项工作。1991 年 8 月，由国务院电子信息系统推广应用办公室主持，成立"中国促进 EDI 应用协调小组"。同年 9 月申请加入了亚洲 UN/EDIFACT 委员会，并宣布中国 UN/EDIFACT（CEC）的成立。

1994 年 4 月 1 日，国家"八五"重点科技攻关项目之一、我国第一个 EDI 应用系统——海关自动化通关系统在首都机场海关试运行获得成功，填补了我国在 EDI 技术研究领域尚无应用实例的空白，有力地推动了我国对外贸易与国际惯例接轨的进程。在国家"三金工程"的推动下，通关自动化和国际贸易无纸化的"金关工程"，实现各外贸机构（外经贸部、税务局、海关总署、人民银行、统计局等）的联网；开发了外贸管理系统（出口退税、境外结汇境内收汇系统、配额许可证管理系统、进出口统计系统）的 EDI 业务。特别是 1996 年 12 月联合国贸易网络中国发展中心在北京正式成立，随后原外经贸部成立了国际贸易 EDI 中心，标志着我国 EDI 发展战略已经提到重要的日程上，成为实现"九五"计划和推动对外经贸事业的一项重要内容。

EDI 可以说是国际电子商务发展的基础，但是，由于 EDI 应用之初的非开放性、设施的专用性，使其应用范围受到限制而逐渐被开放式的 Internet 取代。企业通过在互联网上建立自己的网站实现与国际网络的互联，对经营的商品通过国际市场的行情分析、确定产品的营销策略并取得国际电子商务认证机构的认证，从而实现网上磋商、网上交易和网上合同的履行，实现跨国商务活动。

四、电子商务的发展与单证网络化管理

20 世纪 90 年代以来，在 EDI 开展商务活动的基础上，特别是随着 Internet 的飞速发展和计算机技术的日臻成熟，电子商务发生了质的飞跃，超越了大公司的应用范围而成为一个全球性的经济现象。各国政府和各有关的国际组织纷纷进行研究和探讨，发达国家利用已有的优势，试图在电子商务活动中谋求霸主地位，以实现更多、更大的经济利益，而广大发展中国家则不甘落后，积极参与竞争以求抓住机遇摆脱落后。

（一）欧美等国家和地区电子商务的发展

电子商务的成功应用首先是在发达国家，尤其是美国和欧洲。如前所述，以 EDI 为基础的专门的增值网络为条件的电子商务雏形在美国已经发展多年，但由于 EDI 的应用主要是在跨国公司、银行和保险公司等机构的母子公司、各地办事机构之间,通过内部专用网络来进行,所以存在建设成本高,系统封闭等不利于广大企业大规模采用的问题。随着INTERNET的兴起,给真正意义上的电子商务带来了机遇和挑战,基于INTERNET的EDI可以解决原来存在的一些问题,如贸易各方不再需要架设专用线路,建设成本可以大大降低,而系统却可以向整个世界开放。

美国电子商务的发展得益于"信息高速公路"的建设。1992年克林顿竞选总统时提出了"信息高速公路"的设想,该计划的全面启动取得了巨大的经济和社会效益,体现了社会化分工的特点。首先,国家从宏观上的推动,制定相应的法律和法规作为发展电子商务的保障。政府出台在INTERNET网上开展商业活动的"统一商业法规"(UCC)这一涉及美国商业法重要领域的、范围广泛的法规集;在国际上,支持所有国家采用联合国国际贸易法委员会提出的"电子商务示范法"作为使用的国际"统一商业法规";1997年7月发表的"全球电子商务政策框架"进一步阐明了政府的原则和立场。从投资结构上,采取政府引导、市场驱动政策的基础上,鼓励全社会的投入。政府重点放在政府网络建设、公益型机构的网络建设和应用、政策法规的制订、普及、宣传与培训等方面,并重点资助信息技术的研究与开发。其次,地方政府着眼于本地平台建设,进行政府信息化建设。最后,在信息基础设施和商用网络建设上,由各大企业投入,企业内联网由用户负责,并充分利用现有网络资源实现内联网与互联网的相互连接;有计划地放开信息服务业。

加拿大雄心勃勃要当电子商务领导国,其政策有四大重点:(1)建立社会各界对数字经济的依赖感,确保电子商务的法律环境;(2)制定明确的市场规则,包括强化诸如安全隐私和消费者权益的保护;(3)强化信息高速公路吸纳在线交易的能力;(4)鼓励并帮助社会各阶层实现网上交易。加拿大电信网络化的发展相当快,其"信息高速公路"的建设与美国不相上下。政府十分重视电子商务的研究及应用,专门成立了电子商务委员会,负责电子商务试点工作开展、法律法规框架的筹备制定,并负责政府与研究机构、用户之间的协调工作。加拿大海关EDI应用已具有相当的规模,最早采用的是美国标准,20世纪90年代后开始参照UN/EDIFACT标准重新规划和开发EDI系统。系统业务范围包括申报、检验、通关放行、承运、货物数据分类、信息统计、资金转账系统、关税和国内税的电子支付等,极大地提高了商贸实务过程的工作效率,在对外贸易实务操作过程中起到了很大的作用,促进了加拿大经济的发展。

欧盟在INTERNET飞速发展的前提下,面临着极大的冲击与挑战。为改善INTERNET的环境,普及电子商务,欧盟采取了一系列措施。第一,建立一个先进的,用于在欧盟内部进行研究和发展的泛欧网。该网络支持欧盟各项政策的制定；引导各国政府共同参与；进行系统有关法律的制定等，"欧盟电子商务行动方案"对信息基础设施、管理框架和商务环境等方面的行动原则进行了规定。第二，建立完善的以电子方式支付的金融机构及税收环境对欧盟至关重要。第三，大力开展电子商务是欧盟各成员国的共识。据国际数据服务公司提供的报告，欧洲网上贸易由1997年的11亿美元增至2001年的259亿美元。1998年已有50万商业站点开展电子商务，2003年增加到800万站点。但研究发现，欧洲各国INTERNET的应用发展不均衡，75%的芬兰公司使用IP服务，而法国仅为25%。另外一些成员在电子商务上已取得了卓著的成就，有些地方甚至超过了美国。

（二）亚洲国家电子商务的发展

从美国、欧洲开始的电子商务浪潮很快席卷了整个世界，这些国家的示范效应给世界带来了"后发制人"的遐想和可能性。亚太的新兴国家和地区，投入了大量的热情和努力成为电子商务发展的典范。

日本把电子商务作为国家经济发展的策略，由国际经贸部积极同私人机构合作，制定日本经济在商务活动中开展电子商务的促进计划。1994年准备了总计为2.5亿美元的资金，分配给19个客户电子商务项目8000万美元，26个公司电子商务项目1.7亿美元，从资金上大力支持企业电子商务的发展。1996年成立了电子商务促进委员会（ECOM），对电子授权认证和电子预付款等领域制定规划和模型协议。

韩国于1998年6月，由商业、工业和能源部组织主要电子设备公司共同签署了一项联合协议，旨在制定电子商务的国内标准，以便建立一个用于同类产品的研究与开发、采购与供应、营销与服务以及产品库存管理的公用数据展开广泛的合作。该协议规定在1999年推广电子数据交换（EDI）系统的应用，建成电子购物中心，并在2000年制定出跨行业的电子商务标准。

新加坡是以政府主导电子商务，新加坡政府原则上倾向于政府的职能应从垄断式的管理转向提供服务方面来。由于新加坡为外向型经济，国际贸易在国民生产总值中占有重要地位，因此政府在20世纪90年代初，就着手制定一套详细的法律和技术框架，以鼓励当地企业和跨国公司使用电子商务。新加坡启动电子商务发展计划，制定了电子交易法，要求工商界和公众广泛开展电子商务，提高工商业的生产效率和竞争力，形成电子商务服务产业，以实现"到2003年通过新加坡进行的电子贸易额达到40亿新元"的目标。

马来西亚和新加坡可以说是亚洲乃至世界IT的典范。两国都具有发达的网络环境，新加坡率先实现了INTERNET信用卡结算试验；马来西亚建成了"多媒体信息走廊"，及时开通了与新加坡TRADENET相同的海运信息网。在网络化进程中,积极引进世界最新的科学技术,为全面开展电子商务打好坚实的网络环境基础。马来西亚政府还是东盟电子商务的积极倡导者,提出了东盟电子商务框架的构想,目的是使东盟在电子商务中占有一席之地。

（三）我国电子商务的应用与发展

我国由于市场经济机制尚未健全,一开始电子商务发展充满了困难和阻力,开展电子商务所需的网络设施、安全保障手段比起其他国家有一定的差距。但是,中国政府意识到信息技术和电子商务对经济增长和企业竞争力的巨大影响。在国务院机构改革方案中,信息产业部的组建为迎接这一挑战创造了条件,并将发展电子商务列在历次国家"国民经济和社会发展规划纲要"中。

1. "九五"与"金字工程"

"九五规划"开始,我国以"金"字系列工程为代表的国民经济和社会信息化建设取得重大进展。"金桥""金关""金卡""金税"等工程相继投入使用,对加速外经贸、税务、金融等领域现代化步伐作出了显著贡献,也为外经贸信息化进一步集成现有资源,争取更大发展提供了有利条件。金桥工程初具规模,并向社会提供服务,形成覆盖全国30个省市和地区,站点由原来的24个扩建到70多个；金卡工程首批12个试点省市全部实现跨行联网运作；金税工程覆盖全国400个城市、3800个县市,并建立起全国四级计算机网络系统；国家重大信息化工程———金关工程取得显著成果：进出口配额许可证管理、进出口统计、出口退税、出口收汇和进口付汇核销管理等四个计算机管理应用系统建设基本完成,初步实现了部委间的网络互联和信息共享；中长期目标推行各类对外经贸业务单证的计算机网络传输,实现国际电子商务。

首先,建设了一批重点网站。1998年3月,原外经贸部率先在国际互联网上创建了外经贸部政府网站,并建立了中国商品交易市场、在线中国出口商品交易会、中国技术出口交易会、中国招商等知名站点,及时向世界各国全面介绍我国外经贸政策法规、著名企业和产品,为企业提供信息服务,成为连接我国对外经济贸易与世界贸易的重要信息纽带和桥梁。其次,初步建立标准化体系。《中华人民共和国进出口企业代码规范》（WM1－1999）作为国家金关工程和外经贸行业的重要标准在我国外经贸和相关领域得到应用；汇集了150多个国家和行业标准的外经贸信息化标准体系初步形成。再次,信息安全工作取得初步成果。国家"商业电子信息安全认证系统"通过了科技部和国家密码委员会的科技成果鉴定。当时是我国第一个自主开发、具有自主版权的电子商务信息安全认证系统。它不仅解决了外经贸专用网上的信息安全问题,也为商贸、金融、保险等领域的信息安全提供了解决方案。

虽然,外经贸信息化在"九五"期间得到了很大发展,但是,与外经贸发展的迫切要求相比，还有很大差距。集中领导、统筹规划、组织协调力度不够；信息管理体制和运行调控手段有待完善；信息资源的开发和有效利用不足，特别是国内外商贸信息、市场信息的收集、发布体制尚不完善；信息技术水平与国际先进水平尚存在一定差距；信息化政策、标准和配套措施有待进一步建立和完善；外经贸信息化发展资金投入不足；信息安全与保密工作有待加强；尚未建立一支外经贸信息化发展急需的人才队伍。

2."十五"与电子商务和电子政务协调发展

"十五"期间，外经贸信息化建设要在国家关于信息化建设总方针的指导下，适应经济全球化、信息化迅猛发展和我国加入世贸组织的新形势，以提高外经贸管理水平和增强我国企业国际竞争力为目标，以推进政府管理和服务职能电子化、开发利用国际经贸信息资源和推广国际电子商务为中心内容，立足应用，着眼发展，务实创新，服务企业，全面推动外经贸信息化建设，保障21世纪外经贸事业持续发展。

"十五"发展的主要目标为：第一，各级外经贸政府主管部门的主要管理业务实现在网络上进行，内部基本实现办公自动化。建成覆盖广泛、功能先进、安全实用的外经贸电子政务体系，提高各级政府对外经贸管理的透明度和工作效率，适应进一步对外开放和世界贸易组织规则的要求。第二，确立外经贸信息资源开发和应用的重要地位，加快建设一批外经贸领域大型数据库。基本建立和逐步完善适应我国国情和国际贸易发展趋势的外经贸信息服务体系，提供全面、及时、准确的信息，增强我国企业在国际市场上的竞争力，提高各级政府外经贸主管部门的决策效率和水平。第三，增强我国外经贸信息化发展的网络基础，完善外经贸专用网的建设和管理，与有关专用网和互联网互通互联，实现资源共享。把中国国际经济贸易互联网建成遍及全国、服务一流、具有较强市场竞争力的经济贸易网。第四，建立与外经贸信息化发展相配套的法规、标准、安全体系。第五，建立一支适应我国外经贸信息化建设需要的人才队伍。

3."十二五"电子商务法规标准体系与商贸流通体系发展

电子商务的网络化经济活动，成为我国战略性新兴产业与现代流通方式的重要组成部分。商务部为推动和引领我国电子商务的发展，原信息化司更名为电子商务与信息化司，目的是为加强电子商务和网络购物的职能管理，加快商务领域发展方式转变和结构调整，扩大消费长效机制，培育参与国际合作和竞争新优势，维护国内外贸易和国际经济合作平稳较快发展。根据《国民经济和社会发展第十二个五年规划纲要》《2006—2020年国家信息化发展战略》《国务院办公厅关于加快电子商务发展的若干意见》，出台商务部"十二五"电子商务发展指导意见，明确主要目标和具体工作任务。

第一,到 2015 年,电子商务法规标准体系基本形成,协同、高效的电子商务管理与服务体制基本建立,规范、诚信的电子商务交易环境逐步完善[①];第二,电子商务成为企业拓展市场、推动"中国制造"转型升级的有效手段、消费者方便安全消费的重要渠道;第三,电子商务服务业规模化、规范化发展,成为我国现代商贸流通体系建设的重要组成部分。到 2015 年,我国规模以上企业应用电子商务比率达 80%以上;应用电子商务完成进出口贸易额占我国当年进出口贸易总额的 10%以上;网络零售额相当于社会消费品零售总额的 9%以上。

总之,电子商务将成为我国对外经济贸易的重要方式,对于推动外经贸发展、改变政府的管理与服务方式、充分开发外经贸信息资源和信息服务体系的建立,增强我国企业的国际竞争能力等方面具有重要的意义。

小 结

对外贸易单证工作是对外贸易业务的重要环节之一,并贯穿于贸易合同履行的整个过程。单证质量的好坏直接关系到对外贸易企业的经济效益,反映了企业工作人员的技术水平和专业水平。因此,企业应重视单证工作并作到正确、完整、及时、简明和整洁,这样才能加速资金周转,提高外贸企业的工作效率。

随着我国对外贸易的不断深化和发展,以及科学技术日新月异的变化,对外贸易业务的规定和做法也在不断改进。因此,应注意遵循国际上的有关法律和惯例的规定,不断改进工作方法和技术,用现代化的手段代替传统贸易进行的方式,为企业提高经济效益服务。

复习思考题

1. 进出口贸易单证工作有什么重要意义?
2. 单证工作对单据的基本要求是什么?
3. 进出口贸易单证工作的未来发展趋势是什么?
4. 政府在电子商务应用中应发挥怎样的作用?
5. 我国国际电子商务发展存在的主要问题是什么?

---

① 商务部网站,电子商务与信息化司:http://dzsws.mofcom.gov.cn/article/zcfb/201110/20111007788011.shtml。

第二章 支付方式与单证要求

国际贸易支付方式是多种多样的，经常使用的、形成规范做法并受国际惯例约束的是汇付、托收和信用证三种基本方式。随着国际贸易的发展，业界出现了一些灵活、便捷的方式，如赊销（O/A）、凭单付现（C.A.D.）、随订单付现（C.W.O.）、货到付现（C.O.D.）等。与此同时，为解决发展的支付方式可能产生的收汇风险加大的问题，金融机构提供一些补充或担保及其与融资相结合的做法，如银行保函（L/G）、国际保理业务（Factoring）以及福费庭（Forfaiting）业务等融资担保方式，使买卖双方在自愿的基础上进行选择。

我国进出口贸易中使用最多的仍然是汇付、托收和信用证方式。其中汇付由于是进口商自行将货款径直汇入出口商银行，结算方式简便、银行费用相对较低而被普遍采用。该方式下，买卖双方完全凭商业信用履行各自的合同义务，商业风险也相对较大，比较适合有多年贸易往来关系的买卖双方使用。进口商付款的行为不以卖方提交单据的正确与否为前提，相对而言对单据的要求不如另外两种方式严格。托收与信用证方式下，是由出口商开具汇票，委托或要求进口商或银行按规定的方式和期限支付货款给出口商，前者属于商业信用，后者则属于银行信用。出口商提交的单据质量会影响到进口商或银行的付款行为，特别是信用证方式，单据的正确性是买方付款的前提条件。

第一节 汇付、托收与制单

一、汇付结算与出口单据

汇付又称汇款（Remittance），是付款人通过银行（汇出行和汇入行）使用不同的汇款方式和结算工具将货款汇交收款人的一种结算方式。支付工具与款项的流动方向一致，属于顺汇。

（一）汇付的当事人及其关系

汇付结算主要关系到四个当事人：付款人或汇款人（Payer/Remitter，通常应是进口商）、收款人（Payee/Beneficiary，通常是出口商）、汇出行（Remitting Bank，通常是进口商的银行）、汇入行（Paying Bank，通常是出口商的银行）。各当事人之间是一般的商业合约或代理关系。

（二）汇付方式与工具

办理汇付业务，需要由汇款人向汇出行提交"汇款申请书"（Application for Remittance，见单据附样 2-1），汇出行根据汇款申请书指示的汇款工具向汇入行发出付款委托书；汇入行收到后有义务向收款人解付货款。汇款工具按照通知的方式分为以下三类：

1. 电汇（T/T）。是指汇出行应汇款人要求以电讯（Telegram）方式委托汇入行向收款人付款的结算方式。该方式是汇款工具中最快捷的方式，付款人承担的汇款费用相对较高。

2. 票汇（D/D）。是指汇款人向汇出行购买"银行汇票"（Bank Draft）寄给收款人，由收款人据以向汇票上指定的银行（汇入行）收取款项的结算方式。汇出行寄出汇票后，将汇付通知书邮寄给汇入行通知其付款。

有关汇票的制作和要求，将在第五章详细讲解。

3. 信汇（M/T）。是指汇出行应汇款人的申请和要求，以信函（Mail）方式委托汇入行向收款人付款的结算方式。该方式的费用较小，但汇款速度较慢。

汇付结算方式完全建立在买卖双方互信的商业信用基础上。因此，交易双方要注意在合同中明确货、款的交割时间，通常有预付货款和货到付款两种基本方式。同时，该方式下卖方交货后单据的转移独立于货和款的转移，无论商定的是哪种汇付方式，卖方都需要在货物装运取得货运单据后，以双方议定的方式（邮政或快递）径直寄给进口商，货物的所有权也随之发生转移，而买方是否付款完全取决于其信用的好坏，这就是为什么上文提到汇付方式的商业风险比较大的原因。而单据的种类和制作的要求与其他支付方式没有太大区别，参考第五章开始的单据缮制和要求。

第二章 支付方式与单证要求

单据附样 2-1 汇款申请书

国际汇款申请书
公司客户
International Remittance Application
Corporate Customers
请用英文或德文填写
Please fill in this form in English or German.

中国银行 法兰克福分行
BANK OF CHINA FRANKFURT BRANCH
SWIFT: BKCHDEFFXXX

银行填写 For internal use
汇款业务编号 Ref. No.:

汇款货币 及 金额 Currency and Amount	
汇款人在中国银行法兰克福分行的（国际）银行帐号 A/C No. /IBAN of Remitter	

汇款人姓名 Name of Remitter		汇款人联系电话 Tel.-No. of Remitter	

汇款人地址 Address of Remitter	

收款银行名称 Name of Beneficiary's Bank		收款行代码 SWIFT Code of Beneficiary's Bank	

收款银行地址 Address of Beneficiary's Bank	

中转行名称* Name of Intermediary Bank*		中转行代码* SWIFT Code of Intermediary's Bank*	

收款人（国际）银行帐号 A/C No. of Beneficiary	

收款人姓名 Name of Beneficiary	

收款人地址 Address of Beneficiary		收款人联系电话 Tel.-No. of Beneficiary	

汇款附言♦ Message♦	☐ 货物贸易 Trade in Goods ☐ 服务贸易 Trade in Services

Charge Item No declaration means „0".	0 = SHA Local charges borne by remitter & overseas charges borne by beneficiary 本地收费由汇款人支付及海外收费由收款人支付	☐	1 = OUR All local and overseas charges borne by the remitter 所有本地及海外收费由汇款人支付	☐	2 = BEN All local and overseas charges borne by beneficiary 所有本地及海外收费由收款人支付	☐

汇款人签名： Signature:	日期： Date:

* Field not mandatory
♦ In case of the CNY Remittance it has to be specified whether the business background concerns trade in goods or services.

Zweigniederlassung Frankfurt, Bockenheimer Landstr. 24, D-60323 Frankfurt am Main, Telefon +49(0)69170090-134, Telefax +49(0)69170090-530;
Zweigniederlassung Hamburg, Rathausmarkt 5, D-20095 Hamburg, Telefon +49(0)403410668-66, Telefax +49(0)403410668-89;
Zweigniederlassung Düsseldorf, Benrather Str. 18-20, D-40213 Düsseldorf, Telefon +49(0)211520655-0, Telefax +49(0)211520655-88/99;
Zweigniederlassung Berlin, Leipziger Platz 8, D-10117 Berlin, Telefon +49(0)304050874-0, Telefax +49(0)304050874-501.

二、托收与制单

根据国际商会《跟单托收统一规则》(1995 年修订本，即第 522 出版物，以下简称 URC522) 第二条的定义：托收（Collection）是指银行依据所收到的指示处理下述所限定的单据，以便于（1）取得付款或承兑；或（2）凭以付款或承兑交单；或（3）按照其他条款和条件交单。

托收的做法要求买卖双方按合同的有关规定，卖方在货物发运后开立汇票，连同货运单据一起委托出口地银行（托收行）通过其在进口地的分行或代理行或指定银行（代收行），向进口商收取货款的行为。该方式下货款的流动方向与结算工具的流动方向相反，故属于逆汇。各当事人之间是委托与被委托的关系，卖方能否收回货款完全取决于买卖双方的商业信用，银行不保证买方一定付款。付款人是根据托收行与代收行的指示以及所提示的汇票或其他托收单据或凭证而履行付款的责任。托收的种类不同，卖方对货物所有权的控制程度也不同。

（一）托收方式的关系人及其义务与权利

1. 委托人（Principal/Consignor），也称出票人（Drawer），一般是指委托银行办理托收的一方，即债权人。在货款收付中，通常是出口商。

2. 托收行又称寄单行（Remitting Bank），是指接受委托人的委托办理托收的银行。因为一般在出口商所在地，所以又称出口方银行（Exporter's Bank）。

3. 代收行（Collecting Bank），是指除寄单行以外的任何参与处理托收业务的任何银行。即接受托收行委托，代向进口商收款的银行。因为代收行有时由进口商指定，大多在进口商所在地，所以又称进口方银行（Importer's Bank）。

4. 付款人（Payer/Drawee），是指根据托收指示书向其提示单据的人，即汇票的受票人，通常是进口方。

另外，根据 URC522 第三条规定的上述当事人外，还有提示行（Presenting Bank），即向付款人提示单据的银行。该行是指代收行可以委托另外一个与付款人有往来关系的银行，向付款人提示汇票，这个另外的银行在这种情况下就作为提示行。一般情况下，代收行自己直接向付款人提示汇票，因此，托收的当事人通常有四个。

委托人与托收行、托收行与代收行，以及代收行与付款人之间都是委托与被委托的关系，所以，各方均凭"托收指示书"所要求的内容履行托收或代收的义务。对单据的要求只负责核对委托人指示书中所要求的种类和份数是否一致，如果发现有遗漏，应立即通知委托人补齐，至于对单据的内容是否与合同的要求相符，以及单据之间是否存在不相符或有矛盾等问题概不负责，对付款人是否承担付款责任也不负责。所以，托收项下的单据要求制单人员应仔细缮制并审核，以防单据到达进口商后，由于单据问题而影响顺利收汇。

（二）托收的种类

根据出口商开出汇票是否随附货运单据，分为光票托收和跟单托收。跟单托收又根据代收行交单的前提不同，分为付款交单和承兑交单。

1. 光票托收（Clean Bill for Collection）。是指委托人开立汇票，不随附商业单据，通过银行向付款人收取款项的做法。一般不作为货款的托收，而是用于一些从属费用如佣金、罚款、样品费等的收付，而且一般金额不大。有时汇票下只随附商业发票，不附货运单据也属光票托收。

2. 跟单托收（Documentary Bill for Collection）。跟单托收是指委托人在装运货物后，开立汇票（或不开汇票）随附货运单据，委托托收行（Remitting Bank）通过其在进口地的代收行（Collecting Bank）向付款人收取货款的方式。即出口业务中通常讲的托收。根据银行交付单据条件的不同，跟单托收分为付款交单和承兑交单。

首先，付款交单（Documents against Payment，简称 D/P），是指出口人/代收行的交单是以进口人必须付款为前提条件，即被委托的代收行必须在进口人付清货款之后，才将货运单据交给进口人。进口人在取得货运单据后才能提取货物。付款交单按开立汇票所要求的支付时间不同又分为即期付款交单和远期付款交单。

（1）即期付款交单（D/P at sight），是由出口人在发货后开具即期汇票（或不开汇票）连同货运单据通过托收行寄到进口地的代收行，由代收行向进口人提示，在进口人审核有关单据无误后，于见票时立即付款。进口人在付清货款后向银行领取货运单据办理提货的一种方式。因此，即期付款交单是托收方式中对出口商付款最有保障的一种。若进口商在代收行提示汇票和单据时不付款，出口商仍拥有对货物的所有权和处置权。

（2）远期付款交单（D/P at ××× days after sight），是由出口人在发货后开具远期汇票连同货运单据，通过托收行寄到进口地代收行，由代收行向进口人提示，在进口人审核单据无误后即在汇票上承兑，待汇票到期日付清货款再领取货运单据的方式。这种方式下，汇票的到期日往往与货物到达的期限相吻合，在汇票到期前，买方先不付款，待汇票到期时，货物亦同期到达，买方此时付款取得单据即可提货。这对于买方不产生资金占压问题，更有利于买方的资金融通。

在远期付款交单方式下，由于付款人在承兑汇票后，有一段时间便于筹集资金，因此对付款人来说比较有利。但是如果货物早于汇票到期日到达目的港（地），买方要想取得单据提货，可以采取两种方式：一是提前付款，这时买方可因提前付款而获得提前付款天数的利息；二是按国际习惯，买方在承兑汇票后可向代收行出具信托收据（Trust Receipt，简称 T/R），必要时提供抵押品或其他担保，从而向代收行借出货运单据办理提货，待汇票付款日到期时再付款，赎回 T/R。这种做法称为远期付款交单凭信托收据借贷（D/P・T/R），通常是由代收行授信，凭进口商的信用或抵押借出单据。此时，无论进口商能否在汇票到期时付款，代收行必须对出口商承担到期付款的责任。另外，如果是出口商主动在托收指示中授权代收行可以凭进口商的信托收据放单，则能否收回货款的风险由出口商承担，进口商能否到期履行付款责任，代收行概不负责。因此，在出口商对进口商的信用、资力和经营作风等情况充分了解，并确信能如期付款的前提下，才采用这种方式。而 1996 年 1 月 1 日起实施的《托收统一规则》URC522 中，不建议使用远期付款交单。

其次，承兑交单（Documents against Acceptance，简称 D/A），是指代收行向进口商的交单，以进口商在远期汇票上承兑为条件的托收方式。即代收行收到汇票和单据后，向付款人提示远期汇票，只要付款人审核单据并履行承兑手续后，代收行就将货运单据交给承兑人/进口人，于汇票到期时，进口人再履行付款义务。承兑交单只适用于远期汇票的托收。

无论即期付款交单还是远期付款交单，进口商必须在付清货款后方能取得单据办理提货事宜。因此，对出口商而言，与承兑交单相比风险较小。而承兑交单由于进口商在未付货款之前就可以取得单据提走货物，一旦汇票到期拒不付款，代收行是不负责的，出口商则将遭受货、款两空的损失。因此，出口商在采用时要慎重考虑。

【案例 2.1】远期付款交单银行借单致使卖方损失案

A 公司向买方出口货物一批，装运后开出以买方为付款人、见票 60 天付款的远期汇票，连同所有单据委托银行以 D/P 方式向国外收款。单据寄抵买方所在地的代收行，付款人（买方）办理承兑时接到港口货物到港通知，由于当时行情看好，付款人即向代收行出具信托收据，并保证到期付款，从而借到单据。买方将货物出售后，付款人因其他债务关系倒闭，无力付款。此时，付款责任应由谁承担？说明理由。

（三）托收程序与制单

1. 托收的程序。因托收方式种类的不同，托收的程序也有差异，但基本程序如下：

（1）出口人按照买卖合同的规定发运货物后，按照约定备齐单据向银行交单申请办理托收。填写"跟单托收申请书"，开具汇票（或不开汇票）连同商业单据一并送交托收行委托其代收货款。托收申请书是委托人与托收银行之间关于该笔托收业务的契约性文件，也是银行进行该笔托收业务的依据。

(2) 托收行根据委托人及其申请书的要求，缮制"托收指示书"连同汇票及其他单据寄交代收行，授权代收行进行收款。

托收行接受委托人申请，按托收申请书的内容，核对跟单汇票及其他单据的种类和份数无误后，缮制托收指示书，授权代收行按照托收指示书的指示代收货款。托收指示的内容必须与申请书的内容严格一致，同时包含托收行与代收行之间款项拨付方式。根据 URC522 第四条 a 款第 1 条规定：一切寄出的托收单据均须附有托收指示书，注明该托收按照 URC522 办理，并给予完全而准确的指示。银行仅被允许根据托收指示书所给予的指示及本规则办理。因此，托收指示书必须正确填写，作为银行办理托收的依据。

(3) 代收行向进口人提示汇票。代收行收到跟单汇票及单据后，即按照托收指示向进口商提示汇票。如为即期汇票，进口人应于见票时付款赎单；如为远期汇票，进口人应于见票时承兑汇票。远期付款交单方式，代收行保留承兑后的汇票和单据，待汇票到期时再通知进口人付款赎单。承兑交单方式，则进口人在承兑汇票后，即可从代收行取得全套单据，待汇票到期时再付款。

(4) 代收行收到货款后，应按照托收指示约定的拨付方式，将货款拨付托收行。

(5) 托收行收到货款后，即将货款拨交出口人。

2. 托收申请书的内容与填写

出口人向银行办理托收，应事先领取并填写托收申请书一式两份，一份向托收行交单托收时附上，另一份留底备查。托收申请书的内容和格式因银行而异，但基本包括三部分内容，下面以中行跟单托收申请书（见单据附样 2-2）为例。

第一部分是有关托收项下货物、金额、以及付款人、具体的托收方式和是否指定代收行等内容。

第二部分是托收项下提交单据清单，包括单据的种类和份数。

第三部分作为备注，依照出口托收的其他要求而定。如寄单方式是否有要求、遭到拒付时是否做成拒付证书、利息条款等等。

托收申请书的填写要求必须明确、全面，以便托收行向代收行办理托收或发生纠纷时以此为凭据。

3. 托收项下单据的缮制

在此重点介绍汇票和提单缮制需要特别注意的内容，其他单据内容将在第五章开始逐一介绍。托收项下的汇票，重点应注意以下几个栏目：

单据附样 2-2　跟单托收申请书

跟单托收申请书

交单日期：　　年　　月　　日

兹附以下汇票要求办理托收：

发票编号：	付款人（Drawee）：
币别、金额：	
交单方式及付款期限：	

随附下列单据：

单据名称	汇票	发票	箱单	质量证	重量证	普惠制产地证	检验证	提单	保单	
份数										

船名及航次：	提单日期：	装运货物名称：

下列标注"X"项为委托事项：

（　）付款人负担所有银行费用

（　）付款人负担代收银行费用，贵行费用由我公司负担

（　）一次快邮寄单

（　）两次寄单，第一次快邮，第二次平邮（挂号）

（　）其他：_____

货款收妥后，请扣除贵行费用，余款贷记我公司

（　）人民币帐户，帐号_____　　开户银行_____

（　）外汇帐户，帐号_____　　开户银行_____

（　）请寄送单据给以下银行：　　（　）请贵行选定代收银行：

　　我司同意在贵行小心谨慎选择代收银行后，将不再对代收银行及其分支机构拒付、延期付款及银行破产行为负责；也不对在单据传递或托收过程中单据丢失、汇款的延误及汇率损失负责，贵行只对自身行为负责。

备注及说明：

公司联系人及电话_____　　公司（Drawer）盖章_____

此票托收业务按照国际商会第522号出版物《跟单托收统一规则》（1995年修订本）办理。

（1）付款期限。如果是即期付款交单，汇票的付款期限栏填：D/P AT SIGHT；如果是远期付款交单，根据买卖双方的约定来填写远期期限。例如，双方约定见票后 60 天付款，则填写：D/P at 60 DAYS AFTER SIGHT。

（2）汇票的抬头人或称收款人（Payee）。无论是采用哪一种具体的托收方式，一般应以托收行作为收款人。如果买卖双方有约定，由特别要求的进口地银行或代收行为收款人，最好事先与托收行联系并取得其同意。

（3）出票条款（Drawn Clause）。托收项下的出票条款即出票依据，一般只简单注明"凭托收"（FOR COLLECTION）即可。如果有特别的要求，可按要求填写。如注明该汇票金额的对价问句"THE ABOVE AMOUNT ××× BEING THE GOODS OF ××× FOR COLLECTION"等类似字句。

（4）付款人（Payer/Drawee）。托收业务中填写进口商的名称及地址。

托收项下提单的缮制应注意提单抬头人的填写。提单的抬头人即收货人（CONSIGNEE），最好作成指示式。这样出口商可以在一定程度上掌握货物的所有权和处置权。因为指示式抬头的提单，只要代收行在进口商不付款时不交出单据，进口商是无法提货的。

总之，虽然托收项下的单据不像信用证方式下要求得那么严格，但由于托收行并不负责审核单据，所以出口商在交单前更应仔细审查和核对，以避免因单据出现问题而影响顺利收汇。

（四）填制托收申请书应注意的问题

托收申请书/指示书是托收当事人行为的依据，银行仅被允许根据托收指示书所给予的指示及 URC522 规则办理。所以在填写托收指示书时，应注意下述内容：

1. 在托收指示书中要载有托收行、委托人、付款人、提示行（如果有的话）等的全称、地址及电传、传真号码等。

2. 托收的金额及货币要明确。

3. 详细列明寄送单据清单及每一种单据的份数。

4. 交单的条件，即要明确是即期付款交单，还是远期付款交单，或是承兑交单。

5. 如发生付款人不承兑、不付款时的有关指示。如果遭进口商或付款人拒付时，代收行以何种通讯方式通知托收行，是否作成拒绝证书（Protest）。根据 URC522 第 24 条拒绝证书的规定：托收指示书应对遭到拒绝付款或拒绝承兑时有关拒绝证书事宜给予明确指示。如无此项明确指示，则与托收有关的银行对拒绝付款或拒绝承兑的单据，没有义务作成拒绝证书。而拒绝证书是进口商拒付后，出口商诉诸法律的重要依据，因此应在指示书中明确。

6. 如果有应收利息，应注明利率、付息期限及所适用的计息基础（如一是按 360 天还是 365 天计算等），以避免因费用负担不明确而延误时间，影响及时收汇。

7. 如果委托人需要指定一名需要时的代理，处理在遭到拒付时的善后，则应在托收指示书中明确该代理的权限。根据URC522 第 25 条需要时代理规定：如委托人指定一名代表，在遭到拒绝付款和拒绝承兑时作为需要时的代理，应在托收指示书中明确而充分地注明此项代理的权限。如无此注明，银行则不接受此需要时的代理的任何指示。

8. 代收行可以由委托人指定，如委托人未指定，托收行可以自行指定银行作为代收行。但如果进口商指定代收行时应慎重，最好征得托收行的同意。

第二节　信用证与UCP600

国际结算中的跟单信用证是在 19 世纪 70 年代中叶开始才比较完善并确立其地位的。这主要是由于资本主义国家各种矛盾的进一步激化，信用危机不断加深，进出口商人谁也不愿在没有可靠保证的条件下交货或付款，原来建立在商业信用基础上的汇付和托收已不能完全适应贸易发展的需要，因而就出现了以银行信用为特征的跟单信用证支付方式。这种方式下，进口人承担的对出口人的付款责任转由银行来承担，出口人只要交付符合信用证规定的单据，就可以从银行取得货款；而买方在向银行付款之后，可以确保取得代表货物的单据。这就在很大程度上解决了买卖双方在付款、交货问题上的矛盾，使双方在互不熟悉的情况下，也能大胆地进行贸易，促进了国际贸易的进一步发展。

我国在改革开放初期，信用证的使用比例达到 80%以上。但是随着我国对外贸易的不断扩大和发展、在国际贸易领域的地位的不断上升，企业与国外形成了长期的信任的客户关系，支付方式中信用证方式相对较高的银行费用，以及信用证使用过程中的欺诈等原因，我国目前对外结算采用信用证方式的比重不断下降。但是，信用证在与国外建立新的客户关系，特别是利用信用证结算进行融资方面，仍然具有重要的作用。

一、信用证的含义

根据国际商会《跟单信用证统一惯例》2007 年修订本，即国际商会第 600 号出版物（以下简称 UCP600）第二条的定义："信用证意指一项不可撤销的安排,无论其名称或描述如何,该约定不可撤销且构成开证行对于相符交单予以承付的确定承诺"(Credit means any arrangement, however named or described, that is irrevocable and thereby constitutes a definite undertaking of the issuing bank to honor a complying presentation)。其中强调:信用证一旦开立,即"不可撤销";"承付"意指:a.对于即期付款信用证应即期付款;b.对于延期付款信用证发出延期付款承诺并到期付款;c.对于承兑信用证承兑由受益人出具的汇票并到期付款。"相符交单"意指与信用证中的条款及条件、本惯例中所适用的规定及国际标准银行实务相一致的交单。

简言之,信用证是银行应买方的要求和指示向卖方开立的有条件保证付款的文件。开证银行自己承担付款责任,也可以指定另一家银行承担此项付款责任。

二、信用证的特点与作用

国际商会订立的《跟单信用证统一惯例》自1930年正式公布施行以来,在国际贸易和国际结算方面发挥了很大作用,得到了银行业和贸易界的普遍认可。该惯例大约经过十年左右修订一次,目前实施的是2007年修订的UCP600。与之前的UCP500相比,首先是结构上的调整。条文编排参照了1998年《备用信用证统一惯例》(ISP98)的格式,对UCP500的49个条款进行了大幅度的调整及增删,变成了现在的39条。条文主要按业务环节的先后进行归纳和编排。其次,原有条文进行重新整合或删除。增加新条款,同时将一些《关于审核跟单信用证项下单据的国际标准银行实务》(ISBP)的掌握引入新惯例,删除了7条不必要或过时的条款。有关信用证的特点和做法,在UCP600中有明确的规定。

(一)信用证的特点

1. 信用证是银行信用,开证行负有第一性付款责任。根据信用证的定义可以明确,信用证是开证行以自己的信用做出的付款保证,虽然在国际贸易中,开证行通常是应开证申请人即进口商的申请开立信用证,但银行一旦同意开立,就不能撤销,必须承担有条件的付款保证,条件就是只要受益人提交了符合信用证条款的单据,无论将来进口商是否付款给银行,银行必须付款。有时,受益人对信用证的开立银行的资信不了解,往往要求由另一银行进行保兑,即保兑信用证,此时,保兑行与开证行一样具有第一性付款责任。

【案例 2.2】我国大连出口企业 A 收到国外 Y 银行开来不可撤销跟单信用证,由设在大连外资银行 H 通知并加以保兑。A 企业在货物发运后,备齐信用证要求的所有单据准备向 H 银行交单议付时,忽接该行通知:由于开证行 Y 已宣布破产,我行不再承担对该信用证的议付或付款责任,但可接受出口企业委托向买方收取货款。此时,你认为 A 企业应如何处理为好?简述理由。

案情处理:A 企业应仔细审核信用证项下要求的所有单据,确保单证相符的情况下,在规定的期限内向 H 银行交单,要求其承担议付或付款责任。

原因:信用证是开立信用证的银行以自身的信用做出的有条件付款承诺,条件是受益人提交与信用证的规定以及要求的单据相符,银行就必须付款。同时,如果一份信用证经另一银行加具保兑,则该行即保兑行,根据 UCP600 第八条 b 款,保兑行自对信用证加具保兑之时起即不可撤销地承担承付或议付的责任。所以保兑行与开证行一样,具有第一性付款责任。当受益人向其提交相符单据后,就必须付款,而不能因为开证行无力偿还而放弃付款责任。

2. 信用证是一种独立的文件,与买卖合同彼此独立。信用证虽然是以买卖合同为依据开立的,但信用证一经开立,就成为独立于买卖合同以外的法律文件。根据 UCP600 第四条规定:信用证就其性质而言,是独立于其所依据的销售合同或其他合同以外的交易。即使信用证中提及该合同,银行也与该合同完全无关,并不受其约束。因此,一家银行作出承付、议付或履行信用证项下其他义务的承诺,并不受申请人与开证行之间或与受益人之间在已有关系产生的索偿或抗辩的制约。受益人在任何情况下,不得利用银行之间或申请人与开证行之间的契约关系。

3. 信用证业务是一项单据买卖,实行的是凭单付款的原则。根据 UCP600 第五条规定:银行处理的是单据而不是与单据有关的货物、服务及其他行为。

银行只根据出口商提交的单据表面上与信用证条款是否相符以决定付款或拒绝。而对于货物的实际情况如何,是否有质量问题,是否按期到达等情况概不负责。货物的问题属于商业纠纷,由买卖双方按合同规定自行解决。

【案例 2.3】 我国 A 公司向国外 B 商人进口一批钢材,货物分两批装运,支付方式为不可撤销跟单即期信用证。A 公司向中国银行申请开立信用证给 B。第一批货物装运后,卖方 B 按规定提交单据,经中行审核无误后付款,并向 A 要求付款赎单。买方在收到第一批货物后,发现货物品质与合同不符,因而要求开证行对将来该信用证项下的第二批货物的单据拒绝付款,你认为开证行是否应同意 A 的要求?为什么?

(二)信用证的作用

1. 银行对进出口双方货、款的保证作用。信用证方式下,对进口商而言,可通过开立的信用证条款来约束和控制出口商按质、按量和按时交货,并可以保证进口商在支付货款后,即可取得代表货物所有权的单据而取得货物;就出口商而言,可以保证出口商在履行交货义务后,只要按信用证条款的规定向银行提交正确的单据,就能取得货款。

2. 资金融通的作用。就进口商而言，开证时只需交纳部分押金，银行开证后卖方就可以发货，而单据到达后才向银行赎单付清差额，不必提前垫款；就出口商而言，在收到信用证后，可以信用证为抵押打包贷款，或在货物装运后即可凭信用证所要求的单据向银行议付或押汇方式取得贷款，加速资金的周转。

三、信用证的支付程序与单证

信用证因其性质和种类不同，在收付程序上不完全一致，但其流转的环节大体相同，基本上要经过申请开证、开证、通知、审证、修改、交单议付及索汇与赎单等环节。

（一）开证人向开证行申请开立信用证

开证人（Applicant/Principal/Accountee/Opener）根据买卖双方签订合同所规定的条款填写"开证申请书"（具体内容填写见第九章）、根据开证行要求交付一定比例的押金或质押品等向开证行申请开证。开证申请书是开证人和开证行的契约，开证行根据申请书的内容对外开证。

（二）开证行（Issuing Bank）开出信用证

开证行根据开证申请书的内容向受益人所在地通知行开出信用证。开证行开出的信用证一般发/寄给其在出口地的联行或代理行（通知行），请他们代为通知或转交受益人。信用证开立的接收对象应该是银行而非受益人，如果个别进口商直接把信用证寄给出口商，出口商应将信用证送交银行核对印鉴并备案，由银行确认信用证的真伪。目前，信用证开立的方式主要有：

1. 信开（to open by airmail）方式。信开是开证行以信函的方式邮寄给出口国代理行。各银行都有信开证的格式，填写好后签字盖章（即印鉴），以航空挂号邮寄给通知行。

2. 电开（to open by telecommunication）方式。随着电子信息的发展，信开已经很少，大多通过网络或电信方式，将信用证内容以加注密押（Test Key）的方式通知通知行，请其转送受益人。电开又分为简电开证（to open by brief cable）和全电开（to open by full cable）。

（1）简电开是开证行加注密押将主要内容，如信用证号码、受益人名称和地址、开证申请人名称、金额、货名、数量、价格条件、有效期等以电讯方式预先告知通知行，并注明"详情后告"等类似字句，由通知行转送受益人。根据 UCP600 第十一条 a 款规定：如电讯声明"详情后告"（full details to follow）或类似词语，或声明以邮寄证实为有效信用证文件或有效修改书，则该电讯将被视为无效的信用证或修改书。开证行必须随即不迟延地开出有效的信用证或修改书，且条款不能与电讯文件矛盾。

因此，简电信用证只供备货、租船和订舱参考，卖方要注意须待开证行寄达有效信用证后，才可凭以出运货物和缮制单据。如在合理时间内收不到信用证证实书，应向通知行查询，收到后再发货，并且将信用证证实书与简电通知书一起交银行办理议付交单。

（2）全电开是信用证可以用任何有效的电讯工具传递，而不需要随后邮寄证实书。除非在电讯传递的信用证中，明确以证实书为准，否则电讯传递的信用证被视为有效信用证。同样根据UCP600第十一条a款规定：经证实的信用证或修改的电讯文件将被视为有效的信用证或修改，任何随后的邮寄证实书将被不予理睬。因此，对全电开信用证，一般在信用证中明确说明"无邮寄证实书跟随"（No mail confirmation will follow）。

目前，电开信用证基本是通过 SWIFT（Society for Worldwide Interbank Financial Tele-communication——环球银行金融电信协会）网络开立。SWIFT成立于1973年，是一个非营利性国际机构，由当时欧洲、北美等50家大银行组成，1977年正式投入使用。SWIFT网络在美国与荷兰分别设有两个相互联接的操作中心，并分别联接设立在各国的地区处理站，各地区站又与本国各银行的终端相连，构成了SWIFT全球性的通信网络。其特点是格式化和规范化，它是银行间业务处理高度自动化必不可少的中介体，业务范围共九大类，其中有托收和信用证业务。

（三）通知行（Advising Bank）通知受益人

通知行收到信用证后，应立即核对信用证的印鉴（信开）或电开信用证的密押（Test Key），核对无误后，除留存一份副本备查外，须迅速将信用证正本通知受益人。对于以通知行为收件人的信用证，通知行填写信用证通知书连同正本信用证通知受益人。

（四）受益人审查与修改信用证

受益人（Beneficiary）收到信用证原件或通知书后，应立即进行审核，如果发现有不能接受的内容，及时要求开证人通知开证行修改。如果对所开立信用证的开证行的资信有疑虑，可要求由可靠的第三家银行加具保兑，这家银行则为保兑行（Confirming Bank）。

如前所述，由于信用证是独立于合同之外的自足文件，一旦开出就成为各当事人的依据。所以受益人必须对照合同仔细审核其内容，以确保自己的权益。如果发现与合同不符且不能接受的，应首先与开证人联系，要求其向开证行提出修改，并经开证行同意后，向原通知行通知修改书方为有效。

（五）受益人交单议付

受益人经过审核信用证无误后，或收到信用证修改书后，即可根据该证备货发运。货物装运完毕后,缮制信用证所要求的全部单据,连同信用证正本及修改书一起,在信用证规定的交单期或有效期内,向出口地银行(公开议付信用证)或指定的议付行(限制议付信用证)办理交单议付。

议付(Negotiation),根据 UCP600 第二条定义:意指被指定银行在其应获得偿付的银行日或在此之前,通过向受益人预付或同意向受益人预付款项的方式购买相符提示项下的汇票(汇票付款人为被指定银行以外的银行)及/或单据。

议付行办理议付,即将货款金额扣除预计收款日止的利息,将货款有追索权地垫付给受益人,之后议付行成为汇票的正当持票人,对前者,出票人有追索权。

我国的大多数银行在审核单据认为相符后,往往将单据递交开证行或其指定的付款行,待收到对方付款后才支付给受益人,而不做通常的"议付"。根据受益人的申请,及其银行信誉和财务往来状况等做出口押汇。出口押汇与出口议付从形式上相似,即两种方式下,银行(议付行、押汇行)在开证行拒付时都对受益人拥有追索权。但是从概念和法律关系上则有根本区别。首先,议付是一种单据买卖,议付行支付合理对价后成为"正当持票人"(Holder in Due Course)又称善意持票人(Bona fide Holder),拥有票据项下的一切权利,受票据法的约束。而押汇是一种权利质押关系,银行不拥有质物所有权,拥有的是在单证一致情况下向开证行取得付款的权利,是银行的融资业务之一,受合同法和担保法的规定约束。其次,议付只能在'议付信用证'情况下发生,并由指定银行(限制性议付)或由受益人自行联系银行(非限制性议付/自由议付)要求办理议付。而押汇不仅信用证项下可以,其他支付方式下,如托收也可以叙做押汇业务。再次,议付的金额一般只扣除到实际收款日产生的利息,垫付的风险相对较大;而押汇金额要依据受益人的资信情况、按照货款的一定比例(如 40%~70%)垫付,垫付的风险相对较小。

(六)议付行寄单索偿

议付行在议付汇票后,根据信用证上开证行承担付款的承诺条款,向开证行(或保兑行或开证行指定银行)寄单索取垫款。开证行收到议付行寄来的汇票和单据后,经审核认为符合信用证规定、相符交单,应在合理的时间内将票款偿付议付行。开证行的付款则是终局性的,无追索权。

银行对单据的审核标准以及处理方面,UCP600 第十四条"审核单据的标准"a 款规定:"按照指定行事的被指定银行、保兑行(如有的话)以及开证行必须对提示的单据进行审核,并仅以单据为基础,以决定单据在表面上看来是否构成相符交单"。该条 b 款对银行审核单据表示接受和拒绝的时间有了明确的规定：上述银行，"自其收到提示单据翌日起算，应各自拥有最多不超过5天银行工作日的时间以决定提示是否相符。该期限不因单据提示日适逢信用证有效期或最迟提示期或在其之后而被缩减或受其他影响"。

如果受益人提交不符单据，根据UCP600第十六条"不符单据及不符点的放弃与通知"a款规定：当按照指定行事的被指定银行、保兑行（如有）或开证行确定提示不符时，可以拒绝承付或议付；b款规定：当开证行确定提示不符时，可以依据其独立的判断联系申请人放弃有关不符点。然而，这并不因此延长十四条b款中述及的期限。即必须在5个工作日内做出并通知受益人；同时值得注意的是，如果在此期限内未能做出不符的通知，则银行丧失了提出不符的权利。见该条e款中规定：上述银行可以在提供第十六条（c）、（a）或（b）款要求提供的通知后，于任何时间将单据退还提示人。f款规定：如果开证行或保兑行未能按照本条款的规定行事，将无权宣布单据未能构成相符提示。

（七）进口商付款赎单并提货

开证行向议付行偿付后，即通知开证申请人（进口商）付款赎单。进口商接到通知到开证行核验单据，认为无误后向开证行付清全部票款及有关费用，赎取单据。开证人与开证行之间因开立信用证所构成的权利与义务关系即告结束。

倘若开证申请人验单发现单证不符，也可拒绝付款赎单，而此时开证行一旦已付款给议付行，就不能以审单时未发现不符为由而向议付行索款。进口商赎取单据后，即可凭运输单据向承运人提货。提不到货或发现货物与买卖合同不符的，只能向受益人、承运人或保险公司等有关责任方进行索赔，与银行毫无关系。

由于信用证在具体使用时的差异，又分为不同的种类：如根据是否跟随货运单据进行结算的，分为跟单信用证和光票信用证；根据是否有另一家银行对信用证加以保兑，区分为可保兑信用证和不可保兑信用证；根据付款时间的不同，区分为即期信用证和远期信用证；根据信用证是否可以转让给一个或几个第二受益人，分为可转让信用证和不可转让信用证；当信用证被受益人全部或部分使用能重新恢复到原来金额并按规定次数或金额再被利用的称为循环信用证；而交易双方互有进出和互有关联的对等或基本对等的交易中，互为开证申请人和受益人的两张信用证称为对开信用证；等等。这些内容在本课程的先行课程——国际贸易实务中有详细介绍，在此不再赘述。

第三节　信用证内容与条款

信用证是开证行开给出口商的有条件付款文件。如前所述，由于信用证开立的方式不同，因此信用证的格式也有所不同，但是就其基本内容大致相同，主要包括以下内容：

LETTE OF CREDIT		
Sequence Total	*27	1/1
Form Doc Credit	*40 A	IRREVOCABLE
Doc Credit Num	*20	BKKB1103043
Date of Issue	31 C	001103
Date/Place Exp	*31 D	Date 010114 Place BENEFICIARIES' COUNTRY
ISSUING BANK	52A	BANGKOK BANK PUBLIC COMPANY LIMITED BANCKOK
Applicant	*50	MOUN CO., LTD NO. 443, 249 ROAD BANGKOK THAILAND
Beneficiary	*59	/ SHANGHAI FOREIGN TRADE CORP. SHANGHAI, CHINA
Curr Code, Amt	*32 B	USD Amount 18.000(U.S. DOLLARS EIGHTEEN THOUSAND ONLY)
Avail With By	*41 D	ANY BANK IN CHINA BY NEGOTIATION
Drafts At	42 C	SIGHT IN DUPLICATE INDICATING THIS L/C NUMBER
Drawee	43 D	/ / ISSUING BANK
Partial Shipments	43 P	NOT ALLOWED
Transshipment	43 T	ALLOWED

Loading on Brd	44 A	
		CHINA MAIN FORT, CHINA
	44 B	
		BANGKOK, THAILAND
Latest Shipment	44 C	001220
Goods Descript.	45 A	
		2,000 KGS. ISONIAZID BP98
		AT USD9.00 PER KG CFR BANGKOK
Docs Required	46 A	
		DOCUMENTS REQUIRED:
		+ COMMERCIAL INVOICE IN ONE ORIGINAL PLUS 5 COPIES INDICATING
		F.O.B.VALUE, FREIGHT CHARGES SEPARATELY AND THIS L/C NUMBER,
		ALL OF WHICH MUST BE MANUALLY SIGNED.
		+ FULL SET OF 3/3 CLEAN ON BOARD OCEAN BILLS OF LADING AND TWO
		NON–NEGOTIABLE, COPIES MADE OUT TO ORDER OF BANGKOK BANK
		PUBLIC COMPANY LIMITED, BANGKOK MARKED FREIGHT PREPAID AND
		NOTIFY APPLICANT AND INDICATING THIS L/C NUMBER.
		+ PACKING LIST IN ONE ORIGINAL PLUS 5 COPIES, ALL OF WHICH
		MUST BE MANUALLY SIGNED.
dd. Conditions	47 A	
		ADDITIONAL CONDITION:
		A DISCREPANCY FEE OF USD50.00 WILL BE IMPOSED ON EACH SET OF
		DOCUMENTS PRESENTED FOR NEGOTIATION UNDER THIS L/C WITH

		DISCREPANCY. THE FEE WILL BE DEDUCTED FROM THE BILL AMOUNT.
Charges	71 B	ALL BANK CHARGES OUTSIDE THAILAND INCLUDING REIMBURSING BANK COMMISSION AND DISCREPANCY FEE (IF ANY) ARE FOR BENEFICIARIES' ACCOUNT.
Confirmat Instr	*49	WITHOUT
Reimburs. Bank	53 D	// BANGKOK BANK PUBLIC COMPANY LIMITED, NEW YORK BRANCH ON T/T BASIS
Ins Paying bank	78	DOCUMENTS TO BE DESPATCHED IN ONE LOT BY COURIER. ALL CORRESPONDENCE TO BE SENT TO/BANGKOK BANK PUBLIC COMPANY LIMITED HEAD OFFICE, 333 SILOM ROAD, BANGKOK 10500, THAILAND.
Send Rec Info	72	REIMBURSEMENT IS SUBJECT TO ICC URR 525
Trailer MAC	:	
CHK	:	
DLM	:	THIS CREDIT IS SUBJECT TO THE UNIFORM CUSTOMS AND PRACTICE FOR DOCUMENTARY CREDITS,1993 REVISION,ICC PUBLICATION NO.500

-------------------------------------End of Message-------------------------------------

一、关于信用证本身

1. 信用证的形式（Form of L/C）。在信用证开头，一般有上述提到信用证不同种类的标注。如跟单的、可转让的信用证（Documentary and Transferable Credit）。由于 UCP600 已经明确信用证一旦开立即不可撤销的（Irrevocable）的性质，即使信用证未表明也应该是不可撤销的。如：Documentary Credit：Irrevocable/Transferable。

2. 信用证号码和日期（L/C No. and Date of Issue）。这一项是信用证中不可缺少的内容，在制单时要经常涉及并要求填写的内容。

3. 受益人（Beneficiary）与开证申请人（Applicant）。前者一般是出口商的名称和地址。后者一般是进口商的名称及地址。

4. 开证行（Issuing Bank）的名称及地址，以及信用证的密押（Test key）。

5. 通知行或议付行（Advising Bank /or Negotiating Bank）。一般是出口商所在地的银行。议付分公开议付和限制议付，前者在信用证中不指定议付行，可由出口商选择任何一家银行作为议付行（Draft Draw Available With/by Any Bank by Negotiation）；后者在信用证中明确了出口商交单议付的银行（Available With/by xxx Bank by Negotiation）。

6. 信用证金额和货币（Amount and Currency）。一般注明大小写金额。

7. 有效期和地点（Expiry Date and Place），应注明信用证的到期日期和到期地点，一般应规定在受益人所在地到期。

二、汇票条款

信用证中开立汇票的要求，一般只包括了汇票的期限（Tenor）、汇票的付款人或受票人（Payer/Drawee）以及出票条款（Drawn Clause）。

例如：

"All drafts must be marked：Drawn under the Royal Bank of Canada, Montreal L/C No.xxx dated xxx。"为出票条款，表明汇票上应注明该开证行的名称、该证的号码和日期。

又如："This documentary credit is available at 60 days after acceptance of draft drawn on applicant（interest for beneficiary's account）"。

按上述条款，需在开证人承兑汇票后 60 天付款，具体付款日期按开证人承兑日期而定，我方无法预计，收汇无确切日期，最好签约时争取为 "after date of draft or after date of B/L"。

三、跟单/单据条款

跟单是指信用证中除汇票外，明确规定出口商需要提供的具体单据名称、内容要求以及单据份数等，这是单证工作重点审核的内容，也是本教材的重点部分。常见的单据有商业发票、运输单据、保险单据、商检单据、产地证明和其他的证明等。

信用证中通常有以下方式提示单据条款："List of documents to be presented: "；"Documents Required: "；"Accompanied by the following documents:"；"Against presentation of the following documents:"。

例如：

The draft …drawn on … available with …by negotiation against presentation of the following documents:

— Signed Commercial Invoice in triplicate.

— Full set of Clean on board ocean Bills of Lading marked Freight Prepaid, consigned to xxx and notify applicant.

— Certificate of Quality issued by CCIB at port of loading.

— Certified true copy of beneficiary's telex sent directly to L/C Applicant within two days after shipment has completed advising shipment details as follows: Name of vessel, B/L No. and Date; Quantity and No. of Bags shipped；Contract and this L/C No.; Description of goods.

四、商品条款

反映合同标定——进出口商品的说明和要求（Description of Goods）。主要包括商品的品名、数量、品质规格、包装条件、价格条件和单价以及运输标志（唛头）等。

如"300 Metric Tons Chinese Light Speckled Kidney Beans, Unit Price at USD320/MT Gross For Net, Free on Board Stowed Xingang, China."

五、运输条款

主要说明装运港（Port of Loading）、卸货港（Port of Discharge）、装运期（Time of Shipment）、可否分批和转船（Partial and Transshipment）、运输方式（Means of Transport）等内容。

如："Shipment from China to Montreal via Vancouver, CIF Vancouver. Partial and Transshipment allowed."

六、其他事项

除上述主要条款外，还包括：

1. 开证行对议付行的指示条款（Instruction to Negotiating Bank）。一般包括偿付方式（Method of Reimbursement）、寄单方式（Method of Dispatching Documents）和议付金额背书条款（Endorsement Clause）。

如："Provided documents tender are in conformity with terms of this credit, we undertake to reimburse you on due date of draft. We shall advise you of the maturity date." 如果受益人所交单据是符合本信用证条款的，开证行当在汇票到期日保证偿付，并将告知汇票的到期日。这是真远期的偿付条款。

2. 开证行付款责任条款。每一信用证必须有此条款进行明示，作为开证行对付款责任的书面保证。并且开证行的付款必须以单证为唯一前提，不能附加任何其他的条件。

例如："We shall effect payment upon our receipt of stipulated documents complying with the terms and conditions of this credit."

3. 其他特别条款（Special Condition and Instruction）。除上述条款外，买方通过该条款提出一些其他特别的要求和约束。例如："Packages and containers made of vegetable substances, particularly word should be free from insects, blights and infections." 此条款是澳大利亚及新西兰来证中常见的，要求在发票上证明包装和容器如使用植物性的原料，特别是木材必须是无虫害、细菌和传染病的，出口人在发票上作相应的说明。如："Package is not made of vegetable substances."

又如："All documents must be signed. Photocopies of signatures, amendments and corrections are not acceptable. According to requirements of our exchange authority." 即外汇管理当局规定所有单据如有修改和更改不能接受，签字的影印本也不予接受。

4. 适用《跟单信用证统一惯例》规定的申明。一般在信用证最后，要明确该信用证所适用的国际惯例，作为买卖双方遵守的原则和依据。如 This Credit is Subject to Uniform Customs And Practice For Documentary Credit, 2007 Revision——International Chamber of Commerce Publication No.600）。

小　结

在进出口业务中，无论采用何种结算方式都需要卖方发货后，按照相关或双方约定准备单据作为完成交货义务和收款的凭证。其中托收与信用证方式对单据工作要求也是最高的。因此，应熟悉掌握这两种方式的做法和要求。

托收属于商业信用，具体又分为跟单托收和光票托收；跟单托收又分为付款交单和承兑交单。托收方式下，单据的制作除汇票和提单在个别栏目的填写有特殊规定外，与信用证项下单据的缮制要求基本相同。信用证属于银行信用，银行具有第一性付款责任，而银行的付款以单据与信用证严格相符为前提条件，银行只负责单据的审核与处理，而不管当事人是谁、货物状况如何等。因此，受益人必须熟悉掌握信用证的内容和条款的有关规定，同时还应注意有关国际惯例，即《跟单信用证统一惯例》（简称UCP600）对信用证做法的规范要求，及其对内容的调整和相关惯例的约束内容，才能做到相符交单，保证安全收汇。

复习与思考题

1. 汇付和托收的做法有什么不同？
2. 托收当事人的权利和义务有哪些？
3. 办理托收的程序怎样？
4. 远期付款交单与承兑交单的区别。
5. 出口商采用托收方式应注意哪些问题？
6. 信用证的含义、特点及其作用。
7. 信用证方式的一般支付程序是什么？
8. 信用证的主要内容有哪些？
9. 如何理解信用证的使用与国际惯例（UCP600）之间的关系。

第三章 信用证的审核与修改

随着我国对外贸易的发展和地位的提升，与全球贸易往来的国家数量不断增加，与各国贸易商逐步建立了良好、互信的商业关系，也使得传统的信用证方式的使用不断减少。但是，国际局势风云变幻，经济与市场波动难以准确预料，加之国际商品的买卖和交割时间相对较长，特别在买卖双方缺乏了解、诚信关系尚未建立之前，已在长期贸易实践中形成规范做法的信用证仍然是各国普遍认可并接受的结算方式。作为银行信用的信用证业务对进出口双方提供信用保证的前提是，进口商能按双方事先约定的合同条款开立符合要求的信用证内容；出口商收到符合要求的信用证履行交货和提交符合信用证要求的单据。

第一节 银行对信用证的审核

按照 UCP600 第十四条"单据审核标准"a 款规定："按指定行事的被指定银行、保兑行（如有）及开证行必须对提示的单据进行审核，并仅基于单据为基础以决定单据在表面上看来是否构成相符交单。"银行的付款保证是有条件的，条件是出口商提交的单据与信用证条款要求相符。银行的付款以相符交单为唯一前提，单证、单单不符则失去了安全收汇的保障。同时，出口商具有收到信用证后仔细审核并做出接受或要求修改的权利，实际业务中，经常出现一些信用证条款违背合同，或造成受益人无法执行合同，或个别进口商在申请开证时故意在信用证中设置圈套，影响出口商的正确交单而造成损失。因此，信用证的审核对出口商是一项很重要的工作。

信用证条款除个别不法商人故意错开或设陷外，主要有两个原因：一是在合同签订后，进口国家或地区的政府或海关的特殊规定，买方开证时出现了原来合同没有规定的条款；二是由于进口商申请开证时的工作疏忽或差错而造成的误开。因此，作为出口地银行和受益人都必须合理谨慎地审核信用证。发现开证内容可能造成出口商交单困难或难以做到相符交单的，应视具体情况要求开证行或开证申请人进行修改，将单证不符的风险降到最低。

信用证的通知行，通常是出口地银行，也可能是未来出口商交单的银行。为了出口国的共同利益，通知行应首先对信用证有关内容进行重点审核，发现问题及时提醒出口商注意修改或在出口商授权情况下向开证行提出修改。

一、判断信用证的真伪

由于出口商对于进口商将由哪家银行开证事先并不知晓，而且不同国家银行开立信用证的真实性出口商很难判断。因此，信用证的通知行，应帮助出口商判断信用证的真伪。根据 UCP600 第九条 b 款规定："通过通知信用证或修改，通知行即表明其认为信用证或修改的表面真实性得到满足，且通知准确地反映了所收到的信用证或修改的条款及条件。"也就是说，通知行有义务鉴定信用证的真实性。因为，通知行与开立信用证的银行通常是经济往来银行，信开的信用证通过核对双方的预留"印鉴"判断，电开的信用证则通过电讯的"密押"（Test Key）来判断。

如果通知行无法判断来证的真实性，要联络开证行确认开证并告知受益人。UCP600 第十四条 f 款规定："如果一家被要求通知信用证或修改，但不能确定信用证、修改或通知的表面真实性，就必须不延误地告知向其发出该指示的银行。如果通知行或第二通知行仍决定通知信用证或修改，则必须告知受益人或第二通知行其未能核实信用证、修改或通知的表面真实性。"

二、开证行的经营作风和资信情况

信用证是银行有条件的付款承诺，因此信用证开证行的资信和付款能力，关系到未来出口商交单后是否能顺利取得货款。特别是交易金额较大的信用证，出口商需要通过通知行了解开证行的资信，是否与金额相称，或是否需要请其由另一家资信好的银行加具保兑。

三、偿付路线和偿付条款的审核

信用证除作为主要当事人的开证行和通知行外，出于业务和资金往来需要，开证行往往指定一些其他银行进行议付或承付或付款。因此，对信用证项下货款的支付、或对议付行议付货款的偿付的规定是否合理，偿付的条款订立得是否恰当，影响到银行在做出垫付或支付的行为后是否能得到应有的偿付。所以是出口地的议付行或付款行非常关心的问题，具体可参考 UCP600 第十三条"银行之间的偿付安排"。

四、信用证到期时间和地点的合理性

信用证一定要规定可以有效使用的期限，一般称为有效期或称为截止日（Expiry Date）。UCP600 第六条 d 款 i 规定：信用证必须规定一个交单的截止日。规定的承付或议付的截止日将被视为交单的截止日。因此，如果信用证未规定有效期，该信用证是无效的，不能使用。另外，截止日既是银行承担承付责任的最迟期限，也是约束受益人提交单据的最晚期限。

关于到期地点，UCP600 第六条 d 款 ii 规定：可在其处兑用信用证的银行所在地即为交单地点。可在任一银行兑用的信用证其交单地方为任一银行所在地。除规定的交单地点外，开证行所在地也是交单地点。实际交易中，受益人发货后取得信用证要求的所有单据应尽早向指定银行交单，对出口商而言，提交单据给自己所在地银行的时间比提交给进口地或开证行所在地更容易掌握。所以，信用证的到期地点最好规定在受益人所在地到期。

我国收到信用证的规定为：Expiry date on Sept.30,2015. in country of beneficiary for negotiation 或 Date and Place of Expiry：20150930，in China 或 Expiry date on Sept.30, 2015 at your counter。如果不是这样规定，而是在国外到期，最好不要接受。因为在国外到期，出口商对单据邮寄的准确邮程无法掌握，难以保证单据到达付款行时一定在截止日内。甚至可能因开证行资信不好或进口商故意挑错，以单据到达已过期为由拒绝付款，给出口商造成被动，影响顺利结汇。

五、开证行对开立信用证应负担的付款责任是否明确

银行对信用证保证付款的条件是相符交单（"相符交单"的判断，可参考 UCP600 第十五条）。因此，信用证中应该表明在相符交单条件下保证付款等类似的责任条款。如果没有，甚至又另外附加各种保留条件、暂不生效条款或软条款等，来减轻其应承担的责任，甚至企图达到不付或迟付的目的，一定不能接受。

上述几方面是银行审核信用证的重点，银行的责任是为受益人把第一道关，维护出口商和国家的利益，但更重要的是出口商对信用证的审核并提出修改。

第二节 受益人对照合同的审核

虽然信用证是独立于买卖合同之外的法律文件，但毕竟是在合同的基础上开立的。合同体现了买卖双方的利益，因此，信用证应该反映合同的内容。但有时由于合同对具体履行细节并没有规定，或由于事后发生了一些变动，或由于买卖双方相距遥远，进口商会在信用证中规定一些约束出口商履约的规定，而出现了与合同订立的不一致或有矛盾。如果这些内容造成出口商对合同无法履行，或无法按要求提供信用证相符的单据，则会给出口商带来交单的困难，所以，必须要求对方修改，否则不能接受；如果不会造成上述困难，也不会影响出口商的利益和增加费用，出口商可以接受，则不必修改，但应作好合同的变更通知，以避免事后发生不必要的纠纷。受益人对照合同的主要条款，审核的重点为以下内容。

一、信用证当事人名称地址的核对

信用证一开始的内容除表明开证行和通知行外，开证申请人、受益人的名称和地址，是出口单证中必不可少的，如果来证开错应及时修改更正，以免制单和寄单发生困难，影响收汇。UCP600 修订后放松了这方面的要求，但是要视具体情况而定。

UCP600 第十四条 j 款："当受益人和申请人的地址出现在任何规定的单据中时，无须与信用证或其他规定单据中所载相同，但必须与信用证中规定的相应地址同一国。联络细节（传真、电话、电子邮件及类似细节）作为受益人和申请人地址的一部分时，将被不予理会。然而，如果申请人的地址和联络细节为十九至二十五条规定的运输单据上的收货人或通知方细节的一部分时，应与信用证规定相同"。

二、商品条款的审核

如果信用证中列明了商品的品名、规格、数量和包装等，必须严格按照合同的内容，因为直接关系到出口商的生产和交货，所以，出口商应对这部分内容逐一核对。

（一）商品的品名和规格

信用证中商品的品名和规格应尽量简明，如果出现笔误，严格来讲，应该提出修改，但有时还要视具体情况决定是否要求改证。如果属于原则问题，如将 Shirts 误开为 Skirts，一定要修改信用证的品名；如果不会因此引起对商品的误解，如将 Apples 写成 Aples，但是如果不修改，单据只能将错就错，然后在错误的后面加括号填写正确的，即 Aples（Apples），这样银行一般是可以接受的。但是这样做的前提是要与其他单据的签发不能有抵触。例如，该证同时要求出具商检证书，而我国商检机构一般不能接受出具错别字证书，所以这样处理时，一定要提前征得商检机构同意，否则应该修改信用证，否则会出现单单不一致。

（二）商品的数量

货物的数量应与合同的规定相一致，同时也要考虑到商品的类别和装运条件。一类是大宗或散装货物，应考虑订立溢短装条款，并审核信用证金额是否也有相应的伸缩幅度或是否金额开足。例如，合同规定出口煤炭单价 USD130/MT，1500MT 溢短装±10%。开来信用证金额规定：USD195,000，商品条款规定：Coal 300MT 10% more or less on quantity and amount，这样规定充分反映了合同中的溢短装条款，即使金额为 1500 公吨的数量，也是可以多装 150 公吨。但是如果信用证商品条款的数量为 300MT ±10% on quantity，则只能信用证金额开足为 USD214,500 才可以多装出 150 吨，否则只允许少装 10% 但不能多装 10%。

如果信用证没有规定溢短装条款，根据 UCP600 第三十条 b 款规定："在信用证未以包装单位件数或货物自身件数的方式规定货物的数量时，货物数量允许有 5%的增减幅度，只要总支取金额不超过信用证金额"。

此外，根据 UCP600 第三十条 a 款："约"（about）或"大约"（approximately）用于信用证金额或信用证规定的数量或单价时，应解释为允许有关金额或数量或单价有不超过 10%的增减幅度。

第二类是包装货物，一般没有数量机动浮动，信用证的数量应该严格按照合同规定的数量开立并装运。

（三）货物的包装

一般在合同中都规定货物的包装，因此要注意来证对于货物包装的规定是否可以接受。如果我方货物按规定采用纸箱装（Packed in Cartons），而来证却规定木箱装（Packed in Wooden Cases），则需修改信用证。有时来证对包装的规定比较具体，不仅指定外包装，而且指定内包装。例如：One piece in a polybag, half dozen for a box, 20 dozens for a carton，要与生产环节联系，如办不到，应及时修改。

除此以外，还要注意来证是否有指定唛头，出口商必须严格按照规定刷唛头和制单。做到货物包装上以及有关单据上的唛头与信用证指定的完全一致。

三、价格条件与货币

首先，价格条件应与合同规定完全一致。如果合同中规定 CFR 条件，而开来信用证却为 CIF 条件，增减了卖方投保的义务，此时只要来证金额中已包括保险费，或允许加收保险费，也可不必改证，否则应修改。

其次，货币的规定要求与合同规定的一致。因为货币的选择是买卖双方签订合同时考虑的影响因素之一。随着国际经济贸易的发展，国际金融市场的波动加大，汇率动荡不定。所以正确地选择货币，才能尽量地减少收汇的风险。如果进口商以软货币代替硬货币开证，企图把从成交到付款这段时间的汇率下跌风险转嫁给出口商，则不能接受。如果开证人不是出于恶意，而是为了方便结算，以便利其资金使用等原因改变了货币，要根据当时国际金融市场的变化趋势，来决定是否同意接受。

还有一种情况就是，信用证开立金额的货币与合同虽然一致，但在特别条款中又规定议付时按当时等值的另一种货币付款，则要看从议付日至付款日这一段时间汇率的变化情况再决定是否接受。

此外信用证的金额一般包括大写和小写，应核对大、小写是否一致，避免发生纠纷。

四、运输条款的审核

信用证的装运条款应依据合同的运输条款规定交货的运输工具和方式、运输路线、装运期等等。 收到信用证，受益人应及时与有关运输部门了解落实，是否可以照办，否则应及早通知客户修改。

（一）起运地、目的地及运输路线

起运地与目的地应按合同商定的要求来开立。例如：Shipment From Xingang, Tianjin to Durban, South Africa 或 Port of Loading：Xingang, Tianjin ; Port of Discharge：Durban, South Africa。如果在签订合同时，买卖双方就起运地和目的地尚未确定，或为了便于将来发货或收货，签订合同或信用证开立时可以笼统规定。如我国出口商为了便于本公司发货，起运地可以规定为 China/Any Chinese Ports，同样进口商有时也会考虑到收货的方便而笼统规定目的地（港），如 Australia Ports，但一定要注意交货地点一定与价格条款的一致。如价格条款是 CIF Los Angles 而目的港为 New York，则必须修改信用证使之一致。或将交货地点修改为 Los Angles O.C.P. New York，以明确卖方的费用和责任至洛杉矶，至纽约的运输费用及责任由买方承担。此外对于目的港有重名的，一定要加注港口所在城市或国家的名称，以避免引起误解和争议。

（二）装运期

装运期是信用证中重要的时间概念，一般采用最晚装运时间的表达。如：Time of Shipment: not later than 30 Oct, 2014. 此外，UCP600第三条释义中专门就时间表述的理解进行了明确的解释，有关规定如下：

"除非确需在单据中使用，银行对诸如'迅速'（prompt）、'立即'（immediately）、'尽快'（as soon as possible）之类词语将不予置理"。表明有关时间表述不宜采用不确定的表达方式，以避免不必要的误解和歧义。

"'于或约于'（on or about）或类似措辞将被理解为一项约定，按此约定，某项事件将在所述日期前后各五天内发生，起讫日期均包括在内"。

"词语 to、until、till、from、between 用于确定装运期限时，包括其所述及的日期；词语 before 和 after 不包括其所述及的日期"。

"术语'上半月'（first half）和'下半月'（second half）应分别理解为自每月'1日至15日'和'16日至月末最后一天'"。例如：first of August 应理解为从8月1日至8月15日；Second half of August 应理解为从8月16日至8月31日。

"术语'月初'（beginning），'月中'（middle）和'月末'（end）应分别理解为每月1至10日、11至20日和21至月末最后一天，包括起讫日期"。例如：Beginning of June 应理解为6月1日至6月10日；Middle of June 应理解为6月11日至6月20日；End of June 则从6月21日至6月30日。

如果信用证没有规定装运期，则以信用证的有效期掌握装运期，即俗称双到期。事实上，出口商需要审核有效期，以确认在有效期前完成货物发运、交单的工作才可以接受。

五、汇票的付款期限

信用证的汇票条款，应该按事先约定的时间规定，汇票的付款期限一般有两种：即期和远期。

合同中规定为即期付款，但信用证开来为远期付款则应修改，但需分清信用证是否为假远期或远期加息。假远期信用证（Usance Letter of Credit Payable at Sight）或称买方远期信用证（Buyer's Usance Letter of Credit），是指信用证中规定受益人开立远期汇票，由付款行负责贴现。即汇票付款期限为远期，但在偿付条款中规定汇票期限可按即期付款，并规定其贴现、利息等银行费用由开证申请人负担（The Negotiating Bank is authorized to negotiate the usance drafts on sight basis, as acceptance commission, discount charges and interests are for account of applicant）。因此，假远期对受益人而言完全可以即期收款，这种方式是开证行向开证申请人提供的一种资金融通性贷款，所以受益人是可以接受的，但要承担远期汇票到期遭拒付时被追索的风险。

第三节 受益人对一般及特殊条款的审核

除信用证中按合同内容规定的条款外，有些涉及到履行的具体细节，特别是买方为了对卖方的交货加以约束，在信用证中有一些具体要求，受益人必须仔细审核。对于有问题的条款或有疑问的条款，一定与有关部门联系研究解决，确定没有问题才能接受，否则要及时提出修改。

一、信用证的号码和日期

每一信用证必须有开证的号码和日期。主要注意在信用证其他条款中提及需要加注时，如在汇票条款的出票根据中涉及到信用证的号码，应前后保持一致，否则可通过通知行向开证行澄清。信用证的日期，是作为将来制单时的重要日期，所以不能没有。

二、有关装运条款的细节

（一）船只限制条款

有时信用证开来对所承运的船只或承运人有特殊的规定，特别是要求出具相应单据或证明的，此时一定要及时与外贸运输部门联系，看能否满足其要求。如果承运部门明确提出不能办到的，一定要联系客户修改。

首先，是对船只年限的规定。有些国家，如伊拉克、卡塔尔、约旦、沙特阿拉伯和尼日利亚等国，开立信用证经常规定：The Bill of Lading or shipping agents certificate must certify that the carrying steamer is not over 15 years of age。所以，应立即与承运人联系，确认在装运期内能否有 15 年以下船龄的船只，或能否在提单上注明船龄或出具证明。由于出口商很难获知货物运输船只的信息，特别是经过转船的运输，对于第二程船是否为 15 年以下的船舶无法掌握，而外代等运输公司一般不愿意在运输单据上注明类似的内容。加之上述国家和地区的港口设备条件、装卸效率、港口条件等情况，有些船公司的船舶不愿意以新船航行这些港口。因此，对于这一条款要具体了解并与有关单位联系确认，否则不能接受。

其次，是对船公司或班轮公会船只等限制。特别是在 FOB 条件下，如："shipment must be made by conference line vessels and documents must include the certificate by the shipping company or their agents" 或 "shipment must be effected by APL or MAERSK vessels" 等规定。这方面的规定如果出口商所在装运港有这样的船公司，当然没问题，但最好收到这样信用证条款还是及时与运输部门联系确认，否则无法接受。如果是 CFR 或 CIF 条件下，发货人有权选择合适的船只，买方无权加以限制，所以，应根据实际情况掌握。

阿拉伯地区的信用证经常有限制运输船只和路线条款。如："shipment must be effected not by Israeli vessel and not call at any Israeli ports, and not blacklisted vessels"。这样的条款一般是可以接受的。其他条款，如限制船舱部位条款等等，需注意按具体情况和要求决定是否能接受。

（二）分批装运及转船条款

运输条款中，一般要明确是否允许分批装运和转船，如 "Partial Shipment Allowed; Transshipment Not Allowed"。受益人要根据装运港船只以及备货的情况，审核是否符合实际的要求以决定能否接受。如果信用证中没有明确说明是否允许分批或转运的，则认为允许分批装运和转运。

1. 对分批的理解。如果信用证中规定：Several shipments，应理解为分三批或以上的分批装运；如果信用证中规定：One or several shipments，则理解为与 Partial Shipment Allowed 相同。

如果信用证规定分批分量或分批等量装运时，应严格按照规定的期限和数量装运。如 "Shipment for every 100M/T in May, June, July, August and September separately"，则应 5 月装 100 公吨，6 月装 100 公吨，7 月装 100 公吨，8 月装 100 公吨，9 月装 100 公吨。如果其中一批因故未按月装出，该批及以后各批均告失效。所以，对此条款若办不到，应提出修改。

如果信用证规定："50M/T of Bee Honey, shipment for 25 M/T to Rotterdam, 25 M/T to Antwerp, partial shipment not allowed"。理解为 50 公吨货物应同时装一条船，鹿特丹港卸下 25 公吨；安特卫普港卸下另外 25 公吨，运输单据制作两套单据。如果同一船只不可能在这两个港口停泊，则应注意修改信用证。

如果信用证规定 200 公吨货物，不许分批装运。以后又改证增额加装 50 公吨，则应理解为 250 公吨一起装出。如果接到信用证修改书时货物已集港或已发送，只能向进口商提出修改信用证为允许分批，经同意后再另发货 50 公吨，否则只能将增装的信用证修改书退回银行，表示不接受。

如果从多份运输单据的表面上表明以同一运程的同一运输工具装运，即使运输单据载有不同出单日期或不同的装运地或受监管地，只要证明是同一目的地，将不视为分批装运。

2. 对转运的理解。UCP600 第十九条 b 款：转运意指货物在信用证中规定的发运、接受监管或装载地点到最终目的地的运输过程中，从一个运输工具卸下并重新装载到另一个运输工具上（无论是否为不同运输方式）的运输。

如果信用证规定转船时必须在提单上注明二程船名。如："If transshipment to be effected, port of transshipment and the second carrying vessels name should be indicated on the relative B/L"，承运人有时很难做到，所以这样的条款最好不接受，或修改为二程船名将在转船通知单上详细通知。

如果信用证规定不许转船，要视到达具体目的港是否有直达船而决定。当然，UCP600 第十九条规定：即使信用证禁止转运（prohibit transshipment），银行也接受注明转运将发生或可能发生的运输单据。有时信用证要求在目的港的指定码头卸货，尤其大宗散货的出口。对这种条款最好不要接受，因为对方港口的卸货安排，出口商或承运人都无法控制。

（三）装运期、交单期及其与有效期的关系

信用证除规定装运期和有效期外，有时常常规定一个在装运日期后必须提交单据办理议付或付款的特定期限，即交单期（Presentation Period）。如："Documents must be presented within 15 days after the date of shipment but within the validity of the credit."，此时应注意在发货取得提单以后，应从提单的签发日期起算 15 天内，尽快缮制信用证所要求的所有单据向银行交单议付或要求付款。如果信用证没有此规定是可以的，根据 UCP600 第十四条 c 款的规定："如果单据包含一份或多份受十九至二十五条规制的正本运输单据，则须由受益人或其他代表在不迟于本惯例所指的装运后 21 个日历日内交单，但是在任何情况下，都不能晚于信用证的有效期"。

此外，如果信用证开来较迟，而规定的装运期又太近，应要求修改延展装运期，并同时要求延展有效期。因此，有的信用证有装运期和有效期自动延展的条款。如 "If the shipment to be unable to be effected within the specified time of shipment, both shipment and validity date may be automatically extended for 15 days."，这样对于卖方来讲装运期较紧时，可自动延展 15 天，对买方而言可以免去展期的修改费用，因此对买卖双方都有利。

此外，还要注意装、效期的规定是否颠倒，否则应提出修改或由通知行向开证行声明代为修改。

三、特别条款（Special Conditions and Instructions）

有关信用证中一些特别的条款，由于不同国家来证习惯不同，很难概述全面，经常出现的有：

（一）生效与未生效条款

如"This Letter of Credit is operative instrument, no mail confirmation will follow"为生效条款。接到有该条款的信用证后即出口商可凭以备货、发运。而未生效条款，如第一节所提到的对信用证的生效提出一些前提和条件，例如："The telex is operative after importers receiving the Import License"（待进口商领取进口许可证后生效）等。未生效条款改变了信用证的性质和作用，出口商对合同的履行完全取决于开证人的意志，所以一定要仔细审核，不能盲目发货，最好不要接受，或者等对方以书面形式确认后，再凭以发货。

（二）不符点罚款条款

目前信用证对不符点单据一般都有罚款，如："A fee of USD75.00 will be imposed on each set of documents received by us containing any discrepancies under the credit"。因此，出口商在缮制单据时一定要仔细审单，出现问题及时联系修改，保证没有或尽量减少不符点。

（三）银行费用条款

银行费用依每一具体的业务的不同而有不同的费用。主要有信用证的开证费、修改费、信用证及修改的通知费、转让信用证若转让的转让费；根据信用证的种类分为议付费、付款费、承兑费和保兑费；信用证及修改事后撤销的撤证费；一些外资银行或商业银行在受益人所在地需要当地代理行转递的转递费以及验单费；每笔结算业务必然伴生邮费、电讯费等等。

根据 UCP600 第三十七条 c 款，"指示另一银行提供服务的银行有责任负担被指示方因执行指示而发生的任何佣金、手续费、成本或费用"，所以，银行一般遵循银行费用由发出指示方负担的原则，受益人应注意银行费用负担的规定是否合理。如：信用证经常有"All banking charges outside xxx（Applicant's country）are for account of Beneficiary"，按道理上讲，开证行以外的银行费用不一定都应由受益人负担，如果费用较低一般可以忽略，但是原则上还是发出指示方应承担相应的银行费用比较合理。

（四）电索条款（T/T Reimbursement）

即带电汇条款的即期信用证规定：议付行收到受益人提交的单据与信用证条款核对无误后，可用电报或电传要求开证行或付款行立即电汇付款。电报或电传中应明确申明单据与信用证条款相符，并已按照信用证规定寄送。电索条款在信用证一般表达为："Payment by T/T Reimbursement upon receipt of tested telex from negotiating bank stating that the terms and conditions of the credit have been complied with and that documents have been dispatched to opening bank by speed post in one lot.",这种条款对受益人比较有利,可以加速资金回笼,确保收汇安全。如果信用证不允许电索,则注明 T/T Reimbursement not allowed。

(五)汇率条款

买卖双方为了保证不因外汇汇率变动而遭受损失,常在信用证中将外汇汇率加以固定;或规定将来汇率变动由买卖双方直接协商解决;或有些在将汇率固定的同时,另规定如付款时汇率变动,由开证行负责补偿差额等等,这些规定为信用证汇率条款。对于这些条款的审核,需要掌握汇率变化的规律和发展趋势,了解一定的汇率理论,克服盲目性,才能有利于出口收汇。

(六)非单据化条款

信用证对单据条款或称跟单条款都要做明确规定,但有时一些信用证在商品条款、装运条款或附加条件中,对出单的做法又有些规定,从而对出口商交货过程加以限制和要求。如果信用证指明了按这些条件提交具体的单据或证书时,应视为单据条款的延伸;而如果只列有条件,却未明确应提交的单据,通常称为非单据化条款。

从银行审核的角度讲,根据 UCP600 第十四条 g 款规定:"提交的非信用证所要求的单据将被不予理会,并可被退还给交单人"。例如,在信用证装运条款中规定:"shipment from Xingang, Tianjin to Rotterdam by a steamer which is not over 15 years of ages",即表明"由新港至鹿特丹所装运的船只不能超过 15 年船龄",但如果在单据条款中并未提出出口商一定要提交由船方或承运人出具的船龄证明,银行在审核时就不能以信用证有该内容而要求出口商提交相应的单据,换言之,不能以受益人未提交此类条件的单据而确定单证不符。

出口商对非单据化问题的处理,虽然不必另出具单据,但应按照此类条款的要求去做,并尽量在相关单据中表现出来,如果不能办到的,应联系进口商修改或删除此类条件,以避免出现不必要的争议而影响收汇。

第四节 受益人对单据条款的审核与信用证的修改

信用证中的单据条款又称跟单条款,是作为买方要求卖方提交的、作为进口通关时使用,或作为约束卖方按照要求履行并凭以付款的证明。也是卖方证明已按要求履行交货并凭以要求付款的书面文件,因此,对买卖双方都很重要。

在签订合同时，只有一部分基本单据会做出明确的规定，大多数情况下，单据的内容要求和出具要求等是在信用证开立时做出的。因此，对于出口商就应特别注意单据条款的合理性。如果不能办到的，一定提出修改，否则会给交单直接造成困难。而信用证方式下，银行正是根据相符交单来决定是否付款。

有关单据的具体要求及种类，视不同的国家、不同的客户而有所不同。主要包括商业单据（Commercial Documents），即商业发票、运输单据和保险单据；以及由第三方关系人或机构签发的证明文件和单据，本书中称这部分单据为公务证书（Public Certificates）；此外还有一些与交货有关的其他单据（Other Documents），如装运通知、寄单证明、包装声明等等。UCP600从第十八条'商业发票'开始，到第二十八条详细解释了包括商业发票、各种运输单据和保险单据等主要商业单据的要求。其他单据将在第六章至第九章介绍时，说明审核这类单据时应注意的事项，下面仅就重点单据条款的审核加以说明。

一、主要单据的审核

（一）商业发票

信用证单据条款中对商业发票（简称发票）的要求一般比较简单，只规定提交的名称和份数，有时要求在发票上注明某些内容等。如 Commercial Invoice in triplicates 或 Signed Commercial Invoice in duplicate indicating this L/C No.等规定。因此，受益人提交的单据名称应尽量与之相符。目前，我国按照联合国标准化单据的要求，使用了适应于电子化需要的标准商业发票格式（Commercial Invoice），但是，一些企业出于经营商品和贸易对象国家的一些要求，极少部分使用自己印制的发票格式，或只使用发票（Invoice）的名称，一般银行也可以接受。具体内容的审核会在后面的单据制作中具体讲解。

（二）运输单据

首先，要注意审核信用证中对运输单据名称的要求。UCP600 第十九条开始到第二十五条就不同运输方式的单据名称进行了规定。如提单（Bill of Lading）等。对信用证中运输单据的名称与运输方式应相符，并注意与承运人及时沟通确定其是否能出具相应名称的单据。

其次，单据份数的审核。如果来证要求为 Full sets of xxx，只要提交的是承运人签发的标明正本份数的全套单据即可。根据 UCP600 第十九条开始的有关运输单据要求中都规定：开立全套正本单据可以是仅有一份正本或一份以上的正本单据都叫全套。但是，如果来证规定具体的正副本单据份数，例如："3 original plus 2 copies of xxx 或 3/3 original xxx"，则必须按要求提供相应份数的正本及副本单据。目前，我国对外运输公司一般提供的都是一套中包括三份正本的单据，如有特殊规定的，需事先与承运人取得联系，看能否办到，否则应提出修改。

有时信用证规定全套正本提单中的一份由受益人直接寄给开证人的条款，例如："one original Bill of Lading must be sent directly to applicant"。特别是近洋运输条件下，因考虑到信用证交单、寄单和银行审核等因素可能导致运输货物抵达目的港而单据还未到达的情况，买方通常在信用证中这样规定。而卖方考虑到与客户发展关系，经常同意这样做。但这种条款对受益人毕竟有风险，因为只要是正本提单，一份就可以有效地向承运人要求提货，一旦提货其余正本均失效，因此也就失去了控制货物所有权的能力，一旦遭到拒付，受益人很被动，势必有造成损失的可能。

最后，审核单据上需注明的内容要求。对于运输单据上一般应注明的要求，如运费支付条件，"marked Freight Prepaid 或 marked Freight Collect"，则应注意与信用证规定的价格条件相对应。如果价格条件为 FOB，而提单要求注明："FREIGHT PREPAID"，则与卖方不承担运费相矛盾；如果要求注明船龄及船级等特别内容，则应与承运人联系是否能办到，否则应提出修改。

（三）保险单据

CIF 条件下要求受益人提供保险单，该单据条款下一般对受益人的投保险别、金额和内容做出明确规定。目前我国保险公司大都使用正式的保险单（Insurance Policy），因此，尽量使信用证的单据名称与实际的相一致。另外还要注意：

1. 保险险别要明确。来证要求的投保险别应与合同的保险条款相符，如果扩展了保险险别或增加了附加险，一方面应与保险公司联系，更主要的是要明确超保费应由买方承担，并在信用证项下支付，否则增加了卖方成本，需要修改信用证。

2. 保险金额加成应按合同的规定开立。合同中的保险条款要明确投保加成的比例，一般都以商业发票金额增加 10%~20% 之间投保，也是我国保险公司所接受的惯常做法。如果加成超过了合同的规定，一方面要与保险公司商榷能否同意，另外，由于增加了卖方的费用，因此，应明确额外保费由开证申请人负担，并在信用证项下支取。

3. 如果成交价格为 FOB 或 CFR，本应由买方办理保险、支付保费，可信用证又要求保险单，可能属于开证人的差错，应提出修改。如果合同成交价格为 FOB 或 CFR，而来证为 CIF，要求出具保险单据，同时信用证金额中包括了保费，则可以不必修改。

4. 如果成交价格为 FOB 或 CFR，单据条款中要求向开证人的保险公司发出保险声明或预保通知，并经其签收的回执（Acknowledgement of Insurance）作为交单的单据之一，这种条款不能接受。

二、信用证的修改及应注意的问题

信用证经过审核后，凡是决定要提出修改的，应将所有要求修改的条款归纳、整理，尽快向开证申请人提出。根据 UCP600 第九条至第十一条的要求，修改信用证应注意以下几个方面。

（一）可以直接由通知行提出修改

对于信用证主要项目的重大缺漏，如无效期、信用证号码前后不一致、装效期颠倒等问题，可以经通知行直接提请开证行澄清，这样既快捷又能节省银行费用。

（二）必须首先向开证申请人提出，并经各方当事人同意

受益人审核信用证中条款与合同不符而不能接受的，要直接向开证申请人提出，并督促其尽快向开证行提出书面修改，并由开证行以电讯的方式，且规定一个修改书的到达时限。同时，根据 UCP600 第十条 a 款："……未经开证行、保兑行（如有）及受益人同意，信用证即不得修改，也不得撤销"，因此，要注意信用证的修改书必须经各方当事人同意方为有效。

【案例 3.1】信用证修改的理解

案情简介：M 公司收到国外来证规定装运期不得迟于 2014 年 4 月 15 日（Time of Shipment Latest on 15/04/2014）。M 公司审核无误后备货并办理托运事宜。但由于船方原因无法如期装船，于 4 月 10 日电请买方将船期延展至 5 月 15 日，有效期同时延展一个月。4 月 20 日接买方复电称：同意你方 4 月 10 日电请将装、效期延展一个月。接电后卖方立即组织出运，于 5 月 14 日装船完毕，15 日备齐全套单据向银行交单议付，但银行以提单日期不符合信用证规定的装运期为由拒绝收单。M 公司向银行出示了买方同意展期的电传，银行仍不接受。问：银行做法是否合理，为什么？

案情分析：此案很明显，议付银行不接受是因为卖方未理解有效信用证修改应如何做出。因为信用证的主要当事人：开证申请人、开证行、通知行和受益人，对信用证装、效期规定的修改，是在买卖双方之间进行的，而未通过另外两个当事人，因而是无效的。银行审单按开立的信用证内容审核，当然属严重不符，因此，银行有权拒绝收单议付。

本案 M 公司向买方提出修改是正确的,但买方同意后应向开证行要求修改信用证并由开证行向通知行发出修改通知书,卖方必须等到通知行的通知后,修改才有效。在接到修改之前,卖方不能急于发货,否则会造成损失和麻烦。

(三)信用证的修改书必须经原通知行通知受益人才能生效

根据 UCP600 第九条 b 款:如一家银行利用另一家通知行或第二通知行的服务将信用证通知给受益人,它也必须利用同一家银行的服务通知修改书。

【案例 3.2】信用证修改通知书的传递

案情简介:我国改革开放初期,香港汇丰银行通过中国银行大连分行通知信用证给受益人——大连某进出口公司 H。不久,开证申请人提出修改货物的规格,因急于告知出口商,认为通过自己银行驻大连办事处传递信用证修改书会更快,于是香港汇丰银行利用其在大连办事处通知信用证的修改。但汇丰银行大连办事处由于没有 H 公司的具体联系电话,辗转才将修改书送达受益人。但此时 H 公司已按原证要求的规格发货并交单议付。开证行收到单据后,以发票所列规格与信用证不符为由拒付。问:开证行的做法是否合理,为什么?

案例分析:开证行的拒付并不合理。因为根据上述 UCP600 第九条 b 款规定:如一家银行利用另一家通知行的服务将信用证通知受益人,则它必须利用同一家银行的服务通知修改书。即信用证的修改书必须经原通知行通知受益人才有效,否则由此产生的一切后果由开证行负担。因此,开证行由于没有利用中国银行大连分行通知 H 公司修改书,致使 H 公司未及时收到修改书,而按原证发货、制单。开证行不能以发票中描述的规格与修改书中的规格不符为由拒付,其责任完全由开证行负责。

(四)信用证修改书的确认

如果是受益人提出的修改,在受益人收到修改书后必须仔细审核,确认所提出的修改开证申请人是否全部同意,然后再履行交货义务。根据 UCP600 第十条 e 款:不允许部分接受修改,部分接受修改将被视为拒绝接受修改的通知。

如果是开证申请人提出的修改,受益人收到通知行的信用证修改书应尽快审核并决定是否能接受。根据 UCP600 第十条 a 款:……凡未经开证行、保兑行(如有)以及受益人同意,信用证既不能修改也不能撤销。该条 c 款还规定:在受益人向通知修改的银行表示接受该修改内容之前,原信用证的条款和条件对受益人仍然有效。受益人应发出接受或拒绝接受修改的通知。如果受益人未提供上述通知,当其提交至被指定银行或开证行的单据与信用证以及尚未表示接受的修改的要求一致时,则该事实即视为受益人已作出接受修改的通知,并从此时起,该信用证已被修改。

UCP600 修改后的内容,将修改以及接受修改的主动权更多地给予了受益人。特别是信用证开立后开证申请人的修改,往往会引起受益人的很多不便。所以,受益人接到修改后可以接受也可以不接受;可以表示接受也可以不表示十分接受。是否已经接受修改,可以根据发货后提交的单据内容是否与修改书的规定一致,不一致就表示没有接受修改;一致就表示接受了修改。当然,实际业务中,建议受益人最好"明示"是否接受信用证修改,以避免出现不必要的麻烦和纠纷。

小 结

由于信用证业务中,单据是否与信用证相符作为银行付款的唯一前提条件。因此,受益人提交的单据质量决定了能否收回货款。而提交正确的、符合信用证条款的单据,必须在收到信用证后进行仔细审核,排除日后交单时可能造成的隐患。

信用证虽然是独立于合同以外的法律文件,但应基于合同的基础来开立。在实际业务中,除个别不法商人故意设陷外,仍存在一些难以避免的问题。如开证行的误开;合同成交后开证申请人所在国家法律、法规的变动等,都会使开证人出于自身的利益而对有关达成的条款或条件在信用证中反映出来。因此,受益人就必须在发货前确认信用证条款不会使自己的履约造成困难而影响收汇。

对信用证的审核,一般银行和受益人对信用证内容的审核各有侧重。银行重点审核开证行身份的真实性,以及开证行的资信以及银行间偿付方式和路线。受益人则应对信用证进行较为全面的审核,一是要对照合同条款进行审核;二是要对个别重点条款,特别是与交单有关的要求的审核,以及一般和特殊条款的审核。经过审核发现的问题,要视具体的情形和性质来决定处理的方式。凡是使受益人无法执行合同、或造成极大困难、或产生大量费用、或无法提供所要求的单据的,一定要向开证人提出要求其向开证行进行改证,并待修改通知书到达后再办理发货事宜。

复习思考题

1. 信用证审核的必要性。
2. 信用证修改时应注意的问题。
3. 银行审核的重点内容是什么？
4. 为什么信用证的有效期到期地点不能在开证人所在地到期？
5. 信用证出现与合同相矛盾的条款时，受益人应如何处理？
6. 修改信用证时应注意哪些问题？

第四章 单证基本工作程序与操作

进出口贸易，如果以合同为分界线，签约前为合同的磋商阶段；签约后为合同的履行阶段。单证工作贯穿于合同履行的整个过程，即货、证备齐以后，一直到最后完成交货、付款完成一笔交易，都离不开单证的出具、签发、组合和流转，其工作量大、环节多。随着跨境电子商务发展带动的商流、物流和信息流速度的加快，以及联合国国际贸易便利化推动的国际贸易"单一窗口"（Single Window）的迅速发展，带动了单证标准化、规范化和电子化，承接企业贸易程序化操作和单据标准化制作的对外贸易服务型、创新型的商业平台不断涌现，大大简化了贸易程序和单证工作，降低了贸易成本。下面结合这些做法上的变化，分别在本章和第九章介绍出口和进口单证的工作程序，重点讲解卖方发货过程中的重要环节及其单证的电子化管理和应用，使读者了解单据的来龙去脉和使用的程序，然后从第五章开始详细介绍每一单据内容和缮制要求。

第一节 出口单证流转程序

出口合同的履行，即是备货、催证（审证）、出运、制单、审单、交单收款的过程，每一环节都与单证工作相联系。当然，由于贸易方式和运输方式的不同，也由于各出口企业经营的商品性质、工作量与组织形式不同，单证工作的程序可能不完全相同，但主要程序和最基本的环节有以下几个方面。

一、货（证）与运输的衔接

首先，货、证的衔接，是指签约后，采用信用证支付方式时，对内抓紧备货，对外催开信用证的工作。两者必须相互呼应，达到货、证俱全的要求，即货物应是符合合同或信用证要求、质量合格、包装完好、数量齐备的货；证应是经过审核、符合合同的规定、可以接受的信用证。只有做到这两点，才能安排货物的出运。如果采用非信用证方式支付，卖方则根据合同交货期限备货发运。

其次，货、证俱全还必须与所要求的、适当的运输工具相结合，才能具备出口条件。由于合同或信用证都有装运期的规定，因此，在货证备妥的同时，必须在装运期前将运输工具落实下来，三者缺一不可。如果货未备妥、临装退关；或货已近装运期，信用证未开到或未改妥；或运输工具脱期等等，都会影响合同的正常履行，给出口方造成经济上和信誉上的损失。

出口货物装运前的发货，是以工厂的'交货单'为准，凭交货单了解工厂对出口货物的完成情况，缮制发货凭证，即'出仓单或称提货单'，是出口单位凭以向指定的工厂或储运仓库提取出口货物的凭证。出仓单必须根据合同或信用证有关条款和工厂的交货单来缮制。制单时，若发现厂方的交货单所列货物的品名、数量、规格、尺寸、包装以及标记等等与合同或信用证不符，应立即与货源和外销人员联系，尽早加以解决。

二、出口托运手续

出口商委托对外货物运输部门或受理对外货运代理业务的单位办理海、陆、空的出口运输业务。托运时，需由出口商提供出运货物的必要资料。

（一）出口货物托运单

海运，由出口商填写'海运出口货物委托书'或集装箱托运单，向承运的海运公司及时办理租船订舱；空运，要缮制'空运委托书'，向航空公司订载；陆运，一般无固定格式的托运单，如外运配车，可提供商业发票副本或出口货物明细单，并在发票上加注货物体积、信用证装效期、可否分批装运等运输要求即可。

（二）缮制商业发票、装箱单据

商业发票是出口单据的中心，内容主要包括出口货物名称、规格、出口金额和收发货人等，是缮制其他单据的基础和依据。如果是包装货物，则需要提供装箱单或重量单或尺码单，是商业发票的附属单据，两者可参照缮制。在办理托运时，若需要承运的运输部门负责代理通关手续，必须提供商业发票和装箱单据等。

如果是信用证下交单结汇，在装运后最好再次审核信用证，有针对地制作发票和箱单，保证单证相符。在托运或办理报关时，按海关要求先缮制反映基本情况的发票和箱单即可。

（三）装货单（Shipping Order）

在向运输公司办理托运后，运输公司表示已接受发货人委托承载的证明，俗称下货纸（简称 S/O）。集装箱运输或散货运输是在以前装货单及收货单基础上，为方便货物在运输各方当事人之间流动转移手续，形成了一套八联或十二联的多功能单据，每一联有其特定的作用（详见本章第二节）。

三、商检报验与投保

（一）商检报验

进出口商品检验工作是贸易工作中的一个重要环节，也是买卖合同中不可缺少的内容之一。根据我国有关商检法及相关法律和法规，以及凡列入《出入境检验检疫机构实施检验检疫的进出境商品目录》（以下简称《法检商品》）中的商品，如纺织品、服装、食品、医药、粮油等等属于法定检验的商品；其次，贸易合同或信用证中明确规定由商检部门检验出证的商品，在货物出口报关前，均需做好商检报验工作，取得商检部门的检验放行或商检证书方能出口。

我国进出口商品的检验及出证工作，由国家质量监督检验检疫局（AQSIQ）直属的出入境检验检疫局（CIQ）、中国检验认证集团公司（CCIC），以及国际知名认证的检验机构办理。卖方在货物发货装运前合理的时间，填写'出入境货物检验检疫申请单'，向合同或信用证要求的有关检验部门申请报检。商检机构接受报验之后，需认真研究申报的检验项目，确定检验内容，按照合同或信用证对品质、规格、技术指标、包装等方面的规定，决定检验的标准和方法，并根据不同的商品，不同的特性来进行抽样。如果有些商品需要在包装前或装集装箱前进行抽样，则由检验人员会同出口方验收人员在出口地工厂或仓库发货前进行抽样；有些商品如煤炭需用传送带或机械操作的办法进行装船的散装货，则在装船的过程中抽样检验或衡量。商检部门取得货样后，按不同商品的要求确定检验方式，如用化学分析检验、仪器分析检验、物理检验、感官检验、微生物检验等科学方法进行检验，经检验机构检验合格的商品，出口方不需出具证书的，可在出口货物报关单上加盖检验放行章或签发放行单，以便出口商在报关时得以放行出运；需要检验出证的，则出具相应名称和内容的商检证书，经出口商审核后，交单议付时提交给银行。

另外，有些商品距出口口岸较远，需要在口岸报检的，或出口量大、生产点或储存点分散，不适合装运前逐批检验的，可以由检验机构核定，采取"厂检换证"的方法，即由商检机构对生产厂实行质量监管，定期或不定期地进行产品抽查，考核产品是否符合质量标准，平时则由生产商的质检部门对产品进行逐批检验，合格产品交货时应随同交货单附交"厂检合格证书"，供出口公司在出口时逐批向商检机构办理换证手续。

有关商检范围及程序、报检单和商检证书等具体内容，详见第七章。

（二）货运保险与投保

凡是以 CIF 条件达成的出口合同，出口商在货物发运前，有义务向保险公司办理投保手续、交纳保险费用。一般出口商在向承运人办妥出口货物托运手续，取得承运人配妥运输工具签发的'装货单'后，根据合同或信用证中保险条款的要求，填写"出口货物运输险投保单"或出口发票副本加注保险条款的内容，向保险公司投保。保险公司依此承保并按出口商的要求签发保险单据。有关单据要求内容详见第六章第四节。

四、出口集港与通关手续

在完成上述的托运和报检工作后，在承运人通知发货人将货物向装运港集港 24 小时前，向海关办理报关手续。报关时，需向海关提供上述提及的装货单（下货纸）、商业发票和装箱单据、合同副本外，要求提供的单据如下：

（一）出口货物报关单

出口货物报关单是向海关申报出口供海关验关放行的单据，也是海关总署对出口货物汇总统计的原始资料。该单据的格式和内容项目由国家海关总署统一制订，供各口岸海关凭以通关放行。具体内容要求，详见本章第三节。

（二）出口许可证或出口配额许可证

如属国家出口配额管理或出口许可管理的商品，需提供相应的出口许可证明。出口许可证是国家为了加强对我国出口商品的计划管理和价格管理，对某些商品批准出口的证明文件。配额许可证，目前大多是应进口国对我国出口商品实施数量管理的国家要求，由商务部批准签发的许可证明。凡是国家规定出口需要领取许可证的，出口商必须在报关前，向相应的管理机构办妥申领出口许可证的工作，否则海关将不予放行。详细要求见第七章。

（三）来料加工和进料加工贸易需提供（料件）加工核销手册

在来料加工、进料加工等加工贸易方式下，出口商品在报关时，还需提供相关料件进口时海关发放的加工手册，以便办理料件核销手续。加工手册详细填写了来料或进料的情况，如品名、数量、规格、单耗等等，待加工复出口时，由海关在手册上核销已使用或加工后出口料件的数量，对于出口部分的料件可免征进口关税，而对来料或进料加工后在国内销售的，要补征进口关税。

（四）其他单据

出口通关手续中，根据出口商品属性，以及相应的国家管理规定，需要提供其他一些单据和证明的，如机电产品需要机电委的批件等，则依据要求提前办理，并在报关时提交。

总之，无论商品性质、贸易方式或出口单位性质等如何，出口报关需要的最基本单据有出口货物报关单、商业发票和装箱单据、装货单和商业合同副本，其他的应不同的情况再增加提交的相应单据。

五、其他证明文件与认证

除上述提到的根据国家有关规定的证明文件外，在备货发运的同时，还需要申领一些其他方面的证明文件，或到指定的管理机构和认证机构办理出证和认证手续。如原产地证明书、领事证明文件、指定人的商品检验合格证明、运输方面的证明文件等等。

认证，往往是指由买方指定机构（买方国家驻我国机构）在出口商已有的某些出口单据上做必要的证明，以确认其为合法文件。如一些国家来证规定须由其驻我国的使领馆在商业发票上或原产地证书上认证等等。

如果合同或信用证有这方面的规定，要注意在交单前办妥，否则，会因无法正常交单而影响到收汇。

六、综合制单、审单

货物装运取得运输单据后，应尽快依据合同或信用证要求全面审核、缮制所需的单据，并仔细进行核对、校验，确保单据合格并及时提交给银行或进口商。

（一）运输单据

货物装运完毕后，无论海运还是空运，货物的承运人根据港口外运或外轮代理公司等的配船回单缮制和签发"海运提单"（Marine/Ocean Bill of Lading）或"空运单"（Air Waybill）或要求的相应名称的运输单据（详见第六章），发货人审核无误后，支付运费，取走提单，准备交单结汇。

陆路运输中的铁路运输，对香港、澳门地区出运的，由外运公司缮制和签发"承运货物收据"（Cargo Receipt），或其他地区的"铁路货协运单"；大陆桥运输由外运公司缮制和签发"联合运输单据"（Combined Transport Documents）；公路运输主要用于对我国港、澳地区以及对独联体等国家的出口运输，公路运输的风险较大，注意及时办理保险。

（二）装运通知（Shipping Advice/Notice）

根据《2010年国际贸易术语解释通则》（以下简称"INCOTERMS 2010"）各术语第7条义务的规定，作为交货一方负责运输的卖方"必须通知买方按照第4条义务规定交货；必须给予买方任何必要的通知，以便买方为领取货物采取通常必要的措施"；作为接货一方负责运输的买方"一旦有权决定发送货物的时间和/或指定的目的地或者指定接收货物的地点，买方必须就此给予卖方充分的通知"。因此，无论信用证是否明确规定，卖方都要注意及时发给买方装运通知。这不仅是为了便于买方及时办理保险（FCA、FOB、CFR和CPT合同），同时也为买方提供销售服务，使买方及时掌握运输信息，以便事先做好货物的进口手续以及销售、分配、调拨等业务安排。

目前在实际业务中,装运通知一般都采用电讯的方式,而且在信用证业务中通常要求卖方提交电讯副本或受益人证明作为向银行交单议付的单据。同时,卖方要注意有关内容的要求和发出的时限要求。

至此,卖方的交货义务以及伴随履约发生的单据都已经完成,因此,将上述各程序中产生的所有单证集中起来,进行一次综合审单。审查每一单据项目是否完备,内容是否正确;全套单据种类和份数是否齐全;各单据的签章或背书是否正确;单单之间是否一致,单证是否相符等等,从而保证向银行交单后得以顺利结汇。有关每一种单据审核的重点,可根据第五章至第八章讲述每一种单据的缮制内容进行审核。

七、交单结汇

经过仔细、认真审核后,应在规定的时限内尽早向银行提交单据议付。如果银行在审核中发现问题或错误,卖方可以有机会及时修正或重新缮制,确保单据寄到国外开证行或偿付行时单证相符,顺利结汇。从目前我国银行接到受益人提交单据的做法来看,有几种不同的收结汇方式。

(一)出口押汇

如上文提到的我国银行一般做法是银行凭受益人提交的信用证或托收项下的单据,向受益人提供的短期资金融通——"出口押汇"。即受益人(出口商)将全套出口单据和"押汇申请书或称质押书"(Letter of Hypothecation)交到接受押汇的业务银行,银行在审核单据无误的条件下,按照汇票票面金额扣除从押汇日到预计收款日的利息及相关费用,将款项预先付给出口商的一种行为。预付金额的大小往往依据出口商的信用好坏来决定。

该业务是银行凭出口商提交的代表货物所有权的、与合同或信用证相符的、完备的单据作质押,在收到付款行的付款前,有保留追索权地向出口商融通资金的业务。与"议付"的区别在于,银行预付给出口商的款项,并非单据的对价,而是以单据质押并凭以对外索汇为条件的押汇贷款。该款项的所有权仍属银行,而被质押的单据的所有权属于出口商。收汇款项在清偿质押后,余款退给出口商,押汇银行与出口商双方是借贷性质的债权债务关系。而"议付"是一项新投入的对价,银行与出口商之间形成的是票据关系。

(二)收妥结汇

收妥结汇,是指受益人提交单据给所在地的银行审核单证相符后,将单据寄开证行或偿付行要求付款。待开证行或偿付行审核单证相符后将外汇款项按当天的外汇牌价折算人民币支付给受益人的行为。这种方式下,银行没有付出对价,所以,也不能称为议付(Negotiation)。

(三)定期结汇

定期结汇是指出口商与议付行事先达成协议,根据不同国家或地区、不同的索汇路线,以及付款期限及邮程的长短约定一个交单后结汇的固定期限,到期由银行主动将外汇结算支付给出口商的一种结汇方式。

我国银行与国外联行开来的信用证,除单据不符须待"收妥结汇"外,一般根据平均入账时间和索汇函电往返所需时间,将符合信用证条款的单据寄给开出信用证的联行后,按约定的期限分别入账。

这种方式,无论议付行实际收汇早于或晚于议定日期,届时银行必须结汇。对于出口商来说,只要单证相符后,可主动掌握收汇时间,有利于资金的安排和运用。

(四)即期结汇

即期结汇,是当信用证以出口商所在地银行为付款行或保兑行、或附有电索条款时,银行审查出口单据,认为单证相符后,按照当天结售汇市场即期汇率将货款折算人民币立即付给出口商的结汇方式。

总之,以上方式都是在保证单证相符的条件下进行的收结汇方式。而实际业务中,由于主观或客观的原因,诸如受益人的疏忽或差错,船只的误期以及一些意外变故等,单证不符的情况时有发生,若在发现不符点后,卖方得以及时修改或重制当然最好,但有时无法修改,则根据具体情况来处理。

(五)单证存在不符时的处理

如果单据不符不很严重时,买方的信誉又较好,卖方可以向银行出具担保函,向银行说明不符原因和保证由此产生的风险由自己承担,请求银行凭担保议付或付款。

如果单证不符较严重时,卖方可要求先以"电提"或"表提"征求开证行的意见,同时与买方联系、协商并要求其接受不符点单据,并授权开证行接受不符点单据,开证行取得买方同意后才付款。"电提",一般在金额较大的单据有不符点时,可以先以电报或电传等方式函询不符点征求开证行同意,单据暂且不寄出。如果开证行同意接受不符点,则按正常交单议付处理。"表提"是指对于金额较小的单据有不符时,可在议付通知书上提出不符点,并连同单据一起寄开证行,征求开证行同意后付款。所以,前者比后者的风险小些。

无论是电提还是表提,需要注意的是卖方都应事先征得买方的同意,一般只要买方同意付款,开证行也就没有异议了。这两种方式都存在一定的风险。基于现实中的问题,UCP600 第十六条"不符单据及不符点的放弃与通知"b款规定:当开证行确定提示不符时,可以依据其独立的判断联系申请人放弃有关不符点。即在开证行收到不符点单据时，根据其经验判断该不符并不影响买方利益，可以提请申请人同意接受不符点单据。这样，开证行在取得申请人同意后，即可向出口地银行表示接受不符点单据而付款。

但是，UCP的这一规定并不等于说卖方可以不再要求单证质量。实际业务中，卖方仍应按照信用证条款的要求，保证相符交单，才能确保货款的安全、及时收回。否则，若遇到买方信誉不佳，或由于对方国内市场价格波动对买方不利等等，不符点单据寄到国外完全有可能遭到拒付或迟付，因此，不能掉以轻心。

第二节 货物托运与制单

对外贸易合同中负责货物运输的一方当事人，通过对外运输部门或公司或其他有权受理对外货运业务的承运单位或其代理办理海、陆、空等货物运输委托业务，称为托运。其中，海洋运输出口环节较多，工作量大。因此，本章在介绍不同运输方式的托运工作中，首先重点介绍海运托运的工作程序及其单据的要求。

一、海运托运工作及单据的缮制
（一）班轮运输方式的托运
1. 托运订舱阶段

（1）在由卖方负责运输、支付运费的贸易合同下，出口方在合同或信用证规定的出口装运期前合理的时间内，以书面的方式向承运方办理委托运输的手续。目前海运的托运一般有两种托运单据，一是直接填写承运方一式八联（集装箱货物）或十二联（散装货）的套合式托运单据，包括发货人、货代和船代留底的托运单（前三联）；第四联至第八联的装货单、场站收据、大副收据、海关留底联合港口结算联等，送交承运人办理托运。另一种是出口方委托货运代理公司进行运输、保险和报关等贸易服务，向代理提交"货物出运委托书"（见单据附样4-1）或"出口货物明细单"，是托运人向运输代理方的运输要约，然后由货代向船方办理托运手续。无论托运单还是委托单，主要说明所托运货物的详细情况，也是缮制海运提单的依据，一定注意按合同或信用证的要求仔细填写。下面以集装箱运输下的托运单为例，介绍主要内容。

单据附样 4-1　货物出运委托书

货物出运委托书
（货物明细单）　日期：

根据《中华人民共和国合同法》与《中华人民共和国海商法》的规定，就出口货物委托运输事宜订立本合同。

合同号		运输编号	
银行编号		信用证号	
开证银行			
汇票付款人			
付款方式			

托运人	Shipper
提单抬头	Consignee
通知人	Notify Party

		贸易国别	
运输方式		消费国别	
装运期限		出口口岸	
有效期限		目的港	
可否转运	可否分批	运费预付	到付
正本提单	副本提单	价格条件	

标志唛头	货名规格、海关编号	件数及包装式样	毛重(公斤)	净重(公斤)	价格币制：单价　　总价

TOTAL: USD13260.00

法定商检	有进料不超过20%	来料加工：	来料费：	加工费：		总尺码：		FOB价：

指定货代	上海凯通国际货运代理有限公司		
运费			确认
随附单据	1.发票：　　份　2.装箱单：　　份　3.报关单：　　份　4.核销单：　　份　5.许可证：　　份		

保险条款			
保险金额		赔款地点	
危险品		制单员	

受托人注意事项

受托人注意事项

发运信息

受托人（承运人或货运代理人）：
名称：
电话：　　　　　传真：
委托代理人签章：

委托人（即托运人）：
名称：
　　　　　传真：
联系人：

①当事人。包括发货人、收货人和被通知人。

发货人（Shipper），即填写合同的出口商或卖方，或信用证的受益人的名称和地址。

收货人（Consignee），即将来提单的抬头人，决定了单据的性质和运输单据转移和转让的方式，要根据买卖双方事先约定的方式或信用证提单条款中的规定来缮制。即提单分类中的记名、不记名和指示提单的填写要求。如果是记名式，则在该栏目明确填写要求的具体收货人的名称地址和联络方式；如果是不记名式，则在该栏目可以留空不填，或填写"TO BEARER"；如果是指示式，分为不记名指示"TO ORDER"和记名指示。记名指示又根据指示人的不同分为：凭发货人指示"TO ORDER OF THE SHIPPER"，凭收货人指示"TO ORDER OF THE CONSIGNEE"，凭银行指示"TO ORDER OF ×× BANK"等。

被通知人（Notify Party），是船到目的地后，承运人通知到港到货的被通知人。要求必须具体详细填写被通知人的名称地址和联络方式。

②运输路线和运输工具。包括前段运输（PLACE OF RECEIPT）、收货地点（PLACE OF RECEIPT）、船名和航次（OCEAN VESSEL/ OCEAN VESSEL）、装货港（PORT OF LOADING）、卸货港（PORT OF DISCHARGE）和交货地点（PLACE OF DELIVERY）。前段运输和收货地点，这两项内容依运输方式以及合同的价格术语，或者是否由承运人承担来填写。例如，从石家庄发货至天津装船，如果采用 FOB 条件，出口商负责用火车将出口货物运输至天津港，这两项都可以不必填写；如果是 FCA 条件，货物从石家庄交承运人，则前段运输：by train，收货地点：Shijiazhuang。装卸港，要根据合同或信用证的规定填写具体的港口名称。交货地点一般是卸货港所在的城市名称，除非不同的价格术语和联合运输方式下规定了具体的地点名称。

③运输货物的详细信息。包括货物包装的唛头（Marks），如果是散装货，填写：IN BULK。箱数或包装数（Nos. of Packages），填写外包装件数以及集装箱个数。货物名称（Description of Goods，简称货描），一般仅填货物大类名称或统称即可，但要注意与合同或信用证规定的货名不能有抵触。后面填写货物的毛重（gross weight）公斤数量和尺码（measurement）即体积，用立方米表示。最后按照包装件数填写英文大写件数。

④运费支付情况。一般根据价格术语决定运费的承担人。如果由卖方承担，一般选择 FREIGHT PREPAID，由买方承担则选择 FREIGHT COLLECT。其他可略去不填。

⑤对运输交货和接货方式以及货物性质的描述。一般根据集装箱整箱装

（FCL）还是拼箱装（LCL）来选择交货的地方是在集装箱堆场（CY）还是在集装箱中转站（CFS）。根据实际货物的性质相应选择。如果是冷藏货出运，应正确填报冷藏温度。危险品出运，应正确填报类别、性能、危规页数（IMDG.CODEPAGE）和联合国编号（UNNO）。如果国际危规规定主标以外还有副标，在性能项目栏（主标）/（副标）填报。

⑥最后是合同或信用证运输条款中规定的是否允许分批或转运等进行选择，以及规定的货物装运期和信用证有效期的时间。

上述内容填写后，由发货人或称委托方盖章交承运人或代理人方为有效。

关于套合式托运单据各联的作用简单说明如下：

第一联：货主留底（白色）该联为货主即托运人留底，待货物出运以后，凭此缮打提单。其作用等同于前述的委托单。

第二联：船代留底（白色）。在托运中，由负责订舱的船方代理留底。

第三联：货代留底（白色）。在托运中，由货物托运的承运代理留底。

第四联：装货单（场站收据副本）（蓝色），又称下货纸（见单据附样 4-2），即运输公司表明已经承载，确认订舱并在此联加盖签单章，海关凭此接受报关的单据。

第五联：场站收据副本（大副联）（粉红色）。货物装上船，由大副接货后签发的单据。

第六联：场站收据（黄色）。托运人接到承运人通知集港，将货物送至港区仓库接货后签发的单据。

第七联：海关副本（白色）。订舱完毕后，在货物装船前办理报关时，海关监管通关后留底用。

第八联：港口费收结算联（蓝色）。记载在货物发货至港区一直到装上船所发生的人民币费用。

（2）船运代理根据装货单缮制出口载货清单和装货清单

出口载货清单（Export Manifest），俗称出口仓单，供海关验放、监装之用。装货清单（Loading List），是装货单的汇兑清单，用于编制货物积载图。

（3）船方根据装货清单和出口载货清单编制货物积载图（Stowage Plan 或 Cargo Plan）。积载图又称船图，是对全船所配载货物的位置的详细描述，货物装船时按图中所示的舱位堆放。船方编妥积载图后送船方代理分别交各港区及理货公司。

单据附样 4-2 装运单

SHIPPER(发货人)	D/R NO.(编号)
CONSIGNEE(收货人)	**装　货　单**　场站收据副本　第四联

NOTIFY PARTY(通知人)	Received by the carrier the Total number containers of other packages or united blow to be transported subject to the terns and conditions of the Carrier's regular form of Bill of lading (for Combined transport of Port to Part Shipment) which shall be deemed to be incorporated herein. Date(日期)

PRE-CARRIAGE BY(前程运输)	PLACE OF RECEIPT(收货地点)	
OCEAN VESSEL(船名) VOY NO(航次)	PORT OF LOADING(装货港)	场站章
PORT OF DISCHARGE(卸货港)	PLACE OF DELIVERY(交货地点)	FINAL DESTINATION FOR THE MERCHANT'S REFERENCE(目的地)

Container No.(集装箱号)	Seal No. 封志号；Marks &No.s 唛头	No. of Containers or Packages 箱数或件数	Kind of packages Description of Goods 包装种类与货名	Gross Weight 毛重(千克)	Measurement 尺码(立方米)

TOTAL NUMBER OF CONTAINERS OR PACKAGES(IN WORDS)
集装箱数或件数合计(大写)

Freight &Charges(运费与附加费)	Revenue Tons(运费吨)	Rate(运费率)	Per(每)	Prepaid(运费预付)	Collect(运费到付)
Ex. Rate:(兑换率)	Prepaid at(预付地点)	Payable at(到付地点)		Place of Issue(签发地点)	
	Total　Prepaid(预付总额)	No.s of Original B(s)/L(正本提单份数)			

Service Type on Receiving □-CY　□-CFS　□-DOOR	Service Type on Delivery □-CY　□-CFS　□-DOOR	Reefer-Temperature required(冷藏温度)	°F	°C
TYPE OF GOODS (种类)	□Ordinary 普通　□reefer 冷藏　□dangerous 危险品　□ Auto 裸装车辆 □Liquid 液体　□ Live Animal 活动物　□Bulk 散货　□_____		危险品	Class: Property: IMDG Code Page: UN No.

可否转船：	可否分批：	
装期：	效期：	
金额：		
制单日期：		

2. 货物集中港区阶段

船方代理将积载图送港区，港区凭此结合作业条件安排货物进区日程表通知货方。货主根据港区通知，将货物如期送至港区指定仓库，即集港准备装船。经向海关办理报关、验货、监装（集装箱）后，将加盖海关放行章的装货单交理货公司，准备装船。

3. 装船阶段

理货公司根据积载图、装货清单、出口仓单等情况编制具体的装船计划，通知港区仓库管理员发货到船边，使用岸吊或船吊将货物装入船舱内。

货物装船后，理货公司将装货单与收货单（大副收据）送交船方，船方将装货单留存作为随船货运资料，大副收据则加注批注后退给货方，货方凭以向船方代理换取正式提单。

（二）租船运输方式的托运

租船运输相对于班轮运输又称不定期船运输（Tramp Shipping）。它和班轮运输不同，没有预制的船期表，没有固定的航线，停靠港口也不固定，无固定的费率。船舶的营运是根据船舶所有人与需要船舶运输的货主双方事先签订的租船合同来安排的。

租船方式又分为期租船与程租船。前者是指由船舶所有人按照租船合同的约定，将一艘特定的船舶在约定的期间，交给承租人使用的租船。这种租船方式不以完成航次数为依据，而以约定使用的一段时间为限。后者又称航次租船，是指由船舶所有人负责提供一艘船舶在指定的港口之间进行一个航次或几个航次运输指定货物的租船。

采用租船运输方式，大多为进出口货物量比较大的散装货物，如煤炭、钢材等，需要整船或占据船舶的大部分。需要买卖双方负责运输或支付运费的一方与出租船方首先签订租船合约，在合同或信用证规定的时间到装运港装货。

二、航空运输方式与托运

航空运输，一般由各航空公司制订本公司的国际（航空）货物托运书（Shippers Letter of Instruction）（见单据附样 4-3）。内容与海运托运单大同小异，由出口单位填制，并随附所有的报关单据，委托航空公司或代理负责托运和报关工作。国际货物托运书的内容一般包括：

单据附样 4-3 空运出口托运单

空运出口托运单

托运人姓名及地址 SHIPPER'S NAME AND ADDRESS	托运人账号 SHIPPER'S ACCOUNT NUMBER	供承运人用 FOR CARRIER USE ONLY		
		班期/日期 FLIGHT/DAY		航班/日期 FLIGHT/DAY
收货人姓名及地址 CONSIGNEE'S NAME AND ADDRESS	收货人账号 CONSIGNEE'S ACCOUNT NUMBER	已预留吨位 BOOKED		
		运费 CHARGES		
代理人的名称和城市 ISSUING GARRIER'S AGENT NAME AND CITY		另请通知 ALSO NOTIFY		
始发机场 AIRPORT OF DEPARTURE				
目的机场 AIRPORT OF DESTINATION				
托运人声明价值 SHIPPER'S DECLARED VALUE		保险金额 AMOUNTOF INSURANCE	货运单所附文件 DOCUMENTSTO ACCOMPANY AIR WAYBILL	
供运输用 FOR CARRIAGE	供海关用 FOR CUSTOMS			
处理事项（包括包装方式、货物标志及号码等） HANDLING INFERMATION（INCL.METHOD OF PACKING,IDENTIFYING MARKS AND NUMBER）				
编码 NO.OF PACKAGE	实际毛重 ACTUAL GROSS WEIGHT	运价类别 RATE CLASS	计费重量 CHARGEABLE WEICHT(KG)	费率 RATE/ CHARGE	货物品名及数量(包括体积或尺寸) NATURE AND QUANTITY OF GOODS(INCL. DIMENSION OR VOLUME)

（一）收发货人及通知人名称地址

这部分内容与填写海运托运单一样，要根据合同或信用证的要求详细填写。另外，还有一栏代理人的名称和城市，则根据实际情况，有则填，没有则不填。

（二）始发站和到达站

按信用证要求的站名或城市名称填写，即信用证中有关路线的描述"From…To…"。

（三）第三部分是有关货物情况的描述

即货物品名、包装、唛头、件数、毛重以及保险金额等等，应根据要求和实际的情况填写。

最后经托运人签字盖章，注明所附其他单据，一并交航空公司。待货物发运离港后，由航空公司缮制并签发航空运单（Airway Bill），交托运人或出口人送银行结汇。

三、陆运托运工作

陆路运输分为铁路运输与公路运输。铁路运输主要分南线的港澳联运和北线的国际联运，两者纳入外运公司的货运代理业务范围。公路运输主要指经深圳至香港。为简化工作，陆运一般没有固定格式的托运单，而是由出口单位以货物明细单或商业发票加注必需的项目，即规定的运输条款，如编号、装期、有效期，可否分批等等，并随附出口报关单据委托外运进行托运与报关工作。

以天津对南线港澳铁路运输出口为例。一般各出口公司在每月下旬由各业务部门提出本部门下月所需车皮，填报车皮计划表报运部门汇总，由报运部门负责计算总车皮数上报到商务委运输处，报表一式五份，车皮计划落实后，退回公司报运部门一份留底。一般每月有两次专列开往深圳，在装运之前，各公司要做好装车前的一切工作：缮制装车清单、商检报验、报关、保险，将货送上专列站台，装车后到外运签发承运货物收据，以便送银行结汇。

对北线独联体、二连、绥芬河、满洲里等，车皮是固定的按季度装运，由各公司报运部门缮制有关单据进行托运工作。在此不做详细说明。

四、我国外贸运输电子化发展与应用

对外贸易运输的手续中，涉及大量的单据签发和流转，需要花费大量的人力、时间和精力，传统人工操作的方式和纸质单据难免出错，而一旦出现差错，其修改就要涉及到方方面面。为此，我国早在"八五"期间就将外贸运输的电子数据交换（EDI）应用列为重点科技项目，作为"EDI 应用开发"课题的专题之一"中国外运海运/空运管理 EDI 系统"，建立了以中国对外贸易运输总公司（以下简称中外运）海运和空运管理为中心的 EDI 系统。

（一）外贸运输 EDI 研究

1993 年 4 月，中国外运承担该课题的研制任务，EDI 系统主要内容包括：

1. 海运业务管理 EDI 系统。包括委托、订舱、EDI 交换、海运提单、运单、付款单的电子单证 EDI 交换；集装箱动态跟踪电子交换；同保险公司的电子单证交换。

2. 空运业务管理 EDI 系统。包括航空邮递业务电子交换，航空货运业务电子交换，同海关的电子交换。

通过多方考查并结合实际业务情况，该公司成立了开放性 EDI 应用课题研究，开放性体现在：（1）EDI 网络的开放性。能够同国际上的各大网在 X.400 标准协议下互相连通，同各类不同计算机能互连；（2）EDI 应用的开放性。能够提供一个用户自己建立 EDI 单证同其贸易伙伴交换的环境，即不限于本课题研究限定的领域。这样，使课题在研究的深度和难度方面都大大加强了。从研究内容上，不再是某个单证的交换概念，而是多种单证、多个部门、多种行业都可以进行 EDI 交换，避免了由于行业间 EDI 发展不平衡带来的推广应用问题。

该公司选择了中国外运两个主要业务应用作为主题。其一是中国外运华欧集装箱班轮航线的管理，主要特点是航线运营连接亚洲、欧洲，途径七个国家和地区，EDI 应用涉及面广、实用性强；其二是中国外运全国快件跟踪管理系统，其特点是行业信息的交换实时性强、工作量大，对业务管理和增强企业竞争能力有十分重要的现实意义。在规划中，该公司分别采用两种标准 EDI 单证。华欧航线管理采用 UN/EDIFACT 标准；空运快件采用行业自定义标准 EDI 单证。重点确定四个主要研究方向：一是单证标准化、代码标准化及在 EDP 系统中的改造方面的研究；二是开放的网络环境和 EDI 应用平台的研制；三是 EDI 海运系统的研制、组织和推广；四是空运 EDI 系统的研制、组织和推广。在技术上完成的工作如下：

（1）开放式 EDI 的平台的研制。由国外引进核心的应用软件和硬件设备，经过系统集、调试连接，形成一个由电子信箱、EDI 邮箱及非 EDI 邮箱组成的中心增值网络系统。

（2）翻译器的集成应用研究。引进可微机版本和服务器版本的翻译器软件。软件包括 EDI 翻译器及不同标准的转换功能，它在中心网络中可作为功用的翻译器，用户端的同类软件经过集成后可确保单证之间顺利地转变。

（3）硬件及网络系统的建立。该公司在总公司的应用中主要采用了 HP3000/977 计算机，MPE/XL 操作系统。在中心网络采用了 HP9000 服务器，UNIX 操作系统。为在两种不同的环境下进行数据之间自动交换，该公司开发了数据交换连接软件，同时也完成 HP3000 上的电子邮件经 X.400 协议经 HP9000 计算机的 X.400 软件至网络系统，再经网络中心软件至国际网络，这个较复杂的网间互连技术应用的研究。

（4）对引进技术的改造工作。为保证将引进的网络技术在国内 EDI 应用中广泛推广，该公司组织力量对其做了较为深入的研究，并提出开发用户端系统的中文版本软件。这个软件开发采用新的设计方法，全部由该公司自己开发完成，包括其核心通信接口、呼叫、应答和 EDI 单证、E-Mail、Non-EDI 的管理、收发等，使整个网络能够进行汉字的传递和交换。

（5）空运 EDI 系统中心库管理的研究。空运 EDI 系统不是简单的贸易伙伴之间的信息交换。信息要经管理中心进行分拨调配，重新合成为各个用户所用的 EDI 信息。因此，在技术上，既要实现直接贸易伙伴间的 EDI 交换，又要完成一些间接贸易伙伴之间的 EDI 交换，还要确保不同的快递公司的全国信息网络相互独立。

（6）空运 EDI 系统用户端软件的研制。考虑到快件业务管理的规范和相对一致，该公司在设计中就确定，将用户端的 EDI 应用技术研制与用户空运快递的应用管理系统进行统一规划、设计、一次开发完成，既对用户提供一个强有力的管理工具，又能实现信息的网络传递、交换。内容包括通信处理模块、EDI 翻译自理、数据库管理、快件查询、统计分析、结算及对账等各种功能。

（二）外贸电子物流系统的应用与实施

中外运在完成海运与空运电子管理系统研制的同时，注意在实际业务管理中全面推广应用，对跨行业电子数据交换采用开放式 EDI 的平台的互连方式，留有接口，并对涉及管理和协商领域内的贸易伙伴之间开通实际 EDI 单证的交换。

1. 海运业务管理 EDI 系统。在华欧班轮航线上首先选择了海运舱单作为 EDI 单证进行实际应用，实现订舱单证、实装单、海运提单、运单、集装箱动态等单证的电子信息交换。从 1995 年开始，又增加了海运运费清单 EDI 单证的内容。海运舱单信息含量大、结构复杂，代码、码元要求十分严格，加之各口岸长期自行操作、制单，实现统一标准、统一规范和网上标准 EDI 的交换，是一项十分巨大的、艰难的系统工程。1995 年 4 月开始，华欧班轮航线上的主要六个口岸之间正式全面实现海运舱单的 EDI 交换，六个口岸分别是：青岛、天津、上海、香港、鹿特丹、汉堡。

目前，中外运海运 EDI 系统，形成了一个跨地区、跨国家的国际网络的信息通道。特别是在技术上，还实现了 EDI 与 E-Mail 的同时信息交换，在 EDI 单证制作的同时，使用者还可以制作电子邮件 E-Mail 进行说明或其他业务联系，与 EDI 同时传到贸易伙伴处，使应用更加灵活方便，更具有广泛的推广和实用价值。

2. 空运业务管理 EDI 系统。中国外运空运快件有一个三级业务网：总部口岸公司、内地公司。空运快递业务要求快速、准确，要完成快件的查询、快件跟踪和结算等业务，不仅由电脑管理，更重要的是建立空运快件 EDI 网，以解决过去依靠电话、电传、传真等跟踪方式所造成的时间长、不准确和差错多等问题。

空运 EDI 系统的特点在于：首先，用户端 EDI 系统与应用 EDP 是合在一起进行总体设计、一次完成的分为单机和局域网两个版本，EDP 系统的主要信息来源分为两种：一是网络 EDI 单证上的交换；二是手工录入和扫描器确认。其次，空运中心系统是一个开放的环境，可同时对多个网点的数据信息进行 EDI 交换，信息可以按照确定的贸易伙伴关系自动进行分布、组合并生产 EDI 单证。最后，各快递公司都可以在这个网上建立自己公司范围内 EDI 的信息网，同其他公司彼此独立、互不影响。

3. EDI 平台建设及开放式网络环境。外运公司采用的是 X.400 协议，实现同国际和国内不同网上用户 EDI 之间信息交换。因为 X.400 协议是 E-Mail 常用的协议规程，这样可以确保地址准确，相应的贸易伙伴关系识别也容易实现，同国际上各大增值网互连易于实现。该公司的应用平台是两台 HP3000 计算机，也具有网络环境。

通过集成后的网络系统，不仅能传递国际 UN/EDIFACT、ANST 标准报文，还可传递企业自定义的非国际标准的 EDI 报文，并提供完整的 E-MAIL 邮箱系统。其作用在于可以根据用户的需要，由网络中心帮助规划在网上建立自己的专业网络系统，实现企业内部的不同地区、不同国家的分、子公司的互连，可以帮助规划和建立同国外政府部门、管理部门的单证交换。总之，该网络是一个功能全面、技术领先、扩充性强、更新灵活的、有发展前景的信息增值服务网。现已陆续实现了与世界一些贸易伙伴的电子数据信息交换服务。

目前，结合我国电子口岸的建设，货物运输代理系统可以满足国内多级货运托运、接取送达、订舱配载、多式联运等多项业务需求，支持航空、铁路、公路和船务运输代理业务。运输企业业务管理系统具备了完整的解决方案，实现了与仓储管理系统的无缝集成；调度平台对资源设备进行集中统筹管理；运输管理全程跟踪；支持扫描枪、条码、无线通信技术和智能化财务结算等。

第三节 出口货物通关与单据

中华人民共和国海关作为国家进出关境的监管机关,对内对外都代表国家执法,统一按照海关法规和国家制定的其他有关法律、法规,对进出关境活动实施有效的监督管理,以维护国家主权和利益,保障社会主义现代化建设的顺利进行。

按照《中华人民共和国海关法》的规定,进出境的运输工具、货物、物品必须通过设有海关的地方进境或出境,如实向海关申报,接受海关监督。海关对一般进出口货物的监管,主要分为接受申报、审核单证、查验货物、办理征税和结关放行五个步骤和程序。可以向海关办理申报进出口货物手续的单位,即报关单位一般有:

1. 海关准予注册的代理收发货人办理报关的企业。
2. 海关准予注册的由国家批准有权经营进出口业务的企业。
3. 中外合资、合作经营、外资企业。
4. 各类保税仓库、保税工厂、外国商品维修服务中心及其附设的零部件寄售仓库。
5. 经营对外加工装配的中小型补偿贸易的企业。
6. 其他经常有进出口业务的企业。

上述单位经在海关审批注册,即可直接向海关办理运输工具、货物、个人物品进出口手续。一般报关单位按海关要求指定专职人员经海关培训考核合格后,发给《报关员证件》,专职负责办理报关事宜。报关负有义务和责任,按照国家有关进出口管理的政策、法令和海关有关法规,按照海关的规定和要求认真地如实填写报关单据,交验有关单证,办理进出口货物的报关手续;陪同海关查验,并负责开拆和重封货物包装,缴纳税款、罚金以及海关规定的费用;海关认为必要时,还应负责向海关提供有关合同、账册和其他文件。

一、出口货物的申报与单据

下面就本章第一节出口单证工作程序中的出口通关手续涉及到的报关单

证及其缮制要求进行详细介绍。有关进口报关及单据见第九章。

（一）出口货物报关单

出口货物报关单（以下简称关单）是向海关申报出口货物及海关凭其验关放行的重要单据，也是海关总署对我国出口货物汇总统计的原始资料。

1. 关单填写的注意事项

首先，各栏项目要详细填写，内容齐全、准确。做到字迹清晰、整洁，以避免出现录入错误。其次，不同合同的货物，不能填报在一份报关单上。再次，申报人必须做到三相符：即单证相符、单单相符和单货相符。

另外，不同的贸易方式下，所填报的报关单在颜色上有所区别；一般贸易，用白色报关单；有退税的企业，需附出口退税专用黄联；进料加工，用粉色报关单；来料加工和补偿贸易，用绿色报关单，三资企业则使用蓝色报关单。虽然在颜色上有所不同，但其内容及其缮制方式是相同的。它们都由海关统一印制，出口公司向当地海关购买。1996年，为适应单据标准化、规范化的要求，以及电子口岸管理的发展需要，对报关单进行了新的修订，采用A4型统一规格，格式和项目做了相应的调整。

2. 主要内容和缮制要求

关单（见单据附样4-4）表格外包括的内容：预录入编号：指申报单位或预录入单位对该单位填制录入的报关单的编号，用于该单位与海关之间引用其申报后尚未批准放行的报关单。通常是由计算机自动生成。海关编号：指海关接受申报时给予报关单的编号，并确保在同一年度内能按进口和出口唯一地标识本地区的每一份报关单。编号通常为10位编码，前两位为分关编号，第三、四位入为年度，后六位为顺序编号。

关单表格内第一部分共30项，主要是对出口货物相关事项的说明。

(1) 出口口岸：填写货物最后出境的我国关境口岸名称。要根据《关区代码表》中相应的口岸海关名称及代码填写。

(2) 备案号：指进出口企业在海关办理加工贸易合同备案或征、减、免税审批备案等手续时，海关给予《登记手册》《征免税证明》的编号。备案号长度为12位，第1位是标记代码，必须与"贸易方式""征免性质"栏目相协调。

单据附样 4-4 出口货物报关单

中华人民共和国海关出口货物报关单

预录入编号：		海关编号：3201010101	
出口口岸 TIANJIN PORT	备案号	出口日期	申报日期
经营单位 DESUNSOFT CO.,LTD. Room 2901, HuaRong Mansion, GuanJiaQiao 85#	运输方式 BY VESSEL	运输工具名称	提运单号
发货单位 Nanjing 210005, P.R.China TEL:025-4711363 FAX:025-4691619	贸易方式 GENERAL TRADE	征免性质	结汇方式 L/C AT SIGHT
许可证号	运抵国（地区） SAUDI ARABIA	指运港 DAMMAM PORT	境内货源地
批准文号	成交方式 CFR	运费 USD2800.00	保费	杂费
合同协议号 DS2001SC205	件数 4400CARTONS	包装种类 EXPORT CARTONS	毛重（公斤）39494.00KGS	净重（公斤）35904.00KGS
集装箱号	随附单据 PACKING LIST;INVOICE		生产厂家

标记唛码及备注
N/M

项号	商品编号	商品名称、规格型号	数量及单位	最终目的国（地区）单价	总价	币制	征免
1	2007.9910	CANNED APPLE JAM 24 TINS X 340 GMS	2200CARTONS	USD6.80	USD14960.00	USD	
2	2007.9910	CANNED STRAWBERRY JAM 24 TINS X 340 GMS	2200CARTONS	USD6.80	USD14960.00	USD	
		Total:	4400CARTONS		USD29920.00		
				FREIGHT:	USD2800.00		
				FOB VALUE:	USD27120.00		

税费征收情况

录入员	录入单位	兹声明以上申报无讹并承担法律责任	海关审单批注及放行日期(签章)
			审单　　　　　审价
报关员		申报单位（签章）	征税　　　　　统计
单位地址 Room 2901, HuaRong Mansion, 　　　　GuanJiaQiao 85#, Nanjing 210005, 　　　　P.R.China			查验　　　　　放行
邮编 210001　电话 025-4711363	填制日期 2001-09-09		

(3) 出口日期：填写所申报货物运输工具办结出境手续的日期。本栏目供海关打印关单证明联，预录入报关单及 EDI 报关单均免于填报。填写 6 位数，顺序为年、月、日各两位。

(4) 申报日期：填写海关接受出口货物的发货人或其代理人申请办理出口手续的日期。一般出口日期应晚于或等于申报日期。填写 6 位数，顺序为年、月、日各两位。

(5) 经营单位：填写对外签订或执行进出口贸易合同的中国境内企业或单位。填写企业在所在地主管海关办理注册登记手续时，海关给企业设置的十位注册登记编码。

(6) 发货单位：指出口货物在境内的生产或销售单位。包括自行出口货物的单位；委托有外贸进出口经营权的企业出口货物的单位。本栏目应填写发货单位的中文名称或其海关注册编码。加工贸易下应与《登记手册》的"货主单位"一致。

(7) 运输方式：指载运货物出境所使用的运输工具的分类。要根据海关规定的《运输方式代码表》选择相应的运输方式。如"江海运输"代码为"2"。注意本栏目与运输工具、提运单号和出口口岸有连带关系。

(8) 运输工具名称：指载运货物出境的运输工具名称或运输工具编号等。本栏目与运输方式、提运单号、进出口口岸有联带关系。如上述选择"江海运输"，则该栏填写船名和航次。

(9) 提运单号：指进出口货物提单或运单的编号。报关时，根据下货纸的号码填写，即是将来运输单据的号码。一份报关单只允许填报一个提运单号，一票发票货物对应多个提运单号时，应分单填报。

(10) 贸易方式：或监管方式，与备案号、征免性质和征免规定有直接关系。应根据实际情况，并按海关规定的《贸易方式代码表》选择填报相应的贸易方式简称或代码。一份报关单只允许填报一种贸易方式。

(11) 征免性质：指海关对出口货物实施征、减、免税管理的性质类别。应按海关核发的《征免税证明》中批注的征免性质或根据实际情况按海关规定的《征免性质代码表》选择填报相应的简称和代码。

(12) 结汇方式：即出口货物发货人或代理人结汇的方式。按海关规定的《结汇方式代码表》选择相应的结汇方式名称或代码，不能留空。

(13) 运抵国（地区）：填写货物出口直接运抵的目的地国家或地区名称。运抵国与指运港必须一致。

(14) 指运港：货物出口运往境外的最终目的港口名称。应按《港口航行代码表》选择填报相应的港口中文名称或代码。

（15）境内货源地：指出口货物在国内的产地或原始发货地。本栏目应根据出口货物生产厂家或发货单位所属国内地区，及海关规定的《国内地区代码表》如实选择填报相应的国内地区名称或代码。

（16）成交方式：应根据买卖双方成交的实际价格条件，按海关规定的《成交方式代码表》选择填报相应的成交方式的代码。同时注意出口与运、保费具有的逻辑对应关系。如出口成交为 CFR，则应有运费。

（17）运费：本栏用于成交价格中含有运费（CFR 和 CIF 成交价）的出口货物。按运费单价、总价或运费率三种方式之一填报，同时注明运费标记，并按海关规定的《货币代码表》选择填报相应的币种代码。

运费标记"1"表示运费率；"2"表示每吨货物的运费单价；"3"表示运费总价。例如：7000 美元的运费总价填报为：502/7000/3（502 是美元的代码）。

（18）保费：本栏用于成交价格含有保险费的出口货物，可按保险费总价和保险费率两种方式之一填报，同时注明保险费标记，并按海关规定的《货币代码表》选择填报相应的币种代码。

保险费标记为"1"表示保险费率；"3"表示保险费总价。例如：10000 港币的保险费总价填报为：110/10000/3。

（19）杂费：指成交价格以外的、应从完税价格中扣除的费用，如手续费、佣金、回扣等，可按杂费总价或杂费率两种方式之一填报，同时注明杂费标记，并按海边规定的《货币代码表》选择填报相应的币种代码。

（20）件数：应填报外包装货物的实际总件数。裸装货物填报"1"。

（21）包装种类：应填报货物的实际包装种类，按海关规定的《包装种类代码表》选择填报相应的包装种类代码。如木箱、托盘、散装等。

（22）毛重（公斤）：填写货物的总毛重。

（23）净重（公斤）：填写货物的总净重。

（24）随附单据：随附该报关单一并向海关递交的其他单据。本栏应按海关规定的《监管证件名称代码表》，选择填报相应的证件的代码，单许可证标记不在此栏填报；合同、发票、装箱单等必备的随附单证也不在本栏填报。

（25）生产厂家：指出口货物的境内生产企业。

（26）许可证号：如果属于出口许可证管理的商品，出口之前必须申领出口许可证，在此栏填报商务部及其授权发证机关签发的出口货物许可证的编号。

（27）批准文号：如果出口商品需要办理有关审批手续并有批件的，则注明批件的号码。在实行外汇核销管理时，用于填报出口收汇核销单编号。

（28）合同协议号：填写买卖双方签署的合同号。

（29）集装箱号：如果属于集装箱运输，则标注集装箱号码。

(30) 标记唛码及备注：即按实际情况填写唛头。

第二部分是有关货物的描述，共八项。

(31) 项号：填写出口商品的项数，分别在横格上填写，并注明号码。

(32) 商品编号：填写按海关进出口税则和海关统计商品目录编制的商品综合分类表中的商品八位编码。

(33) 商品名称、规格型号：按合同或信用证要求的内容填写商品的品名、规格等内容，要注意填写规范，以能满足海关归类、审价以及监管的要求为准。

(34) 数量及单位：填写货物的总件数或总重量及计量单位。本栏目分三行填报及打印：

a.法定第一计量单位及数量打印在本栏目的一行；

b.凡海关列明第二计量单位的，必须报明商品第二计量单位及数量，打印在第二行；无第二计量单位的，第二行留空；

c.成交计量单位与海关法定计量单位不一致时，还需填报成交计量单位及数量，打印在第三行。成交计量单位与海关法定计量单位一致时，第三行留空。

(35) 最终目的国（地区）：填写已知的出口货物的最终实际消费、使用或进一步加工制造国家或地区名称。本栏目应按海关《国别（地区）代码表》选择填报。

(36) 单价、总价和币制：按成交的价格填写单价和总金额。如：CIF Rotterdam @USD 12.7/ DOZ USD 12700.00。

其他两部分，一是税费征收情况，由海关根据有关规定填写；二是申报单位的签章和报关员专用章以及海关审单批注及放行日期栏的签章。

（二）商业发票和装箱单

商业发票是随报关单向海关申报的必备单据之一。具体反映每一批出口货物的价值，是海关审定完税价格的重要依据。其内容与缮制将在第六章第一节中详细说明。但在所有单据中发票的缮制最早，也是所有单据的中心。应当注意的是，申报人必须保证发票价格的准确、完整，要避免把不是反映货物的实际成交价格的发票向海关申报。

装箱单作为发票的附属单据是对报关单及发票所反映出口货物数量、规格方面的补充单据，反映了报关单对有关货物无法罗列的更为详细的内容。其内容与缮制将在第八章第一节中详细说明。

（三）装货单或提货单

装货单即上一节已说明的下货纸（S/O），是海关在完成审单，查验及征税等工作后，加盖放行章发还申报人凭以发运货物的凭证，在报关时必须提交。

以上四种单证，是申报人办理出口报关的必备单证。除此之外，视不同的贸易方式和不同国家对出口商品的管理规定，或者海关认为必要时，还需交验下述单证。

（四）进出口配额许可证与进出口许可证

进出口许可证商品管理，是一国对进出口商品进行宏观管理的一种行政手段，是国家根据国内外市场情况，限制某些商品的进出口，从而调节国内生产和消费。对限制的进出口商品，必须事先向国家对外贸易主管机关申请进出口货物许可证，海关凭进出口许可证和其他有关单据查验放行。具体要求和单据详见第七章。

（五）加工贸易等所使用的《登记手册》

《登记手册》是海关对各类加工贸易出口货物实施监管的依据之一，有关单位在进行加工贸易前，必须事先向海关办理有关合同的登记备案手续，在取得海关核发的《登记手册》之后，才可以开展有关业务。加工贸易具体可分为加工装配、补偿贸易和进料加工，所使用的《登记手册》是不同的。

《对外加工装配进出口货物登记手册》是专为对外加工装配业务而颁发的登记手册。所谓对外加工装配业务是指，外商提供全部或部分原料、辅料、零部件、元器件、配套件和包装物料以及必要时提供的设备等，由我方加工单位按外商的要求进行加工装配，成品交外商销售，我方收取工缴费，外商提供的作价设备价款，我方用工缴费偿还的业务。该手册是海关对装配进出口货物验收的凭证之一。

《加工装配和中小型补偿贸易进出口货物登记手册》，是为国外厂商提供或利用国外出口信贷进口生产技术设备，由我方企业进行生产，以返销产品方式偿还对方技术、设备价款或货款本息的交易方式而颁发的《登记手册》。该手册是海关对补偿贸易进出口货物验收凭证之一。所以做补偿贸易的企业，必须在进行技术、设备的进口前申领该手册，并在产品返销、出口报关时向海关提供。

《中华人民共和国海关对外商投资企业履行出口合同所需进口料件加工复出口登记手册》，是为外商投资企业在其批准的经营范围内为加工出口产品而进口的料件及出口加工产品而颁发的《登记手册》。该手册仅适用于海关对外商投资企业进行出口的有关货物的验收。

《进料加工登记手册》是为经营单位专为制造外销商品而用外汇购买进口的原料、零部件、包装物料及其他辅料等，通过加工将成品复出口的业务而颁发的《登记手册》。下面重点说明该手册的内容和使用。

国家为鼓励进料加工贸易的发展，对专为加工出口商品而进口的料、件，海关按实际加工复出口数量，免征进口税、产品税。加工的成品出口，免征出口关税。免税进口的料、件应专料专用，其进口料、件加工成品，均不得在我国境内销售，经海关许可，主管部门批准内销的，须补缴进口税和产品税。正因如此，海关通过进料加工登记手册实行严格监管。专为加工出口商品所需进口的料、件，海关凭国务院有关部、委、省、自治区、直辖市、计划单列市对外经济贸易管理机关、国务院机电产品出口办公室以及他们授权的管理部门或者主管部门颁发的《进料加工批准书》，连同签约单位签章的合同副本或订货卡片，向主管海关办理登记备案手续。并由海关核发《进料加工登记手册》，在料、件进口时，免领进口货物许可证，海关凭进口合同登记验收。

经营单位和加工生产企业应对料、件进口、储存、保管、提取使用或转厂加工，以及加工制成品的储存、出口和销售等情况，分别建立专门账册，经营单位应在每个合同执行完毕后，凭《进料加工登记手册》向海关报核。对生产周期长的经海关核准，可每半年填写《进口料件使用表》，向海关报核一次。

进口料、件出口成品时，经营单位应按海关规定填写《登记手册》和进料加工进出口货物专用报关单，向进出口地海关如实申报。海关核准放行后，将《登记手册》与报关单中核销联退回经营单位，以便在货物出口后向海关办理报核法案手续。报核时，须三证配套齐全，即进出口合同、进料加工登记手册和进口料件使用表（附出口报关单核销联）三证齐备。否则，海关不予办理核销。

经海关批准免税进口的料、件，如有调拨加工出口的，接收料、件的企业应当填写《异地进口料、件申请调拨证明书》，报经主管海关核准后，其中一份由调入地海关留作备案和核销，一份退给接收料、件的单位转交申请调出料、件的单位，由其向调出地海关办理核销手续。

已在海关登记备案的合同，如发生变更、转让、中止、延长、撤销等情况，经营单位应于料、件进口前据实向主管海关办理变更或撤销登记手续。

《进料加工登记手册》的填制：由于该手册内容较多，下面只能就其重点的内容来说明如何填制。

在《出口商品情况表》一页中，重点填写栏目有：出口合同的数量、单价、总值等，进口合同的数量等和本出口合同所用数三项，三项有着内在联系。

《出口成品报关登记表》，经营单位须详细填写8个项目。在第八栏出口料量累计一栏中，必须逐笔相加累计。关于单耗定额问题：进行进料加工的企业，料、件加工成出口成品要说明单耗定额情况，以便海关了解出口成品所需耗料情况，计算办理核销。如何制定料、件单耗定额，各企业不同的商品，所定的方法不尽相同，但就其手续，一般有：

生产企业须按照出口商品单位，如米、件、套、打、台等实际生产用料、件情况，科学地测算单耗定额。如直接有出口经营权的生产企业，应将单耗定额表交海关审核确认后生效。由出口企业进口料、件交生产企业或加工厂作价加工的，应由生产企业会同出口企业制定单耗定额标准，交海关审核批准。如海关对制定的单耗定额有疑问，还应由出口企业与生产企业有关人员陪同海关人员下厂进行调查，在海关确认批准后方可生效。

除上述所用的单、证之外，在海关认为必要时，出口公司还需提交合同、商检证书或在报关单上加注商检放行章或原产地证明书等。

此外，我国自1991年起，为加强出口收汇管理，实施出口收汇核销制度，由外汇管理局监督出口企业进行出口收汇核销手续，要求出口单位报关前领取出口收汇核销单，货物出口报关时提交；货款收回后到外汇管理局进行核销登记，然后才能到税务局办理退税。2012年8月1日起，为大力推进贸易便利化，进一步改进货物贸易外汇服务和管理，国家外汇管理局、海关总署、国家税务总局决定，取消出口收汇核销单，企业不再办理出口收汇核销手续。国家外汇管理局各分支局对企业的贸易外汇管理方式由现场逐笔核销改变为非现场总量核查。外汇管理局通过货物贸易外汇监测系统，全面采集企业货物进出口和贸易外汇收支逐笔数据，定期比对、评估企业货物流与资金流总体匹配情况，便利合规企业贸易外汇收支；对存在异常的企业进行重点监测，必要时实施现场核查。

二、出口货物的查验

海关的查验是以所审核的报关单、许可证等为依据，对出口货物进行实际的核对和检查，以确保货物合法出口。海关查验货物时，出口发货人或代理人应当到场，并负责搬移货物，开拆和重封货物的包装。海关认为必要时，可以径行开验，复验或提取货样。

海关通过对货物的查验，检查核对实际出口货物是否与报关单相符，确定货物的性质、成分、规格、用途等等，以便准确依法计征关税，进行归类统计。出口货物的查验，一般在海关规定的时间、场所，即海关的监管区域的仓库、场所进行。为了适应当前国家对外开放的需要，促进对外贸易的发展，近年来，海关在货运监管方面进行了许多改革，在坚持必要制度的前提下，进一步简化海关手续，方便出口企业。对进出口的散装货物、大宗货物和危险品等，可以结合装卸环节，到现场直接验收。对于成套设备，精密仪器和门到门运输的集装箱货物等，在海关规定地区查验有困难的，经报关人申请，海关可以派员到监管区以外的地点，就地查验放行货物，并按规定收取规费。

为了保护出口人的合法权益，《海关法》第54条专门规定：海关查验进出境货物、物品时，损坏被查货物，应当赔偿实际的损失。并颁布实施了《海关

三、出口货物的征税

我国是发展中国家,生产水平与发达国家相比有较大差距。关税是保护和促进国民经济发展的重要手段,对于保护国内的工农业生产是十分必要的。根据《中华人民共和国进出口关税条例》(以下简称《关税条例》)的规定:出口货物以海关审定的售与国外的离岸价格,扣除出口税后,作为完税价格。

为了鼓励出口,目前仅对钨矿砂、生锑、铜、山羊板皮、生漆、对虾和丝绸等十余种出口商品征收出口关税,其余的出口货物均免征出口税。

四、出口货物的放行

出口货物在办完向海关申报,接受查验,交纳税款后,由海关在货运单据(装货单)上签章放行。发货人必须凭海关签印放行的货运单据才能发运出口货物。未经海关放行的海关监管货物,任何单位和个人不得发运。

货物的放行是海关对一般进出口货物监管的最后一个环节,放行就是结关。但对于加工贸易等其他方式的合同执行完后,有关外贸公司或企业,应于合同到期或最后一批成品出口之日起一个月内,持《登记手册》和报关单向海关办理核销手续后才能结关。

五、电子报关与通关无纸化

(一)电子报关

上述的 EDI 技术引入报关业务,称为无纸报关。即报关单位在电子计算机终端或微机上填报进出口报关单证,通过电子口岸的网络输入海关的报关自动化系统,向海关申报。海关的电子计算机对输入的报关单证进行审核和处理后,凡符合海关监管规定的绿色通道标准的货物,计算机将自动完成审单、征税程序,并由计算机向用户发放查验放行通知,用户即可凭此通知单及有关单证,直接到货场办理海关查验放行手续,从而省去了用户到海关报关大厅报关的麻烦,极大地方便了用户。对不符合绿色通道标准的货物,计算机将向用户发送人工申报通知,按红色通道程序办理。这种报关方式自始至终通过电子计算机进行,无需人工干预或填写纸面单证,可以大大节省时间和减少费用,克服因报关人员到海关现场报关而造成的旅途劳累和等候之苦,从而提高工作效率。进行无纸报关的基本要求及程序主要有以下几个步骤:

1. 报关企业网上签约与海关注册登记内容

报关企业注册登记子程序,通过"电子口岸"浏览器版网上签约系统,分别实现通关无纸化经营单位、电子口岸和海关的三方电子签约。经营单位或申报单位持法人卡登录系统浏览器后,可以与海关、电子口岸签署无纸通关协议(如图 4.1 所示),完成通关无纸化签约。将海关准予注册登记的报关单位在海关注册的内容存入中央计算机。如企业注册海关编号、企业性质、注册资本、经营范围、经营方式、报关人员等。

注:中国电子口岸网站:http://www1.chinaport.gov.cn/pub/。

图 4.1　电子口岸登录系统

2. 代理报关的电子委托

电子委托协议作为报关单随附单据中唯一的格式化数据,经营单位、申报单位持操作员卡登录浏览器系统后,可实现双方代理报关委托签约。申报单位在开展通关无纸化业务前,需要向报关协会申请企业登记,企业向报关协会申请电子委托的权限,以便开展后续业务。

如果是代理报关委托的申报单位,需要联系报关协议,购买电子协议使用份数,向系统发出委托申请;如果是代理报关委托的经营单位,选择报关企业后发起委托申请,填写委托协议,进行账户充值、查询等工作。

3. 报关人员预录入进出口货物所需报关数据

报关预录入子程序,是报关人员在向海关正式书面申报之前,将进出口货物报关所需单据内容,预先通过终端录入中央计算机。预录入后的内容在向海关正式申报之前,报关人员可以任意修改,待报关人员确认预录入内容后,打

印机打印出正式报关单,凭此向海关申报。申报时需要注意的事项有:

(1) 报关人员在哪个海关预录入,就在哪个海关报关。

(2) 如果经营单位或报关单位,未在海关办理注册登记、或进出口货物未进入海关监管状态、或所提供的舱单号码有误时,该子程序将自动停止运行。

(3) 报关人员预录入所用终端,可以是海关认可并与之联网的自备终端,也可以由有权代理预录入报关企业代为预录入。

委托代理预录入时,报关人员应事先填制一份内容完整、清楚、准确的报关单,交录入人员录入。为合理利用电子计算机的优势,预录入报关单内容时,除商品名称外,其他内容可以上述报关单填写中海关规定的数字代码形式替代。录入填写的报关单随附报关单据上传,上传格式需为 PDF 文档。

4. 海关审核报关单据

审单子程序,将根据报关人员预录入内容进行审核。主要审核报关人员所申报的进出口货物是否合法、所提供的有关单据是否一致、齐全、正确、有效,其结果记录在中央计算机内,并在报关单上签印海关作业记录。

5. 海关征收各类税费

征税子程序,将根据审单子程序所提供的内容审核报关人员所报商品归类是否正确,审查该货物到(离)岸价格是否真实,从而打印出税、费缴款书。

6. 进出口货物的查验

查验子程序,将根据征税子程序所提供的内容,查验报关人员所申报的货物内容是否与实际相符,并复审所征税、费的税费率是否合理,记录、打印出查验结果及走私或违规情况。

7. 进出口货物的放行

放行子程序,对报关人员的进出口活动进行综合审核,并对完结情况进行记录、核销舱单,并在相应的报关单上加盖放行验讫章。

8. 进出口货物的综合统计

该子程序对进出口货物进行多方面的统计分析,并向有关部门提供详实的统计资料。

(二) 口岸电子执法系统

经国务院批准,海关总署、商务部、公安部、国家税务总局、人民银行、国家外汇管理局等 11 个部门,联合开发建设的口岸电子执法系统部分联网应用项目于 2000 年 12 月 15 日至 2001 年 3 月在北京、天津、上海、广州地区进行试点,于 6 月 1 日在全国推广。

口岸电子执法系统是利用现代信息技术,借助国家电信公网,将进出口业务信息流、资金流和货物流的电子底帐数据集中存放到一个公共数据中心,使国家行政管理部门可以进行跨部门、跨行业联网数据核查，企业可以上网办理报关、出口退税等手续。该系统推广使用后，为企业提供全天候、全方位网上服务，加快报关通关、出口退税速度，减少企业奔波劳累之苦，使进出口业务更方便、更快捷，从而提高贸易效率和便利化水平，降低贸易成本。

企业申请使用口岸电子执法系统必须经过有关管理部门的用户身份认证及资格审查，以保证国家行政机关和企业在网上开展信息交流和数据交换的安全。为便于企业办理身份认证，海关、商务部、税务、工商、外汇管理、质量技术监督部门将成立口岸电子执法系统企业用户资格联合审查组，在系统推广初期集中对企业用户进行身份认证和资格审查，并颁发IC卡和电子证书。

第四节 出口退税管理

出口货物退（免）（Export Rebates）税，简称出口退税，其基本含义是指对出口货物退还其在国内生产和流通环节实际缴纳的产品税、增值税、营业税和特别消费税。出口货物退税制度，是一个国家税收的重要组成部分。出口退税主要是通过退还出口货物的国内已纳税款来平衡国内产品的税收负担，使本国产品以不含税成本进入国际市场，与国外产品在同等条件下进行竞争，从而增强竞争能力，扩大出口创汇。

根据国际社会通行的惯例和我国的国情，中国制定并实施了出口货物退（免）税制度以及管理办法。该办法明确规定：有出口经营权的企业出口的货物，除另有规定者外，可在货物报关出口并在财务上作销售后，凭有关凭证按月报送税务机关批准退还或免征增值税和消费税。即对出口货物在国内生产与流通过程中缴纳的间接税予以退还，使出口货物以不含税的价格进入国际市场，实现公平竞争。

我国自改革开放后，1983年9月起对轻工产品，如自行车、缝纫机、钟表、照相机、电子产品等商品实行退税，从1985年4月逐步扩大对较多的出口商品实行退税制度。出口商品无论采用国产或进口原料，只要商品在未出口前已经缴纳过产品税或增值税，在商品出口结汇后，国家的退税原则：征多少，退多少，一退到底。1994年，我国对工商税制进行了全面改革，国家税务总局先后制定并颁布了《出口货物退（免）税管理办法》《出口退税电子化管理办法》，对退税范围、计算办法、常规管理、清算检查等做了具体规定。税务总局、商务部和海关总署为正确贯彻执行出口产品的退税政策，完善出口产品退税审批制度，加强出口产品退税的管理，对退税管理制订了一系列的办法。

出口退税公式：退税额=（增值税发票金额）/（1+增值税率）×出口退税率

（一）出口企业的退税认定

出口企业在办理《对外贸易经营者备案登记表》后 30 日内、或者未取得进出口经营权的生产企业代理出口，在发生首笔出口业务之日起 30 日内，必须到所在地主管退税的税务机关办理出口货物退（免）税认定手续，纳入出口退税管理。

目前对出口退税申报的企业分为 A、B、C、D、E、F 类，在出口货物退税申报系统企业类型都录 "F"。自首笔出口业务发生之日起 12 个月以后，可将企业类型由 "F" 改为 "C"。

（二）出口企业退税的申报

出口企业在退（免）税申报时，必须使用出口退税申报软件。出口企业在产品提供报关出口，并在财务上作销售处理，按月、旬逐批填具出口产品退税申请书，报主管出口退税税务机关申请退税。同时，需提供以下证明资料和单证：

1. 盖有海关验讫章的 "出口货物报关单[出口退税专用]" 一份。办理退税后，由税务机关在报关单上加盖已退税章。自 2012 年 8 月 1 日起，出口企业申报出口退税时，不再提供核销单；税务局参考外汇管理局提供的企业出口收汇信息和分类情况，依据相关规定，审核企业出口退税。

2. 出口商业发票。即出口结算用发票的副本，必须详细列明合同号、货物名称和规格、数量或重量、单价、贸易总额、运输路线，并有发货人的签名和印章。

3. 进货发票。即国内进货增值税发票，上面套印税务机关发票监制章，并盖有供货单位的印章。

4. 结汇水单或银行收账通知单。

属于委托代理出口的企业在申办出口退税时，除提供上述证明凭证外，还应附送代理出口产品证明和代理出口协议书，前者由委托企业据实出具，并经受托企业所在地主管出口退税的税务机关审核盖章。

属于生产企业直接出口或委托出口的自制产品，凡以 CIF 价格成交的，还应附送出口货物货运单和出口保险单。

从事进料加工复出口产品业务的企业，应按月向当地主管出口退税的税务机关申报实际进口料件名称、规格、数量、单价、征免税比例、进口成本等有关资料。

（三）出口企业在申办退税时应注意的问题

1. 出口货物报关单出口退税专用联，必须是盖有海关验讫章的原件，复印件无效。报关单上的产品名称、规格、单价、总金额等，应与出口商业发票中的内容一致。报关单中的经营单位一栏，要与申请退税单位相同。

2. 报关单中贸易方式一栏，注明来样加工和转口贸易的，不予办理申请退税；注明进料加工的，在申报退税中应抵扣进口料件的免税款。在结汇方式一栏中注明出口不结汇的援外物资，替换国外退货的产品和无偿赠送的样品、展品不能办理申报退税。

3. 对海关已签发出口退税报关单的货物，如遇特殊情况发生退关或退货运回，报关单位应向原报关出口地海关出示当地主管出口退税税务机关的证明，证明其货物未办理出口退税或所退税款已退回税务机关，海关方可办理该批货物的退关或退货运回手续。

4. 出口企业或有关单位丢失海关已签发的出口退税报关单要求海关补办的，应由主管出口退税的税务机关出具该批货物未办理出口产品退税的证明，并经海关查对核定货物确已报关出口，可补签出口退税报关单，海关签注补办字样，并按规定收取签证费。

5. 对来料加工复出口的产品，以及由海关对保税工厂监管生产的出口产品，海关不签发出口退税报关单，即对上述出口产品不予办理退税。

（四）出口退税管理与政策的调整

自从 1985 年实施出口退税政策以来，对鼓励外贸出口，扩大创汇起到了积极的作用。1994 年，我国实行新税制，采取了以增值税为特征的间接税制，对出口产品采取了先征后退增值税的方法。出口退税率也随着对外贸易发展的情况进行调整，由于我国外贸企业对政策作用的弹性大，因此，对政策的抑制和鼓励作用反应非常敏感。政策的短期大幅度调整，使我国出口贸易出现了大起大落，同时在实施出口退税过程中也出现了许多问题。1998 年 6 月，为进一步支持外贸出口，加快出口退税进度，同时防范和打击骗取出口退税的违法犯罪行为，国家税务总局和原外经贸部为进一步规范出口贸易和出口退税程序做出了有关规定。特别强调了严格出口退税电子信息审核工作，对杜绝四自三不见（委托人自带客户、自带货源、自带汇票、自行报关；出口代理人不见产品、不见供货货主、不见外商）买单业务中的骗税行为起到了作用。

但是，随着我国对外贸易不断增长和我国外汇储备的快速增加，贸易顺差过大带来了与贸易国之间的矛盾频发，同时只注重出口的增长而忽视了出口商品结构的优化，为缓解外贸顺差过大、抑制"高耗能、高污染、资源性"产品出口，促进外贸增长方式的转变和贸易平衡，减少贸易摩擦，经国务院批准，财政部和国家税务总局、国家发改委、商务部、海关总署于 2007 年 7 月 1 日起，调整了 2831 项商品的出口退税政策，约占海关税则中全部商品总数的 37%。这是迄今为止出口退税制度的变动最大的一次，对纺织品的出口影响最大。服装和粘胶纤维出口退税率的下调造成行业利润下滑，特别是对中小型出口企业利润冲击很大。

随着对外贸易经营方式和手段的不断提升，以及互联网技术的飞速发展，我国跨境电子商务也快速增长，外贸综合服务企业（为国内中小型生产企业出口提供物流、报关、信保、融资、收汇、退税等服务的外贸企业）应运而生，这给已经被挤压很低利润率的中小型出口企业带来了一线生机。为此，国家税务总局为了稳定出口发展，发挥外贸综合服务企业提供出口服务的优势，支持中小企业更加有效地开拓国际市场。经财政部、商务部同意，2014 年 4 月 1 日，对外贸综合服务企业自用出口申报退（免）税做了规定（详见国家税务总局公告 2014 年第 13 号）。

小　结

为使学生在学习具体的结汇单据之前，以及掌握了信用证的知识后，对出口履行的整个程序，特别是对货物出口前在国内需要办理的手续及单证有一个清楚的了解，本章以合同为分界线，在合同签订后从备货、催证、审证和改证、托运、商检报验、保险、集港、装船，一直到交单结汇，最后是办理核销和退税手续，做了详细的介绍。在整个履行合同的过程中，单据的签发、组合和流转，代表了货物所有权的发生、转移和终止。同时，可以了解向银行交单的单据需要办理申请及出单的时间、单据与单据之间的关系和作用，以便在信用证规定的交单期之前，备妥所有要求的单据，尽早向银行交单结汇，加快企业资金周转。

在货物装运前，出口商需要做大量的发货前的准备工作，如安排生产和确保质量、办理商品检验、向保险公司投保、租船订舱、报关、装船等。本章重点介绍了出口托运和报关两个环节。从出口商的角度，顺利地办理托运是出口履行的关键，一定要在信用证规定的装运期前落实运输工具。而要使出口货物得以顺利出运，必须经过设在关境的海关对货物的核查和验放。这些程序需要以大量的单据作为履行的必要手段和证明。

复习思考题

1. 出口单证工作的一般流转程序都有哪些步骤？
2. 论述出口货物托运单缮制应注意的问题。
3. 说明多功能托运单中每一单据的作用。
4. 出口货物通关的基本单据有哪些？
5. 投保出口货物运输险应什么时间办理合适？
6. 根据合同或信用证的要求，办理商检报关的手续有什么不同？
7. 说明我国出口企业办理出口退税的程序和单据要求。

第五章 进出口结算单据——资金单据

对外贸易单证工作体现在进出口业务中买卖双方履行合同过程中产生的所有单据和文件。由于进出口业务更多的是围绕出口商发运货物手续产生大量的单据，所以第四章是从出口商角度，按照我国对外贸易程序和管理规定，介绍办理进出口手续所需要的申请单据；第五章至第八章从进出口结算的角度，介绍出口商发运货物的同时，应合同或国外进口商要求，出口商需要缮制或接受出口商申请的对外贸易相关部门和机构出具的贸易单据和证明文件。就其性质与作用来看，大致分为三大类：资金单据（Financial Documents），商业单据（Commercial Documents）和公务证书（Public Certificates）。本章讲解第一大类，即资金单据。

资金单据作为国际结算的工具，严格来讲属于票据。各国对于票据的内容和项目要求有相关的规定和立法。目前国际上票据法基本分成欧洲大陆法系和英美法系两大法系。大多数国家遵循的是国际联盟理事会在20世纪三十年代召开的国际票据法统一会议议定的大陆日内瓦统一法系。我国也参照其制定了我国的《票据法》，依照法律学标准，将票据分为汇票、本票和支票。

第一节 汇票

一、汇票（Bill of Exchange）

汇票（Bill of Exchange，简称 Bill 或 Draft），是一个人（出票人）向另一个人（受票人）签发的，要求该受票人立即或一定时间或一个固定时期支付一定金额给某人或其指定人或来人的，无条件书面支付命令。它是一种要式的有价证券，属于票据的一种。

国际贸易结算中，汇票作为结算工具，根据出票人的不同，分为银行汇票和商业汇票。汇付方式中的票汇，使用的是银行汇票；托收或信用证方式使用的是商业汇票，是出口商凭以向进口商要求付款的收款工具，也是进口商付款的重要凭证。特别是信用证支付方式，如果汇票缮制有误，银行有权就汇票的问题提出单证不符而影响结算的顺利进行。所以，汇票也是出口单据工作的范围。即使信用证不要求出具汇票，如即期付款信用证受益人可以不使用汇票；但远期付款信用证，受益人必须提供汇票，由付款人承兑以确定到期付款责任。无证托收，不论是即期还是远期，汇票都是必不可少的支付凭证。因此，从单证工作角度，本节重点介绍商业汇票的内容和填写。

商业汇票通常由出票人签发一套两份正本：第一份写明 First of Exchange（1），第二份 Second of Exchange（2）。如果其中一份已凭以付讫款项，另一份则自动失效。因此，汇票上都注明付一不付二（First of Exchange second of the same tenor and date unpaid）和付二不付一（Second of Exchange first of the same tenor and date unpaid）。两份正本的作用相同，主要目的是在银行邮寄单据时，为防止遗失，分两次向国外邮寄时分开使用。信用证对汇票份数并无规定，出票人一般均应提供全套两份汇票正本。目前随交通运输、邮政事业的日益发达、安全、可靠，大多信用证规定一次寄单，但汇票仍按习惯印制一套两份。

二、汇票的内容与缮制

下面重点说明托收和信用证方式使用的商业汇票（见单据附样 5-1）内容的填写。

（一）汇票号（Draft No.）

汇票号不属于法定记载内容，但实际业务中为了便于查阅归档，出口企业予以编号作为索引，一般位于汇票的左上角。目前国内通常将有关的商业发票的号码作为汇票的编号。

（二）汇票的金额（Amount）

汇票上两条阴影划线部分填写金额的大小写，缮制时应写出确切的数目和货币，汇票金额的文字大写和数字小写必须相符，如有不符，应核实、更正，重新缮制一套，汇票上的金额不能有涂改。另外，汇票的金额与币制应与商业发票一致。当然信用证项下汇票，证上有特殊条款者，应按信用证条款办理，具体需注意的问题如下：

首先，汇票金额不能超过信用证金额。一般汇票的金额应等于或小于信用证金额，但如果信用证上的金额或数量前有允许伸缩或增减幅度的，如±5%或5% more or less，则应按照允许的幅度予以机动；如果信用证中金额或数量或单价前写有 about 或类似字样的，则金额和数量或单价均可在10%的限度内伸缩或增减（UCP600 第 30 条 a 款）。例如：信用证金额写明为 about USD 10,000－，则汇票金额最多不能超过 USD11,000－，最低不低于 USD9,000.00－。

其次，信用证写有下列文句者，则汇票金额与发票金额必须完全一致：Draft for 100% of Invoice Value 或 Draft cover full invoice value。

再者，信用证有下列文句或类似文句者，则汇票金额与发票金额不一致：Draft for 97% of the value 或 Draft against this credit are authorized only up to 97% of the face amount of the invoice submitted。此时汇票金额往往小于发票金额，不足发票金额的差额部分，一般作为佣金或折扣在收款时扣除。

另外，有的信用证规定扣除佣金不在发票金额中表示扣除，而是另开具贷记通知单（Credit Note）。这时，汇票金额为发票金额减去贷记通知单上的金额后的余额。

（三）汇票的期限（Tenor）

汇票的期限称付款期限，必须明确填写，不可含糊。信用证项下汇票应按其规定填写，托收方式下应按合同的要求填写。

一般汇票的期限主要有两种：即期和远期。即期汇票（Sight Bill or Demand Bill）即在付款期限栏中填"At Sight"（见汇票实样中 At_____Sight），横线上习惯打上三个横短线"- - -"或"＊＊＊"，以表示即期。远期汇票（Usance Bill or Time Bill）中的期限一般有以下四种表示方法：

1．付款人见票后若干天付款，则在付款期限栏中填"At ××× days after Sight"或"At ××× days Sight"；

2．出票后若干天付款，则在付款期限栏内填"At ××× days after date of draft"或"At ××× days after date"；

3．运输单据（如提单）签发日后若干天付款，则填写"At ××× days after day of B/L"；

4．在固定的日期付款，又称板期付款，则填写具体的年月日。如：On April 30, 2014。托收项下的汇票期限，除表明即期和远期的期限外，还要在期限前面写明具体的托收种类，如 D/P AT sight。

（四）受款人（Payee）

受款人又称收款人或汇票的抬头人，即汇票中"Pay to the order of …"一栏。按习惯有三种填法：

1．指示性抬头，又称记名抬头，即在汇票的受款人一栏内填写指定的人，即 Pay to the order of Bank of China。该种汇票可由受款人背书转让，是贸易中最普遍使用的一种。

2．限制或抬头。在汇票的受款人栏中表明仅付给××或限付给××，不可转让。即"Pay to xxx only"或"Pay to ×× only, not transferable."

3．执票人抬头或称来人抬头，在受款人表明付给来人，即"Pay Bearer"

这种汇票可随意转让而不需背书，仅将汇票交给受让人即可。

信用证支付方式下汇票的受款人一般有两种：

1．信用证不做规定时，则受款人为议付银行或押汇银行。如："Pay to the order of BANK OF CHINA"，则中行为收款银行。

2．信用证指定受款人，则按规定填写。如 L/C 条款中"Beneficiary's draft on opener at sight drawn to the order of ourselves"，那么汇票的受款人则为开证行。

托收业务中，除非卖方指定受款人，一般填写托收行作为受款人。

（五）出票条款（Drawn Clause）

出票条款又称出票根据，即汇票上"Drawn Under …"。信用证支付方式下的汇票出票条款一般包括三项内容：开证行名称、信用证号码和开证日期。如果信用证上有关内容有规定的，则按规定照填；若信用证有关内容不完整，仍应将这三项内容完整列明；对电开信用证，证内常不写明出票条款，也应填写该三项内容；凡经转开的信用证，除转开行要求列明转开行的编号外，汇票只需列明原始开证行名称，信用证号码及开证日期。

托收项下汇票的出票条款，填写托收对价文句，如"The above mentioned amount of ××× are being for collection"，或只简单注明"For collection"。

（六）付款人（Payer）或称为受票人（Drawee）

在信用证业务中，一般对付款人均作明确规定。如"Beneficiary's Draft Drawn on ×××"，或"value on 或 Issue on …"；SMIFT 信用证中的"Drawee"。一般在汇票左下角的"To …"一栏填写付款人。注意信用证业务的付款人一定是一家银行（开证行或指定的付款行）。如信用证上有关条款"available by beneficiary's drafts on us/ourselves/ yourselves/×××Bank"。

根据 UCP600 第 6 条 c 款规定：信用证不得开立包含有以申请人为汇票付款人条款的信用证。如信用证上有关条款为："drawn on applicant/opener/accreditor/accountee/principal/them/themselves/×××Co."，出口商应要求修改信用证。这一规定的原因在于，从理论上说，信用证既然是银行信用，银行就应该承担有条件的付款责任才名副其实。因此 UCP600 中取消了汇票可以是进口商为付款人的规定。另外，个别信用证中没有明确规定付款人的，则应以开证行作为付款人。

托收项下的汇票，则应按合同的规定填写或以进口商为汇票的付款人。

（七）出票人（Drawer）

出票人即签发汇票的人，是出口商填写的最后一项内容，在汇票的右下角。一般包括出票人（出口公司的全称）和负责人的签章。信用证项下汇票的出票人必须与信用证的受益人名称一致，只有可转让的信用证汇票的出票人可以与原证的受益人不同。

托收项下的汇票出票人即托收的委托人。该项内容必须注意签写，不要漏掉，否则该汇票无效。

（八）出票地点和日期（Place and Date）

在汇票的右上角，一般为出票地点和日期。汇票的出票地点即签发地点，一般信用证方式下是汇票的议付交单的地点；托收方式下为委托人向托收行办理托收手续的地点。该项内容有些汇票提前印就，有些没有表明的，则留给银行填写。

出票日期，一般为议付交单日期，出口商可留空不填，由银行收到出口商提交的单证时填写。因此，出口商要注意交单期，若逾期交单，则会从出单日期上反映出来。托收方式的出票日期按托收行寄单日期填写。

此外，如果信用证或合同中为远期支付，规定了具体的利率和计息期限等利息条款，也应在汇票上表示出来。

三、汇票的使用程序

对外贸易支付中汇票的使用，除出票外，一般有提示、承兑、付款、背书和拒付等。

（一）提示（Presentation）

提示是指持票人将汇票提交付款人或受票人，要求承兑或付款的行为。付款人看到汇票叫做见票（Sight）。如为即期汇票，付款人见票后应立即付款；如为远期汇票，付款人见票后应办理承兑手续，待汇票到期时付款。

（二）承兑（Acceptance）

承兑是指付款人对远期汇票表示承担到期付款责任的行为。承兑的手续是付款人在接到银行通知承兑后，填写银行的"承兑通知书"并签字盖章，送交银行。付款人对汇票做出承兑后即成为承兑人（Acceptor），承担远期汇票到期时付款的责任。

（三）付款（Payment）

付款，如果是即期汇票，在持票人提示时，立即付款而无需经过承兑手续的行为；远期汇票，则承兑后，在汇票到期日时付款的行为。

（四）背书（Endorsement）

背书是指转让汇票的一种手续。分为不记名背书又称空白背书和记名背书。由汇票的抬头人在汇票背面签字盖章，即空白背书；或再加上受让人，即被背书人（Endorsee）的名字，即记名背书，并把汇票交给受让人的行为。

经背书后的汇票的收款权利便转让给受让人，汇票可以经过背书不断转让下去。对于受让人而言，所有其之前的背书人（Endorser），以及原出票人都是他的前手；而对于出让人而言，在他出让以后的受让人则是他的后手，前手对后手负有担保汇票必然会被承兑或付款的责任。

国际市场上，汇票持有人如果要求在汇票到期日之前取得票款，可以经背书将汇票转让给银行。银行扣除一定的利息后将票款付给持票人，即贴现（Discount）。银行贴现汇票后，就成为汇票的持票人，还可以在市场上转让，或者到期向付款人索取票款。

（五）拒付（Dishonor）

当汇票提示时，遭到付款人拒绝付款或拒绝承兑，称为拒付。若汇票经过转让后遭到拒付，最后的持票人有权向其所有的前手追索，一直追索到出票人。持票人为了行使追索权，应及时做出拒付证书（Protest）。拒付证书，是由付款地的法定公证人或其他依法有权作这种证书的机构（例如法院、银行等）所做出的付款人拒付的文件，是最后的持票人凭以向其前手进行追索的法律依据。

如果拒付的汇票已经承兑，出票人可凭拒付证书向法院起诉，要求承兑汇票的付款人付款。此外，汇票的出票人或背书人为了避免承担追索责任，可在汇票的背书时加注不受追索（Without Recourse）字样，但列有这种批注的汇票，在市场上很难流通。

四、汇票的种类

（一）按是否跟随单据划分为跟单汇票与光票

跟单汇票（Documentary Draft/Bill），是指跟随有货运单据的汇票。这种汇票是进出口贸易中最经常使用的一种。如跟单信用证中的汇票，出口商在发货后开具汇票连同要求的单据，向银行及付款人要求收取货款。

光票（Clean Bill）是指不跟随装运单据的汇票，只凭汇票要求付款。这种汇票一般不作为货款的收取，而是经常用于收取货款的余数、佣金或额外产生的有关费用等。但当银行出具光票时，则可作为货款的汇款（即票汇）。

（二）按付款期限分为即期汇票和远期汇票

即期汇票（Sight Draft），是指在提示或见票时，付款人应立即付款的汇票。

远期汇票（Usance Draft/Time Bill），是指按汇票上约定的期限或日期付款的汇票。

（三）按出票人的不同划分为商业汇票和银行汇票

商业汇票（Commercial Bill/Trade Bill），是指由商人或商号出具的、以商人或商号或银行为付款人的汇票。这种汇票主要用于货款的收取，如信用证或托收方式下使用的汇票，由受益人或发货人出具，凭以收取货款。

银行汇票（Bankers Draft），是指以银行为出票人和付款人的汇票。这种汇票一般用于银行之间汇款，在进出口贸易中，进口商可用这种方式汇付货款、或出口商以这种方式汇付佣金等。

（四）按承兑人划分为商业承兑汇票和银行承兑汇票

商业承兑汇票（Traders Acceptance Bill），是指远期汇票由商号或个人承兑和到期付款，并以其为付款人的汇票。这种汇票以商业信用作为保证，使用时有一定的风险，因此在市场上不易流通。

银行承兑汇票（Bankers Acceptance Bill），是指由银行承兑并到期付款的远期汇票。这种汇票由银行作为保证，因此在市场上可以流通。

第二节 本票与支票

一、本票（Promissory Note）

（一）本票的定义

本票又称期票，按《英国票据法》的定义：本票是一人向另一人签发的，保证即期或定期或在可以确定的将来时间，对某人或其指定人或执票来人支付一定金额的无条件书面承诺。《日内瓦统一公约》对本票的定义是：本票应包含（1）本票字样；（2）无条件支付一定金额的承诺；（3）付款期限；（4）付款地点；（5）收款人；（6）出票地点与日期；（7）出票人签字。

我国票据法第七十三条规定：本票是出票人签发的，承诺自己在见票时无条件支付确定的金额给收款人或持票人的票据。本法所称本票，是指银行本票。

（二）本票的形式

本票的出票人是主债务人，即出票人与付款人为同一人，对收款人或持票人负有绝对清偿的责任。因此任何票据的出票人与付款人为同一人者，均属带有本票性质的票据。其主要形式有：

1. 国际支付凭证（International Money Order）。这是一种多功能的以美元定值的支付凭证，其出票人即付款人，通常是设在美元清算中心或国际金融市场的美国银行。

2. 可转让存单（Negotiable Certificate of Deposit）。又称大额可转让定期存单。最早由美国花旗银行推出，以后其他银行相继发行。这种存单大多由良好信誉的银行发行，成为银行扩大资金来源的手段之一。

3. 国库券（Treasury Bill）。是政府发行的短期公债，也是最高信用级别的短期有价证券。由于政府拥有的全国税收和财政收入为国库券发行后的还本付息提供较为可靠的保证，因此，国库券往往是最受欢迎的短期投资工具，而且具有较强的市场流动性，也是政府进行宏观调控的重要的货币手段。

4. 信用卡（Credit Card）。是随世界旅游和国际经济贸易的日趋发达而发展起来的。信用卡的发行者和结算者是同一家信誉卓著、资金雄厚的银行或金融机构。因此，是一种具有本票性质的，被世界广泛接受的现代化信用工具和结算手段。

5. 旅行支票（Traveler's Cheque）。旅行支票的发行者和在不同国家兑付银行支票的付款者属于发行银行及其海外分支机构或联行和代理行。旅行支票主要为便利旅行者，在经过不同国家和地区随时支取现金，以解决旅途的开支。

（三）本票的种类

本票分为一般本票和银行本票两种。一般本票的签票人是企业或个人；银行本票的签票人是银行。一般本票可以开成即期的或远期的；有的银行发行见票即付、不记载收款人的本票，或是来人抬头本票，它的流通性和纸币相似。因此，为了加强金融市场管理，有的国家对本票的发行规定最低限额，只许开出一定金额以上的大额本票，以免冲击纸币在市场上的流通。近年来，由于本票的出票人时常不能按照承诺付款，以致本票的使用范围逐渐缩小。在国际贸易中，利用出口信贷融资进口大型设备时，进口商可开出类似借据的远期付款本票，经过进口方银行背书，保证到期由签票人偿还本息。

（四）本票与汇票的异同

1. 本票是无条件的支付承诺；而汇票则是无条件的支付命令。

2. 本票的票面有两个当事人，即签票人与收款人；而汇票票面有三个当事人，即出票人、付款人和收款人。

3. 本票签票人即是付款人，远期本票到期由签票人付款，所以不需提示不要求承兑和承兑手续；而远期汇票则须办理提示，要求承兑和承兑手续。但见票后定期付款的本票应由持票人向签票人提示见票，并在本票上载明见票日期，此点与见票后定期付款的汇票相同。

4. 本票在任何情况下，签票人都是债务人；而汇票在承兑前，出票人是主债务人，承兑后，承兑人成为主债务人。

5. 本票只能开出一张，而汇票则可以开出一套，如一式两份。

6. 根据《英国票据法》规定，外国本票退票时，不需做成拒绝证书，而外国汇票退票时，必须做成拒绝证书。

7. 关于汇票的规定。同样可适用于本票的有：出票人、背书、保证、到期日、付款、追索权和拒绝证书。

二、支票（Cheque）

（一）支票的定义

根据 1882 年《英国票据法》：支票是以银行为付款人的即期支付的汇票（A cheque is a bill of exchange drawn on a banker, payable on demand）。《日内瓦统一支票法》的定义是支票必须包含：（1）支票字样；（2）无条件支付一定金额的命令；（3）付款人；（4）付款地；（5）出票日期和地点；（6）出票人签名。

我国《票据法》第八十二条规定：支票是出票人签发的，委托办理支票存款业务的银行或者其他金融机构在见票时无条件支付确定的金额给收款人或者持票人的票据。所以，支票是汇票的狭义概念，当属汇票的一个分支。具体来说，支票是银行存款户对银行签发的授权银行对某人或者指定的人或执票来人即期支付一定金额的无条件书面支付命令。

出票人签发支票后，应负票据上的责任和法律上的责任。前者，一是指担保付款的责任，即出票人对于收款人及其后手应照支票文义担保支票的付款，如付款银行拒付，出票人应负偿还之责；二是指提示期限过后的责任，《英国票据法》对支票的有效期没有明确规定，只规定应在合理时间内做付款提示（Within Reasonable time）。《日内瓦统一支票法》规定，国内支票提示期自出票日起算 8 天；一国出票另一国付款的支票提示期为 20 天至 70 天，视出票地与付款地之间距离而定。即使提示期限已过，出票人对持票人仍须负担票据上的责任，但持票人如不按期提示，致使出票人受到损失，例如因提示延迟，出票人受到银行倒闭的损失，应负赔偿之责，赔偿金额不超过票面金额。后者是指签发支票时，出票人在银行没有存款或存款不足，此时支票即为空头支票，开出空头支票的出票人要负法律责任。

（二）支票的种类

1. 记名支票（Cheque Payable to Order）。即在支票的收款人一栏，写明收款人姓名，如支付或 Pay A or Order，取款时须由收款人签章，方可支取。

2. 不记名支票（Cheque Payable to Bearer）。又称空白支票，即支票上不记载收款人姓名，只写付来人（Pay Bearer），取款时持票人无需在支票上背书签章，即可支取。此项支票仅凭交付而转让。

3. 划线支票（Crossed Cheque）。是在支票正面划两道平行线的支票。划线支票与一般的支票不同。一般的支票可委托银行收款入账，也可由持票人自行提取票款；而划线支票只能委托银行代收票款入账。使用划线支票的目的是为了在支票遗失，被人冒领时，还有可能通过银行代收的线索追回票款。

支票的出票人是主债务人，支票付款行的支付权利是出票人授予的。因此，遇到支票发生丢失等意外事故时，出票人可向付款行发出止付通知，即取消已授予的支付权利。此时付款行拒付提示的支票。因为所划的两条线须平行，因此划线支票又称为平行线支票。根据1957年《英国支票法》，银行签发的即期汇票也可划线。

4. 保付支票（Certified Cheque）。为了避免出票人开出空头支票，保证支票提示时得到付款，支票的收款人或持票人可要求银行对支票进行保付（certified to pay）。保付是由付款行在支票上加盖保付戳记，以表明在支票提示时一定付款。支票一经保付，付款责任即由银行承担，出票人、背书人均可免于追索。《美国统一商法典》中有票据保付的规定。

支票保付以后，付款行就成为债务人，出票人和背书人因此可免除责任，持票人可以不受付款提示期的限制，随时要求付款，付款行有照付的义务；倘若持票人遗失保付支票，一般不能做止付通知。

《英国票据法》和《日内瓦统一公约》没有支票保付的内容。我国现行的银行结算方式中，也没有支票保付的规定。

5. 银行支票（Banker's Cheque）。银行支票是由银行签发，并由银行付款的支票，又称银行即期汇票（Banker's Demand Draft），银行支票是银行代顾客办理票汇汇款时，开立的支票。

（三）支票的内容

支票与汇票的区别不大，除了汇票有关承兑的规定对支票不适用外，支票与汇票不同处还有两点：（1）支票必须即期付款；（2）必须由银行付款。其他的规定与汇票基本相同。

支票的内容要求，根据《日内瓦统一支票法》主要有六项内容（见定义），我国《票据法》第八十五条规定，支票必须记载下列事项：（1）表明支票字样；（2）无条件支付的委托；（3）确定的金额；（4）付款人名称；（5）出票日期；（6）出票人签章。支票上未记载前款规定事项之一的，支票无效。现将支票的几个基本内容说明如下：

1. 付款期限。因为支票都是即期付款，所以支票无需注明付款期限。如果出票人希望支票远期支付，如两个星期后获得承付，可以在出票时填上两个星期以后的日期为出票日期，并与付款人约定两个星期以后再做付款提示。这种以将来某日期为出票日的支票通常称为远期支票。但是《日内瓦统一支票法》不承认这种远期支票，原因是认为支票向银行提示时，只要支票内容无误，银行应立即付款。而根据《英国票据法》，出票日期倒签或推迟，并不影响票据的有效成立。

2. 收款人。《英国票据法》中支票收款人的做法与汇票相同。《日内瓦统一公约》的规定则不同，不允许汇票做成来人抬头，但支票却可以做成来人抬头，且支票可以不写明收款人。这就是《日内瓦统一支票法》的支票必要项目的规定没有收款人的原因。而我国《票据法》第八十七条规定：支票上未记载收款人名称的，经出票人授权，可以补记。

3. 付款人。支票的付款人应为出票人的开户银行，因此必须明确具体的银行名称和具体的营业处所，而且必须是唯一的。在实务中，银行在印就的支票上都有付款行的名称和详细地址。

4. 付款金额。支票是即期支付的，所以，《日内瓦统一支票法》规定，支票上的利息记载无效。我国票据法第八十八条规定：支票的出票人所签发的支票金额不得超过其付款时在付款人处实有的存款金额。出票人签发的支票金额超过其付款时在付款人处实有的存款金额的，为空头支票。禁止签发空头支票。

（四）支票与汇票的异同

1. 支票与汇票的相同点在于：首先，支票与汇票同属票据，因而具有票据的共同特征；其次，支票与汇票同属信用工具，具有非现金结算的安全、迅速和便利的功能；最后，支票与汇票的当事人及其票据行为，都受法律的管辖、保护和规范。

2. 支票与汇票的不同点在于：

（1）支票是存款人对银行签发的无条件支付命令，而汇票是出票人对付款人签发的无条件支付命令。

（2）支票的付款人一定是银行；而汇票的付款人可以是银行，也可以是商人或商号、企业。

（3）支票可以由付款银行保付，而汇票只能由非汇票债务人提供保证。

（4）支票可以划线，而汇票则没有划线的规定。

（5）支票的主债务人是出票人，而远期汇票的主债务人是承兑人。

（6）支票是即期付款，一经提示，除正当理由可以拒付外，通常是见票即付，而汇票既有即期付款也有远期付款，远期汇票必须提示承兑。

（7）支票可以止付，而汇票在法律上则无止付的规定。

（8）支票只能签发一张，而汇票可以签发单张汇票、双联汇票或一套多张汇票。

小　结

根据单据的性质不同，将单据分为三大类：资金单据又称金融单据、商业单据和公务证书。本章介绍第一类单据：资金单据，其中重点掌握汇票的填写和要求。

汇票是一个人（债权人）向另一个人（债务人）签发的无条件支付命令。要求受票人立即、或在未来特定期限或某固定日期将票款支付给指定人。严格来说，汇票是资金单据，因此属于票据的一种。但在进出口业务中作为结算工具，特别是信用证项下往往作为向银行提交的单据之一，因此正确缮制汇票，也与其他要求提交的单据对内容的要求同等重要。

汇票的法定记载内容有八项，分别是出票日期、汇票的大小写金额、付款期限、受款人、出票条款、付款人和出票人。汇票的支付程序有出票和见票、提示、承兑、背书、付款和拒付。根据汇票具体使用时的不同，往往将汇票分为跟单汇票和光票、即期汇票和远期汇票、商业汇票和银行汇票、商业承兑汇票和银行承兑汇票。

复习思考题

1. 什么是商业汇票？它包括哪些法定记载内容？
2. 汇票的种类有哪些？
3. 汇票的使用程序有哪些？分别是什么含义？
4. 填写汇票内容应注意的问题。
5. 按国际惯例，汇票的付款期限有几种规定？
6. 我国汇票收款人的填写方式有哪些？
7. 汇票的出票条款有哪些规定？
8. 什么是本票和支票？
9. 在国际结算中，本票和支票使用有何异同？

第六章 进出口结算单据——商业单据

对外贸易单证中比较多的是由进出口商以及进出口货物运输过程中涉及的相关业务部门出具的单据,本书将这类具有商业性质的单据称为商业单据。也是进出口业务中出现的最多、频率最高,甚至不可或缺的单据。本章重点介绍发票、运输单据和保险单据。

第一节 商业发票

一、商业发票(Commercial Invoice)及其作用

商业发票是卖方向买方开立的,对所装运货物作全面、详细说明,并凭以向买方收款的货款价目总清单。实际业务中简称发票。

商业发票,是出口贸易结算单据中最主要的单据之一,是货物各项目和情况的总说明和全套出口单据的核心,其他单据均以它为中心来缮制。在制单工作程序中,一般也先缮制好商业发票,以后再缮制其他单据。商业发票的主要作用是进出口商作为收发货、收付货款和进出口商记账和报关纳税的凭证。

(一)商业发票是卖方向买方发送货物的凭证

商业发票是一笔交易的全面叙述,它详细列明了货物的名称、规格、数量、单价(价格术语)、总金额、包装等内容。使进口商了解所装货物是否属于某笔订单,是否按照合同规定的内容和要求装运所需货物,是全部交货,还是部分交货等情况,为验收、核对提供依据。因此,商业发票基本上体现了合同的精神,是履行合同发送货物的说明和凭证。

(二)商业发票是进出口商收付货款和记账的凭证

商业发票是销售货物的凭证,进出口双方均需根据发票的内容,逐笔登记入账。对出口商而言,通过商业发票可以了解销售收入,核算盈亏,按不同的支付方式记好外汇账，并及时了解收汇的情况，定期向外销业务人员提供逾期或欠汇资料，以便积极对外催收货款。进口商同样需根据发票逐笔记账，按时结算货款，履行合同义务。

（三）商业发票是进出口商通关纳税的依据

货物在装上运输工具前，需向海关进行报关报验，提交商业发票等作为海关确定税金、验关放行的依据。因此，必须缮制清楚、准确。商业发票中载明的价值和有关货物的说明是完税的基础。

国外进口商同样需要在货物到达时，向当地海关提供发货人的发票通关，海关凭以核定税金，使进口商得以迅速清关提货。

（四）即期付款条件不需出具汇票时，发票可以替代汇票作为付款的依据

国际贸易结算中，有一部分业务不要求使用跟单汇票。如西欧有些国家的进口商在开立即期信用证时，免除了出口商出具汇票，而仅凭商业发票等单据付款。其原因之一，是有些国家印花税较高，免去汇票可节省一些费用。

除上述四个方面的作用外，发票还作为统计的凭证；保险索赔时，可作为价值说明。同时，商业发票在所有结汇单据中起着中心作用，其他单据均需参考发票来缮制。

二、商业发票的内容和缮制

商业发票由出口商根据要求印制并签发。目前我国根据联合国标准单据的设计，颁布我国单据标准（GB/T 15310-2009），采用统一的商业发票格式（GB/T 15310.1-2009，见单据附样 6-1），进出口商在进行报关、报检、申领证明时使用，否则自动报关系统等无法接收非标准化的单据。极个别的企业考虑到自身经营商品和要求说明内容的关系，在对外结算中使用本企业制定的商业发票格式。无论发票格式如何，基本内容和填制要求可分为三个部分。

一般出口商自行印制的商业发票，在公司名称下面有明显的粗体字：COMMERCIAL INVOICE 或 INVOICE 字样，一般银行都可以接受。标准化后的商业发票统一为商业发票（COMMERCIAL INVOICE）字样，体现单据的性质和种类。

有关发票的名称，如果是信用证方式下，应注意审核信用证对发票名称的描述是否符合信用证的规定。不要接受有类似"联合发票"（Combined Invoice）、宣誓发票（SWORN INVOICE）等名称的发票要求，信用证有特殊规定的除外。如澳大利亚，常常不要求出口商另出具原产地证明，而在商业发票的下端空白处，打出类似内容：

单据附样 6-1 商业发票

ISSUER		商业发票 COMMERCIAL INVOICE	
		NO.	DATE
TO			
TRANSPORT DETAILS		S/C NO.	L/C NO.
		TERMS OF PAYMENT	
Marks and Numbers	Number and kind of package Description of goods	Quantity	Unit Price	Amount

（一）首文部分

1. 发票的名称

I DECLARE THAT: (1) THE FINAL PROCESS OF MANVFACTURE OF THE GOODS FOR WHICH SPECIA L RATES ARE CLAIMED HAS BEEN PERFORMD IN CHINA AND (2) NOT LESS THAN ONEHAL F OF THE FACTORY COST OF THE GOODS IS REPRESENTED BY THE VALUE OF LABOR AND MATE RIALS OF CHINA。供进口商通关时享有从我国进口的普惠制关税待遇。

另外，注意及时缮制更正发票。单据寄出后，如果发现发票某些方面确实有误，应尽快缮制更正发票。在单据 Invoice 之前，加打"Amended"，更正发票应在信用证有效期之前办妥。

2. 发票号码、日期、合同号码或信用证号码及支付方式

发票号码（NO.），由出口商自行编制，一方面便于出口商查寻，同时又代表了全套单据的号码和某批货物。所以，在缮制时不能遗漏。如缮制汇票时的号码就按发票号码填写。

发票的出票日期（DATE），信用证方式一般在信用证开证日期之后，装运期之前，或至少在交单或有效期之前。当然，该日期的填写根据 UCP600 第 14 条"审核单据的标准"第（i）条规定："单据的出单日期可以早于信用证开立日期，但不得迟于信用证规定的提示日期。"因此，要注意与有关的规定和贸易习惯相符。

合同号码（S/C NO.）和信用证号码（L/C NO.）。发票上列明的合同号码应与实际合同与信用证（如果提及）上所列的一致，若一笔交易有几个合同号码，都应打在发票上；信用证号码也应在发票上填明，表明该批货物是依哪个信用证的要求开具的。

支付方式（TERM OF PAYMENT），即合同签订的具体支付结算方式。如即期信用证，填写 L/C AT SIGHT；远期 60 天付款交单，填写 D/P AT 60 DAYS SIGHT。

3. 进出口商名称、地址

出口商的名称地址，填写合同的卖方或信用证的受益人名称和地址。

进口商的名称地址，又称发票的收货人或抬头人。根据 UCP600 第 18 条 a 款第（ii）条规定：商业发票必须做成以信用证申请人名称为抬头（信用证另有规定抬头者除外）。在信用证条款中，如"For account of …"或"To the order of …"即指的是发票的抬头人。其他应注意的问题如下:

（1）进出口商名称、地址一般分行打;

（2）有的贸易对象国已更名或独立,应注意不要使用旧名称;

（3）预付货款发票上的收货人一般应与银行汇款通知单上汇款人相一致,或按客户要求制单;

（4）跟单托收业务,发票上的收货人应根据合同所列买方或指定名称缮制,或由外销人员注明发票收货人做实销户还是中间商,但都要注意收货人栏应列明详细地址。

4. 运输方式和路线

即合同规定的运输方式（或运输工具及航次）,起运地和目的地等。在得到船运公司或运输代理的配载通知,即"下货纸"后,按其配载内容列明运输工具和航次。

起运地和目的地必须按信用证的规定填写,并与提单上列明的一致,在填写时应注意以下几个问题:

（1）目的地应明确、具体,不能笼统。有些合同在签订时或信用证开来时对目的地规定比较笼统,如"Australia Ports",缮制发票时则不能用笼统的地点,要根据托运单据和运输承运人签发的下货纸或提单填写具体的目的地港名。如"Sydney"或"Melbourne"等。

（2）有重名的目的地,后面要加打国名。特别是海运,目的港名称在世界上重名的较多。如"维多利亚港"（VICTORIA）,加拿大有,巴西、几内亚和喀麦隆也有同名的港口;再如温哥华港（Vancouver）,加拿大的重要港口,而美国也有同名港口等等。因此,在填写时要特别注意后面加注所在国家名称。

（3）除大陆桥或小陆桥运输外,海运目的地一般为港口。如果 L/C 规定价格条件为 CFR ××（目的港名）,又要求发票表明转运内陆某地,可在发票目的地之后,加"In transit to …（内陆地名）"。

（4）不宜接受指定码头条款。有时国外来证规定将货物装至某某港口某某码头。由于货轮运抵目的地后,港区当局会统一安排卸货码头,不一定卸在指定码头,这是卖方所无法控制和掌握的。而进口商会因此而提不到货或发生额外费用问题而向我方索赔,对我方极为不利,因此应事先改证。

（二）正文部分

1. 货物的唛头（Marks and Numbers）

唛头是包装货物的识别标志。凡在合同或 L/C 上规定唛头的,必须逐字逐行按规定缮制，并与其他所有单据的唛头相一致。合同或 L/C 中没有规定唛头的，则按进出口商事先约定或征询买方提供的唛头缮制。有时规定唛头由出口商自行规定（Shipping Marks as the seller's option），则注意单单一致。

散装货则在该栏填写：IN BULK。

2. 商品描述及包装件数和种类

信用证下商品的名称及规格叙述必须与信用证上说明完全一致，省略或增加品名的字或句，都会造成单据与信用证表面不符。有关该项内容应注意以下几点：

（1）发票的品名不能超出信用证的内容。如果发票上多加了内容，有可能影响商品的性质或不符合 L/C 要求。如出口货品为镀银镜子（Silvering Mirrors），来证中品名为"Mirrors"，有人认为合同规定的就是镀银镜，实际货物也是，在发票上打上"Silvering Mirrors"。虽然这对进口商并无不利，而且符合双方对货物的实际要求，但银行从单据审核表面相符性的角度，可以认为是单证不符。

如果信用证对品名只规定总的名称，而实际货物种类较多，需要有具体的名称、数量、单价及总金额来表明。如出口苹果（Apples）、梨（Pears）等等，来证为水果（Fruits），发票上最好首先照信用证规定来表示水果（Fruits），然后再具体列明每一种水果的具体名称，如：

FRUITS

1. Apples   500 CARTONS
2. Pears   300 CARTONS

（2）货物品名不能遗漏和随便简缩。来证货物名称写的详细、具体应照抄。如来证品名为"Ready made Garments Acrylic Knitted"，而出口商在发票上漏去了"Acrylic"一字，开证行就可能提出拒付，客户也可能质疑成分的影响而要求打折。

品名不能滥用缩略词。如来证规定 Galvanized（镀锌），不要打成"Galv."；如来证规定"Hexagonal…"（六角型的……），不要打成"Hex. …"等，否则将视为单证不符。尽管有些缩略在英文习惯上是通用的，但从表面上看还是不一致。因此，注意不要在发票上随意使用缩略词。如果信用证上在品名中指明了合同号码或订单号码，如"××AS PER S/C No.××或 Indent No.××"，在发票上也要列明。

（3）要正确缮制中文和外文品名。港澳地区有时开立中文或中外文并立的品名，则发票要按信用证填写；有些地区信用证上规定的品名系法文、西班牙文或德文，发票上应照抄，不能遗漏。如法国海关往往要求收货人进口清关时必须提供法文发票，或至少品名是法文。又如委内瑞拉政府要求出口商发票必须以西班牙文印刷等。因此，信用证的第三国文字规定的商品名称均应照办，如确有需要和困难时，可以用括号加注英文品名作为译名。

（4）如果信用证有附件，可参照缮打。巴基斯坦、孟加拉国开立的信用证常常带有附件，对于货物描述经常有以下条款：

"Details as per attached S/C No.×× which is the Integral Part Of Credit"即"详情按来证所附第××号销售合同"。这样附件就成为信用证的一部分，货名应参照附件规定缮制。有时附件没有随证附来，出口商应及时联系通知银行向开证行索取，在附件尚未补来之前，不要急于出运，以免发生发票所列货物与信用证附件不符之处。

（5）来证品名开错的处理。有时信用证开来的品名由于误打而出现错误时，如果是实质性问题，应及时修改。

如货物品名为"Shirts"，信用证误开为"Skirts"，虽然只错一个字母，但却改变了商品的名称；若是次要错误或笔误，如"Apples"，信用证误开为"Aples"，可采用照抄并加注括号的办法：Aples（Apples）。当然，这种办法严格来讲，也是不一致的。因此，要承担一定的风险，严格意义上应做修改，有时将错就错制单，在进口国海关清关时，也有可能发生罚款、没收等情况。因此，对此类问题要视情形而谨慎对待。另外，有关商品的规格方面应注意：首先，来证所列规格，必须在发票上充分表现出来。有时，合同订明的规格与L/C规定有出入，这时应以L/C为准。如来证规定：BWG31/32，而合同是31/32G，在不矛盾的前提下，应照L/C缮制。

其次，规格即使有明显差错，也不可按习惯擅自制单。有些来证对规格的规定有明显的错误，或因对方国家的习惯规定，我们制单时要特别注意。如马来西亚来证规定，货物的规格为40×60mm，但出口商制单人员认为来证有误，按习惯做法应为40×40×60mm，结果可能造成开证行保留付款。

再次，信用证上用文字说明的规格，发票上应充分表现出来。如收到来证规定，绣花台布"Pieces are to be Made Unjoined"，即各块台布不要连在一起，这是进口商唯恐出口商在生产编织中贪图省力而没有将缝纫好的台布每块分开才做上述说明，而出口商一般不会那样做，因此在发票上未将该说明表示出来，而被开证行提出单证不符。因此，对于商品规格，在缮制发票时，必须和信用证的规定完全一致。对以数字表示的，必须逐字核对；用文字表示的，也要逐句审核，不能有半点出入，至于来证明显的误开，应及时与客户联系洽改。

3. 件数和重量。既要与实际装运货物相符，又要符合 L/C 规定。以件数计算价格的商品，发票要列明件数和包装条件；以重量计算价格的，必须列出重量，这些是缮制箱单、重量单、托运单、提单等单据的必要资料。关于这方面的内容，应注意：

（1）当 L/C 规定的包装条件、数量和所订合同有不符或本身有矛盾时，应及时向客户提出要求修改。

例如，来证规定装运 300 CARTONS，同时又要求包装为 SEAWORTHY CASES；出口商需要联系客户澄清，而不能在单据上用"300 SEAWORTHY CARTONS"来表示。

（2）防止漏打装箱条款。有时，国外来证除规定件数及包装外，还对包装的质量和方式做了具体要求，此时应按内容照打。如"500 CASES IN VSVAL STRONG SEAWORTHY EXPORT PACKING"，如果漏打这一条款，也会造成单证不符。

（3）信用证规定不可分批装运时，"在信用证未以包装单位件数或货物自身件数的方式规定货物数量时，货物数量允许有 5%的增减幅度，只要总支取金额不超过信用证金额"（UCP600 第 30 条 b 款）。因此，在制单时，应注意掌握，凡以个体计数的货物数量应全部出足，发现问题及时纠正。

（4）如货品规格较多，每种货品应写明小计数量，最后表示总数量。在发票上有关数量及重量的表示一定要仔细核对，小计数量相加是否等于总数量；注明毛、净重和皮重的发票，要注意三者的关系是否合理，并注意和实际的货物要相符，以及与其他单据要保持一致。

4. 价格术语

这一栏目是发票的主要项目，必须准确计算，认真复核。价格术语或称价格条件，涉及到买卖双方责任的承担、风险的划分和费用的负担问题。另外，也是进口国海关核定关税的依据。因此，发票上错打或漏打都有可能被国外开证行提出拒付。关于这方面应注意的问题有：

（1）国外来证若与合同规定的价格条件有出入，应及时改证。如我某公司与美国客户所订合同中价格术语为"CFR SEATTLE OCP CHICAGO"，而来证为"CFR CHICAGO"，即来证改变了原来合同中双方的交货义务和运输费用划分。合同规定目的港是西雅图，而来证目的地要到芝加哥。

（2）要严格按 L/C 上规定的价格制单。国外来证对佣金的表示方法不同，有时含佣价，有时不含佣价。如来证价格条件为 CIF CHICAGO，开证人为 G.H.CO.U.S，而合同是与中间商 M.F.CO.H.K 所签，价格条件为 CIF C4% CHICAGO。公司在缮制发票时，打上 CIF C4% CHICAGO。这样一来，一方面造成单证表面不符；另一方面佣金扣错，也泄漏了商业机密，中间商会不满。

5. 单价与总金额

单价和总金额是发票的重点，特别要注意数字和小数点的位置，要注意：

（1）发票金额一般不能超过 L/C 金额。但是，按照 UCP600 第 18 条 c 款规定：按照指定行事的被指定银行、保兑行（如有）或开证行可以接受金额超过信用证所允许金额的商业发票。倘若有关银行已兑付或已议付的金额没有超过信用证所允许的金额，则该银行的决定对各有关方均有约束力。因此，有关发票的金额一定要谨慎。如果由于超装造成了金额的增加，可将超出部分的金额另制汇票按托收处理，与信用证项下议付的金额分开办理收款。

（2）发票的货币要与 L/C 一致，且不能漏掉。发票的货币要与 L/C 开立的货币相同，且要注意货币的准确填写。如意大利里拉（Lira），比利时法郎（Franc），伊朗的里亚尔（Rial）等等。

（3）正确理解和掌握有关伸缩条款。按 UCP600 第 30 条 a 款规定："约"，或"大约"用于信用证金额或信用证规定的数量或单价时，应解释为允许有关金额或数量或单价有不超过 10%的增减幅度。因此，如果金额前注明"最高的"（Maximum）或"不得超过"（Not Exceeding）字样的，只可下减不超过 10%，而向上不可超过来证规定的金额。

如果金额前有"大约"字样，数量没有的，则金额可有不超过 10%的增减幅度，而数量无伸缩；数量前有"大约"字样，金额没有的，则数量可上下增减不超过 10%，而金额无增减幅度。

（4）部分信用证，部分其他支付方式的做法。如果部分信用证，部分托收时，如来证规定金额为 USD10,000，其中 70%做信用证，30%做托收。首先查对合同是否按此规定，审核无误后，有两种做法：

第一种只缮制一套发票，表示方法为：发票总金额为：USD10,000

USD7000 OF INVOICE VALUE AGAINST L/C

USD3000 OF INVOICE VALUE AGAINST D/P

第二种分别缮制发票交单：发票金额可按下述打法：

〈i〉信用证项下发票：USD10,000

LESS AMOUNT ON COLLECTION BASIS：USD3,000.00

USD7,000.00

〈ii〉托收项下发票：USD10,000

Less Amount on L/C Basis：USD7,000.00

USD3,000.00

交单时，注明单据应在托收货款付讫后才可交付。

部分信用证、部分预付货款时，如货款金额为USD22,710.00，预付货款USD10,000，信用证金额为USD12,710 在发票金额下可打：

USD22,710.00

LESS AMOUNT RECEIVED BY T/T：USD10,000.00

USD12,710.00

（三）结文部分

一般发票结束后，习惯填写发票金额的大写作为结尾。但是，有时发票上要求加注各种证明文句，可以加在发票商品栏以下的空白处。

1. 加注运费、保险费和FOB金额。有的国家来证，要求发票上列明运费、保险费和FOB价值，此时，费用要求分别列明，必须按实际费用缮打，费用的计算要正确、合理。

2. 发票上需注明特定号码。例如：有些国家来证要求在发票上注明进口许可证号码（IMPORT LICENCE NO.）、布鲁塞尔税则号码（BTN. NO.）等。

3. 某些来证要求加注证明字句。如澳大利亚，如前所述，加注原产地证明字句。有些国家较之简单一些，只注明：WE HEREBY CERTIFY THAT THE GOODS MENTIONED ABOVE IS CHINA ORIGIN. 又如，有些国家来证要求加注非以色列证明句：WE CERTIFY THAT THE COMPANY WHO SUPPLIED AND PRODUCED THE GOODS INVOICED IS A STARE ENTERPRISE AND HAS NO RELATION WHA TSOEVER WITH ISRAEL。

另外，还有叙利亚、黎巴嫩、约旦等国来证，均有特定的证明句，应按来证的要求加打，并注意证明句合乎规范，文句通顺。

最后是受益人签章。我国规定商业发票必须经出口商正式签字盖章才为有效，并注意使用的图章和签字与其他单据的签章相一致。如果对方国家要求手签时，要注意各国的习惯。国际贸易中，根据UCP600第18条a款第4条规定，商业发票不需签署（need not be signed）。这是因为信用证下的商业发票主要用于使银行了解货物基本情况，使买卖双方有记账的依据，即使遗失，只要卖方重制便可。同时，由于海关报关、商检等许多方面都需要商业发票，为了减少企业负责人的负担，UCP才修订了此项内容。

第二节 其他类型的发票

实际工作中，除商业发票外，还会碰到各种不同类型的发票。这些发票从性质和作用方面，与商业发票有所不同，但往往与商业发票有一定联系，现对其他类型的发票分述如下。

一、海关发票（Customs Invoice）

海关发票是根据某些国家海关的规定，由出口商填制的供进口商凭以报关用的特定格式的发票。其名称一般有 Customs Invoice，Certified Invoice，Combined Certificate of Value and Origin 等。

（一）海关发票的作用

1．供进口国海关核定货物的原产地国，以采取不同的国别政策。进口国海关根据海关发票查核进口商品的价值和产地，来确定该商品是否可以进口，是否可以享受优惠税率。

2．供进口商向海关办理进口报关、纳税等手续。进口商在进口货物到达办理报关时，除申报其他单据外，海关发票是海关根据上面的详细内容对进口货物估价定税的依据。

3．供进口国海关掌握进口商品在出口国市场的价格情况，以便确定该商品是否属低价倾销，以便征收反倾销税。

4．供进口国海关作为统计的依据。从进口商的角度看，海关发票其至比商业发票的作用更大。

（二）海关发票的种类和单据

由于各国海关对提供海关发票的规定不同，各国各地区有各自不同的格式和不同的名称，几种常见的国家海关发票见表6-1。

表 6-1 各国海关发票及其名称

国家和地区	使用海关发票的格式和名称
美国	Special Customs Invoice Form 5515（一般货物） Form 5519（Invoice details for cotton fabrics and linens 纺织品） Form 5523（Invoice details for footwear 鞋类） Form 5520（Special summary steel Invoice ------SSSI 钢材）
加拿大	Canada Customs Invoice
新西兰	Certificate of original for exports to New Zealand Form 59 A
西非格式（冈比亚、塞拉利昂、利比亚）	Combined Certificate of value and origin and invoice of goods for exportation to West Africa （Form C）
东非格式（肯尼亚、乌干达、坦桑尼亚）	Combined Certificate of value and origin and invoice in respect of goods for importation into Kenya ,Uganda and Tanzania
加勒比共同体	CARICOM （Caribbean Common Market）
南非	Appendix "B" Customs Conference Form
巴布亚新几内亚	Combined Certificate of value and origin No. 27
尼日利亚	Combined Certificate of value and of origin and invoice of goods for exported to the Federation of Nigeria （Form C.16）
加纳	Combined Certificate of value and invoice in respect of goods for importation into Ghana （Form Cb1）
赞比亚	Invoice and Certificate of value for exports to Zambia
牙买加、洪都拉斯、多米尼亚	Invoice and Declaration of value required for shipments to Jamaica

这些国家和地区的信用证中，如果要求出具"Certificated Invoice"，往往指的是海关发票。海关发票一般要求手签，不能盖章。即使更改，也不能盖校对章，只能简签。有时，海关发票格式有证明人（Witness）一栏的，其证明人的签字不能与其他单据上的签字相同，应由第三者签字证明。

虽然海关发票种类较多，但近年来有些国家已逐渐减少使用。同时，内容除了填列类同于商业发票的主要项目外，主要是证明商品的成本价值（Cost /Value of Goods） 和商品的生产产地（Country of Origin of Goods）。现将常用的海关发票进行重点介绍 。

（三）海关发票的内容和缮制

1．加拿大海关发票（见单据附样 6-2），内容主要有：

单据附样 6-2 加拿大海关发票

Revenue Canada Customs and Excise	Revenue Canada Douanes et Accise	CANADA CUSTOMS INVOICE FACTURE DES DOUANES CANADIENNES	Page of de
1. Vendor (Name and Address) *Vendeur (Nom et adresse)* DESUNSOFT CO.,LTD. Room 2901, HuaRong Mansion, GuanJiaQiao 85#, Nanjing 210005, P.R.China TEL:025-4711363 FAX:025-4691619		2. Date of Direct Shipment to Canada/*Date d' expedition directe vers ie Canade* AS PER B/L DATE 3. Other References (include Purchaserys Order No.) *Autres reterences(inclure ie n de commande de l acheteur)*	
4. Consignee (Name and Address) *Destinataire (Nom et adresse)* SAMAN AL-ABDUL KARIM AND PARTNERS CO. POB 13552, RIYADH 44166, KSA TEL:4577301/4577312/4577313 FAX:4577461		5. Purchaser's Name and Address(if other than Consignee) *Nom et adresse de l acheteur(S'Il differe du destinataire)* SAME AS CONSIGNEE	
		6. Country of Transhipment/*Pays de transbordement*	
		7. Country of Origin of Goods *pays d' origine des marchandises* CHINA	IF SHIPMENT INCLUDES GOODS OF DIFFERENT ORIGINS ENTER ORIGINS AGAINST ITEMA IN12 *SIL' EXPEDON COMPREND DES MARCHANDISES D' ORIGINES DIFFERENTES PRECISER LEUR PROVENANCE EN12*
8. Transportation Give Mode and Place of Direct Shipment to Canada *Transport Preciser mode et point d' expedition directe vercte vers le canada* SHIPMENT FROM TIANJIN PORT TO DAMMAM PORT BY SEA		9. Conditirons of Sale and Terms of Payment (i.e Saie. Consignment Shipment, Leased Goods, etd.). *Conditions de vente et modaitites de paiement* *(P.ex vente, expedition en consignation, location, de marchandises, etc)* CFR DAMMAM PORT, SAUDI ARABIA L/C AT SIGHT	
		10. Currency of Settlement/*Devises du paiement* USD	

11.No of Pkgs *Nore de colis*	12. Specification of Commodities (Kind of Packages,Marks,and Numbers,General Description and Characteristics, ie Grade, Quality) *Designation des articles (Nature des colis, marques et numeros, description ger erale et caracteristiques,, P ex classe, qualite)*	13. Quantity (State Unit) *Quantite (Preciser l unite)*	Selling Price/*Prix de vente*	
			14.Unit Price *Prix unitaire*	15. Total
1	N/M CANNED APPLE JAM 24 TINS X 340 GMS	2200CARTONS	USD6.80	USD14960.00
2	CANNED STRAWBERRY JAM 24 TINS X 340 GMS	2200CARTONS	USD6.80	USD14960.00
	TOTAL:	4400CARTONS		USD29920.00

PACKED IN: FOUR THOUSAND FOUR HUNDRED CARTONS ONLY.

18. if any Of fields 1 to 17 are included on an attached commercial invoice, check this box *si tout renseignement relativement aux zones 1 e 17 ligure sur une ou des factures commerciaies ci-attachees cocher cette case* commercial invoice No. 1 N de la factre commerciaie DS2001INV205	☐	16. Total Weight/*Poids Total*		17. Invoice Total *Total de la facture*
		Net 35904.00KGS	Gross/*Brut* 39494.00KGS	USD29920.00
19. Exporter's Name and Address(if other than Vendor) *Nom et adresse de l exportateur(s'Il differe du vendeur)* SAME AS VENDER		20. Originator (Name and Address)/*Expediteur d' origine(Nom et adresse)* DESUNSOFT CO.,LTD. Room 2901, HuaRong Mansion, GuanJiaQiao 85#, Nanjing 210005, P.R.China TEL:025-4711363 FAX:025-4691619		
21. Departmental Rulikg(if applicable)/*Decision du Ministere(S' Ily a lieu)* N/A		22. If fields 23 to 25 are not applicable, check this box *Si ies zones 23 e 25 sont sans objet, cocher cette case*		☐ N/A

23. if included in field 7 indicate amount *Si compris dans ie total a la zone 17, preciser* (I)Transportation charges, expense and insurance from the place of direct shipment to Canada *Les frais de transport, depenses et assurances a partir du point of expedition directe vers is Canada.* USD2800.00 (II)Costs for const: action, erection and assembly incurred atter importation into Canada *Les couts de construction, d' erection et d' assemblage,, pres imporation au.canada* N/A (III)Export packing *Le cout de l emballage d' exportation* N/A	24. If not included in field 17 indicate amount *Si non compris dans le total a ie zone 17, Dreciser* (I)Transportation charges, expense and insurance to the place of direct shipment to Canada *Les frais de transport, depenses et assurances lusqu' au point of expedition directd vers ie Canada* N/A (II)Amounts for commissions other than buying commissions *Les commissicns autres que celles versees Pour l achat* N/A (III)Export packing *Le cout de l emballage d' exportation* N/A	25. Check (if applicable) *Cochet (s'Ily a liso)* (II)Royalty payments or subsequent proceede are paid or payable by the purchaser *Des redevances ou produits ont ete ou seront Verses par l acheteur* ☐ N/A (II)The purchaser has supplied goods or services for use in the production of these goods *L'acheteur a fourni des merchandises ou des Services pour ia production des merchandises* ☐ N/A

卖方的名址（Vendor），填写货物运交加拿大国家的发货人（Shipper）名称及地址，或信用证的受益人（Beneficiary）。

装船日期（Date of Direct Shipment to Canada），填写实际装运日期，并注意与提单日期相一致。

其他参考项目（Other Reference Include Purchaser's Order No.）。填写有关合同、订单及商业发票的号码。如果该内容信用证有规定的，按信用证要求填写。

收货人名址（Consignee's Name and Address），填货物运交的最后收货人的名称和地址。

买方的名址（Purchaser's Name and Address），如果签订合同的买方与第 4 栏的收货人为同一人，则填"The same as 4 consigner."。如果不同，则填买方的具体名称和地址。

转运国家（Country of Transshipment）应填货运途中中转船地点的名称，如填"From…to Vancouver with Transshipment at ×××"；如不转船者，则填"N/A"（Not Applicable）。

原产地国别（Country of Origin of Goods），填发票上所列的货物的产地国名，即填"CHINA"。如果不是单纯国产的商品，如超过一个国家以上的产地，必须在第 12 栏中逐一列明每种商品的产地国名。

直接运至加拿大的运输方式及起运地点（Transportation Give Mode and Place of Direct Shipment to Canada），只要货物不在国外加工，不论是否转船，均填写起运地和目的地名称及所用运输工具。如"From Tianjin to Montreal by vessel."。

贸易条件和支付方式（Condition of Sales and Terms of Payment）。填写交货的价格术语和支付方式。如"CFR Montreal by L/C At Sight"或"CIF Vancouver D/P At 60 Days' Sight"。

结算使用的货币名称（Currency of Settlement），填写货物销售所用支付的货币名称，注意与商业发票一致。

件数（No. of Packages），填本批货物的总件数。

商业描述（Specification of Commodities），可按商业发票的描述内容填写。

数量（Quantity），填货物的具体单位的数量，而不是货物外包装件数。

单价（Unit Price），按商业发票的内容填写。

总金额（Total），同"单价"。

总重量（Total Weight），参照商业发票、提单、包装单、重量单等有关票据的毛、净重来填写，并注意相互的一致性。

发票总金额（Invoice Total），即本发票最后合计的总金额。

本发票从第1栏至第17栏中的任何一项已包括在所附的商业发票中,则在第18栏中的四方框内打上一个记号。并在本栏的"Commercial Invoice No."后填上商业发票号码。

出口商名址(Exporter's Name and Address),如果与第1栏为同一人,则填"Same as Vendor";如果不同,则填上具体出口商的名称和地址。

出口单位负责人名址(Originator, Name and Address),将签发本发票的出口单位名称、地址和负责人的名称填上。按规定没有指定在本栏由负责人签字,因此可不签或简签。

当局规定(Departmental Ruling),指加拿大海关方面的某些管理条例。如果信用证规定了该批货价的有关加方当局的某些号码和日期,则按要求填写;没有则填"N/A"。

如从第23栏至第25栏各项目不适用时,则在第22栏中的四方框内打上记号"N/A"。如果第23栏中所列各项金额已包括在17栏中,则在本栏各项的横线上填合适的金额。一般按实际情况填写;如有其中任何一项无法填时,则填"N/A"。

如果第24栏各项金额不包括在17栏中,按了解的实际数额填写,如果某些项目不适用,则填"N/A"。

第25栏系补偿贸易,来件和来料加工、装配等贸易方式使用,一般贸易不适用,填"N/A"即可。

加拿大海关发票要求每栏都要填满,不能留空。因此,有关费用栏一定要仔细计算,注意几个栏目之间的关系,如果填错会给产品的出口造成影响。

2. 美国海关发票

美国海关进口税采用从量税和从价税两种计收方法,其中采用从价税的商品则需要提供海关发票。美国海关发票的格式较多,下面仅以常见的"Customs Form 5515"格式为例,介绍其内容和缮制。

第1栏卖方(Seller):填写实际的出口人名称和地址,信用证项下填写受益人名称。

第2栏、4栏、8栏及10栏可以留空不填。

第3栏发票号及日期(Invoice No. and Date),即本发票的编号和日期。

第5栏收货人(Consigner),填该批货物运往目的地的实际收货人名称和地址。L/C项下,可填信用证开证申请人,如开证申请人地址不在到货目的地的,则填提单的收货人。如果提单收货人为指示式或收货人地址不在目的地,可填被通知人（Notify Party）的名称和地址。

第6栏买方（Buyer, if other than Consigner），如果买方与第5栏不是同一人，则填写实际买方的名称及地址；即使为同一人，也应在本栏重复列出其名称和地址，而不能用"Same"及类似的词句。

第7栏货物的产地（Origin of Goods），一般情况下，商品未在其他国家加工而改变商品性质的，填"CHINA"即可。

第9栏交货价格术语、支付方式和佣金折扣（Term of Sale, Payment, and Discount）。交货价格术语填"CIF ××"或"CFR ××Port"等；支付方式如"L/C At Sight"或"D/P At 30 days Sight"等；如有佣金，要表示是否包括在价格内，并表示其金额。

第11栏使用的货币（Currency Used），按发票或实际支付的货币名称填。

第12栏汇率（Exchange Rate），填买卖双方约定的汇率或固定汇率；如不适用，可免填。

第13栏订单接受日期（Date Order Accepted），如不适用，可免填。

第14栏唛头及包装（Marks and No. or Shipping Packages），必须将货物外包装上所刷的唛头表示在发票上，并注意与其他单据的一致性。

第15栏件数（No. of Packages），即填外包装的总件数。

第16栏商品描述（Full Description of Goods），可参照商业发票缮打。

第17栏数量（Quantity），指货物包装内的数量；如商品的重量、容量；具体包装内容物数量，如打（dozen）、码（yard）、个（piece）、罗（gross）等等。

第18栏国内市场价（Home Market Price），没有特定要求或L/C没有特别指定，该栏可不填，如果填写，要按国际市场批发价填，不要过低，否则会被认为倾销。

第19栏发票价格（Invoice Price），即商业发票所表示的单价。

第20栏发票总金额（Invoice Total），同商业发票。

第21栏如果本发票货物生产时对方提供的铸模、模型、工具、工程作业等费用未包括在价格和货值中，则在此栏四方框内打上记号"×"，并在第28栏内作说明。如本货物不适合此栏，可免填。

第22栏包装费（Packing Cost），按实际包装成本填写。

第23栏海运或国际运费（Ocean or International Freight），按实际支付的运输费用填写。

第24栏国内运费（Domestic Freight Charge），按国际运费的15%至20%的幅度填写。

第 25 栏保险费（Insurance Cost），指 CIF 条件下，按实际的费用填写。

第 26 栏其他费用（Other Cost），一般掌握在国际运费的 4%或 5%左右。

第 27 栏，卖方/托运人或其代理人声明[Declaration of seller/Shipper（or Agent）]：分三项内容：

a. 如货物出口享受回扣、退税或补助津贴，则在本栏方格内注"√"标记。并在 28 栏内分别列明（If there are any rebates, drawbacks or bounties allowed upon the exportation of goods I have checked box （A） and itemized separately below）。

b. 如货物为非销售或为寄售，则在本栏方格内注"√"标记，并在 19 栏注明愿意接受的价格。

c. 卖方/托运人或其代理人声明如果发票内无其他说明，且无与此不同的其他发票。此发票内的一切声明和申报都是真实和正确的（I further declare that there is no other invoice differing from this one（unless otherwise described below） and that all statements contained in this invoice and declaration are true and correct）。卖方/托运人或其代理人签字[Signature of Seller/Shipper（or Agent）]：要手签，不能盖章。

第 28 栏，需要继续说明的问题（This Space for Continuing Answers）。

本格式适于价值在 500 美元以上并收取从价税的商品，其他商品应使用商业发票。上述 Custom Form 5515 是 1976 年 12 月 20 日的修改格式。最后在"（C）Signature of Seller"后由负责人签字。

其他国家和地区的海关发票格式上虽然不同，但其内容基本上相同，可参照上述的……格式来填写。

二、形式发票（Proforma Invoice）

出口商有时应进口商的要求，发出一份货物的名称、规格、单价等内容的非正式的参考性发票，供进口商向其本国外汇管理当局或贸易管理当局等申请进口或批准给予支付外汇之用的发票，称之为形式发票。

该内容的形式发票（见单据附样 6-3），虽然叫发票，但是其作用介于合同与发票之间，或者说是一种简式的合同，不能用于托收和议付，其所列的单价等内容，是双方就某商品达成的意向和对未来签署正式买卖合同的基本情况的估计，对双方无最终约束力。所以说，形式发票只是一张估价单或意向书，正式成交后，还需另外重新缮制合同，作为议付凭证时，还须缮制正式的商业发票。其内容和格式与商业发票大体相同，在此不再一一说明。

单据附样 6-3

南京世格软件有限公司
DESUNSOFT CO.,LTD.
Room 2901, HuaRong Mansion, GuanJiaQiao 85#, Nanjing 210005, P.R.China
TEL:025-4711363 FAX:025-4691619

PROFORMA INVOICE

TO:	SAMAN AL-ABDUL KARIM AND PARTNERS CO.	INVOICE NO.:	DS2001INV205
	POB 13552, RIYADH 44166, KSA	INVOICE DATE:	Sep. 09, 2001
	TEL:4577301/4577312/4577313 FAX:4577461	S/C NO.:	DS2001SC205
		S/C DATE:	Mar. 23, 2001

TERM OF PAYMENT:	By Irrevocable Letter of Credit to be opened by full amount of S/C, Payment at Sight document to presented within 21 days after date of B/L at beneficiary's account.
PORT TO LOADING:	TIANJIN PORT, P.R.CHINA
PORT OF DESTINATION:	DAMMAM PORT, SAUDI ARABIA
TIME OF DELIVERY:	Before Jun. 05, 2001
INSURANCE:	TO BE COVERED BY THE BUYER.
VALIDITY:	

Marks and Numbers	Number and kind of package Description of goods.	Quantity	Unit Price	Amount USD
			CFR DAMMAM PORT, SAUDI ARABIA	
N/M	CANNED APPLE JAM 24 TINS X 340 GMS	2200CARTONS	USD6.80	USD14960.00
	CANNED STRAWBERRY JAM 24 TINS X 340 GMS	2200CARTONS	USD6.80	USD14960.00
	Total Amount:	4400CARTONS		USD29920.00

SAY TOTAL: U.S.DOLLAR TWENTY NINE THOUSAND NINE HUNDRED AND TWENTY ONLY.

BENEFICIARY:	DESUNSOFT CO.,LTD.
	Room 2901, HuaRong Mansion, GuanJiaQiao 85#, Nanjing 210005, P.R.China
	TEL:025-4711363 FAX:025-4691619
ADVISING BANK:	BANK OF CHINA JIANGSU BRANCH
NEGOTIATING BANK:	BANK OF CHINA JIANGSU BRANCH

形式发票的内容可以作为买卖双方的合同依据,如果以信用证方式支付,按形式发票的内容开证以后,商业发票的缮制就以形式发票和信用证的要求为依据。例如,信用证上常有"……按照某年某月某日之形式发票"的条款,此时,出口商应参照形式发票来履行或制单,但对于银行而言,除非来证附有形式发票,即形式发票成为信用证的组成部分时,要按形式发票的要求审单,否则银行不受形式发票约束,也不会审核形式发票的内容,如有任何内容上的出入,由出口商自己负责。

三、领事发票(Consular Invoice)
有些国家法令规定,进口货物必须要领取进口国驻出口国的领事签证的发票,叫领事发票。例如,拉美、菲律宾等国家就有此项规定。作为征收有关货物进口关税的前提条件。有些国家有固定格式的领事发票,这种格式可以向出口国当地的进口国领事馆获得;还有一些国家则规定由其领事在出口人的商业发票上认证。

（一）领事发票的作用

1. 作为进口国海关和贸易管理当局核对进口货价,作为征税的依据。
2. 了解并证实货物的原产地,审核有无倾销情况。
3. 领事发票的签发或认证,需缴纳一定金额的签证、认证费用,作为领事馆的一部分费用来源。

由于签、认证的费用不尽相同,由使领馆自行决定,有的按发票等单据份数计算,有的按金额计算。在计算出口价格时,应将这笔费用考虑进去。

（二）商业发票做使领馆认证

发票做使领馆认证的申办手续一般是企业提交商业发票,经贸促会认证,再由外交部领事司认证处认证,最后再送相应的驻华使馆认证。使馆认证需要的资料:

1. 营业执照副本复印件;
2. 对外贸易经营者备案登记表复印件;
3. 税务登记证复印件;
4. 声明、保函、介绍信各 1 份;
5. 所需认证商业发票正本 1 份;
6. 销售合同副本。

（三）领事发票出证应注意的问题

关于信用证上领事发票签证或认证的条款内容,不同的国家有不同的要求,需视具体条款而定,一般应注意:

1. 明确规定需要签证或认证的,我方能办到的,要及时办理。例如,阿拉伯国家开证要求:"The Original Invoice Must be Legalized by any Arab Embassy or Consulate",这些国家只在北京设有领事馆,所以,需要到北京办理认证。注意,一定要在交单议付前办妥。

2. 一般而言,若信用证条款中只说明"如有可能"等类似内容,则可以不予办理。例如:"Documents Must Be Legalized by Saudi Arabian Embassy or Consulate if any（if available）in the Town",此时掌握,在出口当地的城镇,是否有进口国所设的使领馆,可根据有无来决定办理或不办理。领事发票（见单据附样 6-4）格式不一,内容一般包括以下几项:

单据附样 6-4 领事发票

Consular Invoice

THE GOVERNMENT of BRAZIL		
	Port of loading	
Date:	Port of Discharge	
Invoice No:	Date of Departure	
IssuedAt:	Carrier	

EXPORTER

CONSIGNEE

Marks and Numbers	Quantity	Description of Goods	Value of Shipment
		Total (FOB, C&F, or CIF)	

Other Charges

Amount of charges

Total U.S. $

Certified Correct By:

Witnessed By:

Fee Paid: U.S. $

(1) 出口商与进口商的名称、地址；
(2) 出口地（港）；
(3) 目的地（港）；
(4) 运输方式；
(5) 品名、唛头与包号；
(6) 包装的数量、种类；
(7) 货物的毛重、净重；
(8) 货物的品质规格；
(9) 货物价值与产地。

3. 尚未建立外交关系的国家，即出口地无领事馆，因此无法办理签、认证，应该向开证申请人提出修改 L/C，将条款修改为：由第三国在出口地设有领事馆的领事代为签证；或由出口地商会代为签证；或直接取消信用证对领事发票要求的条款。如果需要或为说明出口地无领事馆，可出具出口地无领事馆证明书，格式及内容如下：

CERTIFICATE

Re. INVOICE No.×××

To Whom it May Concern:

This is to certify that there is no consulate in our city / country.

（Signature）

四、厂商发票（Manufacturer's Invoice）

厂商发票是由出口货物的制造厂商所出具的以本国货币计算价格，用来证明出口国国内市场的出厂价格的发票。

要求提供厂商发票，其目的是检查出口国出口商品是否有削价倾销行为，供进口国海关估价，核税以及征收反倾销税之用。如果国外来证要求出具厂商发票，应参照海关发票有关国内价格的填制办法来处理。厂商发票的内容和缮制要求基本有以下几项内容：

1. 在首部要有明显的粗体字"MANUFACTURERS INVOICE"字样；
2. 厂商发票的抬头人，打出口商的名称和地址；
3. 出票日期应早于商业发票的日期；
4. 货物品名、规格、数量等必须与商业发票的内容一致；
5. 货币应打出口国币制，价格的填写可以商业发票上的 FOB 价，再打九折或八五折；

6. 可不提供重量和尺码；

7. 货物出厂时，一般无出口装运标记，可以不缮制唛头，但信用证有规定者除外；

8. 由厂方负责人签字盖章，一般有英文，厂名上面打上"制造商"字样。

第三节 运输单据

运输单据是外贸单证工作中最重要的单据之一。是出口商按规定要求装运货物后，承运人或其代理人签发的一种书面凭证。

根据不同的运输方式：海运、空运和陆运等，承运人出具不同的运输单据。例如：邮政寄送方式出具"邮包收据"；航空运输方式出具"航空运单"；陆上运输方式出具"承运货物收据"或"国际货协运单"；海运，在对外贸易运输中占的比例最大，而且，随运输方式的不断变化和发展，除传统的"海运提单"外，又有"不可转让海运单""租船提单"以及包括海运的"多式联运提单"等等。其中，海运提单是最常用的也是最主要的单据，下面进行重点说明。

一、海运提单（Marine Bill of Lading 或 Ocean Bill of Lading，简称 B/L）

是承运人或其代理人签发给托运人证明货物表面状况良好、已收到或已装上指定的船只，负责运载到达指定目的港，交给指定收货人的一种货权凭证。

（一）海运提单的作用

海运提单的作用和其他运输单据的作用不同，归纳起来有三个方面：

1. 是托运人与承运人的运输契约证明（Evidence of the Contract of Carriage）。承运人与托运人为了运输货物而订立的合同，为运输合同或称运输契约。海洋运输合同分为租船合同和提单运输合同两种。前者，是为了运输整船货物而订立的合同；后者则是以提单来代表双方的合同，更确切地讲，提单是双方运输合同的证明，而不是合同本身。因为提单是依托运人的委托和要求，单方面签发的，提单上的条款主要是承运人的责任条款，并没有托运人租船订舱的条款。所以，提单不能算为运输契约，而是运输契约的证明。

2. 是承运人装运货物的收据（Receipt for the Goods Shipped）。提单是承运人收到货物后签发给托运人的收据，确认承运人已收到提单所列货物并已装船，或者承运人已接管了货物以待装船。

3. 是代表货物所有权的凭证（Document of Title）。提单是物权凭证，代表拥有货物和转让货物的权利。因此，转让提单才能代表对转移货物的转让。也是运输各当事人转移货物中转让货物所有权的依据。

提单的转让要经过背书转给受让人。受让人可以持提单向承运人取货，也可以在市场上作为有价证券流通使用。所以，提单就是货权的凭证，在国际贸易中起着很大的作用。

（二）海运提单的种类

1. 提单按是否有批注区分为清洁提单和不清洁提单（Clean of Unclean B/L）

清洁提单指承运人或船方在收到货物或装载货物时，货物或外包装没有某种缺陷或不良情况的提单，不清洁提单是指承运人或船方在收到货物或装载货物时，发现货物或外包装有不良情况，在提单上给予相应的批注。根据 UCP600 第 27 条规定："清洁运输单据指未载有明确声称货物及/或包装有缺陷的条文或批注的运输单据。"清洁"一词并不需要在运输单据上出现，即使信用证要求运输单据为'清洁已装船'的"。因此，可以理解为只要单据上没有关于货物及其包装有缺陷的，就视为"清洁单据"，除非单据上就货物或包装有不良批注的，则视为不清洁单据。无论信用证方式还是托收方式，收货人当然不愿意接受不清洁单据，特别是信用证方式，会造成银行拒绝付款。所以，在货物装船时，发现问题应及早更换或重新包装货物，避免签发不清洁提单。

2. 按是否已装船时签发提单，分为已装船提单和收讫备运提单（On Board or Received for Shipment B/L）

已装船提单是指提单上记载的货物已经装上提单所指明的船只后签发的提单，提单上明确记载装船的日期。根据 UCP600 第 20 条至 22 条与海洋运输相关的运输单据中都规定：通过（1）预先印就的措辞，或（2）注明货物已装船日期的装船批注等方式表明货物已在信用证规定的装运港装载上具名船只；收讫备运提单，是指托运人将货交给承运人接管，因船公司船期关系，或船只尚未到港，暂存仓库由其保管，而凭仓库收据签发的备运提单。

一般收货人愿意接受已装船提单，它对按时收货有保障，而备运提单只说明货物将装某船，无法确定具体装船和开航的日期。因此，一般信用证大都要规定提交已装船提单。

3. 按运输方式分为直达提单和联运提单（Direct B/L or Through B/L）

前者是指装货船只自装货港直接到达最终目的港，中途不转船的提单；后者是指货物从装运港装船后，中途转换另一条船，或中途改换其他的运输方式（如陆运、内河运输等）才到达目的港或目的地的提单。

海上联运提单，联运的做法是：由第一程船的承运人将货物从起运地运往中途转运港，交由第二程船的承运人，由其运往最后目的港。如"天津海运至汉堡，转船后运至赫尔辛基"。海上联运可以转运多次，联运提单一般由第一程船的承运人在装货港签发。如按上例：装货港天津、卸货港汉堡，最后的目的港赫尔辛基。提单的运转方法是：一程船所签联运提单经银行转收货人，在转船港二程船承运人接货后签发二程船提单，交一程船在转船港的代理，由该代理转寄二程船在最后目的港的代理，收货人在最后目的港凭一程船的联运提单向二程船的代理换取二程船提单，办理提货手续。

联运提单虽然包括全程运输，但一般都在提单条款内规定，第一程船承运人对货物在第一程运输发生损害时，负赔偿责任；对货物在转船港换装期间以及二程船运输阶段发生的损害概不负责，第二程船承运人负责二程船运输中发生的货物损害。

4．按提单的抬头分为记名提单、不记名提单和指示提单（Straight B/L, Open/Blank B/L and order B/L）

提单的抬头，即提单的收货人，根据这三种类别，在提单的收货人栏填写不同的内容，具体填写内容见下面提单的缮制。

5．按航运的经营方式的不同，分为租船契约提单和班轮提单（Charter Party B/L and Liner B/L）

大宗商品多数采用租船方式，货方向船方租赁船舶时，订立租船契约，明确双方的责任、义务和权利，称为租船契约提单。UCP600第22条"租船契约提单"，单独说明对该种提单的使用规定。

6．按运费支付方法不同，分为运费预付提单和运费到付提单（Freight Prepaid & Freight Collect B/L）

前者是在CIF和CFR价格术语条件下，托运人在装货港预付运费，承运人所签发的提单；后者则是在FOB和FCA等价格术语项下，托运人结算运费时签发的提单。一般对于运费的支付情况，一定要求在提单上注明。

7．按提单的格式和条款是否全面，分为全式提单和简式提单（Long Form & Short Form B/L）

前者是提单的正面和背面都有内容的条款，全面记载了承运人和托运人的责任、义务和权利等方面的条款；后者则只有正面有条款，而背面没有任何记载内容。

另外，实际业务中可能碰到一些其他的装运情况，如：

（1）货装舱面（On Deck），是指承运人将货物装上舱面甲板上并注明的提单。一般货物都要装在舱里，货物装舱面风险较大、容易受损，所以，收货人大多不愿接受舱面提单，除非信用证有特别授权可以接受。根据UCP600第26条a款：运输单据不得表明货物装于或者将装于舱面。声明货物可能被装于舱面的运输单据条款可以接受。

（2）过期提单（Stale B/L），又称迟期或逾期提单。过期有两个含义：一是银行接收正本提单之日距提单签发日太久，估计该提单若邮寄国外，船舶早已到港，造成货到无提单提货，即提单到达晚于货到目的港，造成过期；二是提单签发后超过21天才向银行交单议付，这时的提单也叫过期提单。所以信用证规定银行拒收过期提单，主要是为了避免货物先于提单到达，卸货后无人提取。因而使买方造成损失或增加费用。而对于近洋运输，如我国内地出口到日本、香港地区，特别是日本，由于受益人交单、银行审单、寄单各环节周转，加之邮程往往比货物航程慢，单据到达多变成过期提单。因此，往往要求对方开证允许接受过期提单（Stale Bill of Lading is Acceptable）。

（三）海运提单的内容与缮制

海运提单的格式由于不同国家、不同的船运公司而有所不同，但其内容和项目基本一致，以中外运海运提单（见单据附样6-5）为例，主要内容有：

1. 托运人（Shipper）。即与承运人签订运输契约、委托运输的货主，即发货人。在信用证支付方式下，一般以受益人为托运人；托收方式以托收的委托人为托运人。

2. 收货人（Consignee）。收货人要按合同和信用证的规定来填写，一般的填法有下列几种：

（1）记名提单，是在收货人一栏填写具体的收货人或公司名称和地址。这种提单的承运人只能将货物交给指定的收货人，托运人对记名提单不能背书转让，而提单指定的收货人可以转让，除非记名提单内有禁止转让的记载。因此记名提单的收货人，在货物到达目的港后，可凭提单向船运公司提货，也可在提单上背书后委托代理人代为提货或背书后转让给其他人。

（2）不记名提单，是指在收货人一栏内填写"To Bearer"（交来人）或者留空，不填写具体收货人名称，即承运人只能向提单持有人交付货物的提单。即谁持有提单，谁就可以提货，而且，该种提单可以转让，不须做任何背书，只把提单交给受让人即可。因此，这种提单对买卖双方风险较大，在实际业务中使用较少。

单据附样 6-5

Shipper	B/L No.

SINOTRANS

中国外运广东公司
SINOTRANS GUANGDONG COMPANY

OCEAN BILL OF LADING

Consignee or order	

SHIPPED on board in apparent good order and condition (unless otherwise indicated) the goods or packages specified herein and to be discharged at the mentioned port of discharge or as near thereto as the vessel may safely get and be always afloat.
 The weight, measure, marks and numbers, quality, contents and value, being particulars furnished by the Shipper, are not checked by the Carrier on loading.
 The Shipper, Consignee and the Holder of this Bill of Lading hereby expressly accept and agree to all printed, written or stamped provisions, exceptions and conditions of this Bill of Lading, including those on the back hereof.
 IN WITNESS whereof the number of original Bills of Lading stated below have been signed, one of which being accomplished the other(s) to be void.

Notify address	
Pre-carriage by	Port of loading
Vessel	Port of transshipment
Port of discharge	Final destination

Container. seal No. or marks and Nos.	Number and kind of package	Description of goods	Gross weight (kgs.)	Measurement (m^3)

Freight and charges	REGARDING TRANSHIPMENT INFORMATION PLEASE CONTACT

Ex. rate	Prepaid at	Freight payable at	Place and date of issue
	Total prepaid	Number of original Bs/L	Signed for or on behalf of the Master

As Agent

（3）指示提单，是按不记名人指示或记名人指示而交货的提单。前者在收货人一栏填写"To Order"，后者则填"To Order of ×××（指示人或指示人名称）"。

不记名指示，是在收货人一栏填"To Order"，又称空白抬头。该种提单，发货人必须在提单背面背书，才能转让。背书又分为记名背书和不记名背书（空白背书）两种。前者是指在提单背面不仅发货人需要签字盖章并写明背书日期，以表明同意转让，还要注明被背书人或称受让人的名称。如注明："Deliver to …"或"Endorsed to …"。做记名背书后，单据转移时只有注明的受让人是合法接受单据并拥有货物所有权的受让人，该受让人还可以继续背书转让给下一个受让人。后者是发货人在背面只自己签章即可，不需注明被背书人。而不记名背书，背书人转移单据即表明同意转让货权，即将货权转让给了受让人即下一个提单的持有人。信用证经常要求把提单做成"空白抬头、空白背书"（B/L made out TO ORDER and BLANK ENDORSED），即在提单收货人一栏做不记名指示，在提单背面做空白背书。

记名指示，是在收货人一栏填"To Order of ×××"。一般指示人有以下三种可能：

a. 凭发货人指示，在收货人栏填写"To Order of the Shipper"，该种提单，发货人在向收货人寄单前必须在提单后面背书，否则，即使转移了单据，并不代表转让了货物所有权。

b. 凭进口商或开证申请人指示，在收货人栏填"To Order of ××× Co."（进口商公司名称或信用证的开证申请人名称）。如 L/C 中规定"To Order of the Applicant"。该种提单发货人交单或转移单据时，不需要背书，因为提单的指示人是开证申请人，如果需要转让该提单，则开证申请人是背书人或有权转让人。

c. 凭银行或开证行指示，"To Order of ××× Bank"。如 L/C 中规定"To Order of the issuing Bank"，则填写信用证的开证行名称。

指示提单是一种可转让的单据，提单的持有人可以用背书的方式，把它转让给第三者，而无须取得签发人的认可，所以指示提单为买方所乐意接受。而不记名指示又比记名指示的转让性大，因为记名指示只有提单指定人背书才能转让，而不记名指示没有这种限制。

在实际业务中，L/C 项下提单多使用指示式。托收方式，也普遍使用不记名指示式。若做成代收行指示式，要事先征得代收行同意。因为根据 URC522 中第 10 条 a 款规定："除非事先征得银行同意，货物不应直接运交银行，亦不应以银行或银行的指定人为收货人。如未经银行事先同意，货物直接运交银行，或以银行或银行的指定人为收货人,然后由银行付款或承兑后将货物交给付款人时,该银行并无义务提取货物,货物的风险和责任由发货人承担"。

3．被通知人(Notify Party)。原则上,该栏一定要按信用证的规定填写。被通知人即收货人的代理人或提货人,货到目的港后,承运人凭该栏提供的内容通知其办理提货。因此,提单的被通知人一定要有详细的名称和地址,供承运人或目的港及时通知其提货。若L/C中未规定明确地址,为保持单证一致,可在正本提单中不列明,但要在副本提单上写明被通知人的详细地址。托收方式下的被通知人一般填托收的付款人。

4．船名(Ocean Vessel)和航次(Voy. NO.)。即由承运人配载的装货的船名,班轮运输多加注航次。

5．装运港(Port of Loading)。填货物实际装运的港名。L/C项下一定要符合L/C的规定和要求。如果L/C规定为"中国港口"(Chinese Port)此时则不能照抄,要按实际装运的我国某港口的具体名称填写。

6．卸货港(Port of Discharge)。原则上,L/C项下提单卸货港一定要按L/C规定填写。若L/C规定两个以上港口者,或笼统写"×××主要港口",如"European Main Ports"(欧洲主要港口)时,提单上只能填写其中一具体卸货港名称。

如果出口采取适合海洋运输方式的贸易术语,而L/C规定在卸货港名后有"In Transit to ×××(内陆某地)",表明买方希望卖方委托的承运人将货物运达到指定的内陆某地。例如,"CIF Hamburg in Transit to Berlin",提单上的卸货港(Port of Discharge)填写:Hamburg,然后在提单的托运人声明栏或唛头下方空白处填写:in transit to Berlin。这样既符合信用证的规定,又表明承运人需将货物运抵至柏林,而卖方的运费只负责到卸货港汉堡,从汉堡至柏林的运费应该向买方收取。

另外,对美国和加拿大O.C.P(Overland Common Points)出口时,买方来证的卸货港名后常加注"O.C.P ×××"。例如,出口CFR Los Angeles条件成交,L/C又规定:"Los Angeles O.C.P Chicago"。可在提单目的港填写:Los Angeles O.C.P,同时,在提单货物描述下方的空白处或唛头下加注"O.C.P. Chicago",表明需要承运人将货物运到洛杉矶后负责转运到芝加哥,而卖方的运费只负责到洛杉矶,从洛杉矶到芝加哥的运费由买方承担。因此,单据的正确填写,才能说明各当事人的责任、义务和费用的划分。

7．唛头(Shipping Marks/Marks & Nos.)。如果信用证有明确规定,则按信用证的规定填写;信用证没有规定,则按买卖双方的约定,或由卖方决定,并注意做到单单一致。

8. 包装与件数（No.& Kind of Packages）。一般散装货物，该栏只填"In Bulk"，大写件数栏可留空不填。单位件数与包装都要与实际货物相符，并在大写合计数内填写英文大写文字数目。如总件数为 320 CARTONS 填写在该栏项下，然后，在总件数大写栏（Total numbers of Packages in Words）填写：Three hundred and Twenty Cartons only。如果货物包括两种以上不同包装单位（如纸箱、铁桶），应分别填列不同包装单位的数量，然后再表示件数：

300 Cartons

<u>400 Iron drums</u>

700 packages

9. 商品名称/描述（Description of Goods）。信用证方式下，提单上的商品描述应按信用证规定填写，并与发票等其他单据相一致或不矛盾。如果信用证上货物较多，提单上允许使用统称或类别总称来表示商品名称。如出口餐具（tableware），又分餐刀、水果刀、餐叉、餐匙等不同名称，信用证上如果分别列明了餐具的不同名称、规格和数量，但包装都用纸箱，提单上就可以只注明：Tableware ××× Cartons。

10. 毛重和体积（Gross Weight & Measurement）。除非信用证有特别规定，提单上只填货物的总毛重和总体积，而不需要表明净重和单位体积。一般重量单位均以公斤表示，体积单位用立方米表示。

11. 运费（Freight & Charges）。一般根据成交的价格条件分为两种：若在 CIF 和 CFR 条件下，则注明"Freight Prepaid"或"Freight Paid"；FOB 条件下则填"Freight Collect"或"Freight Payable at Destination"。若为租船契约提单，填："Freight Payable as Per Charter Party"。信用证项下，如果对提单的运费支付情况有其他规定的，按照要求填写即可。

12. 签发地点与日期（Place and date of Issue）。提单的签发地点一般在货物装运港所在地城市，提单的日期将被视为装运日期。注意信用证方式下的提单日期不得晚于信用证规定的最晚装运期。

有时由于船运期不准、港口繁忙造成迟航或发货人交货造成迟延，使实际船期晚于规定的装期，发货人为了符合信用证规定的单证相符，要求船方同意以担保函换取较早或符合装运期提单的做法，这就是倒签提单（Ante-Dated B/L）；另外，有时货未装船或未开航，发货人为及早获得全套单据进行议付，要求船方签发已装船提单，这种做法称为预借提单（Advanced B/L）。这两种做法是不合理的，应该避免。

13. 承运人签章（Signed for the Carrier）。提单必须由承运人或其代理人签字才能生效。

根据UCP600第20条提单，a款规定，无论其名称如何，提单必须表面上显示承运人名称，并由承运人或其具名代理人或代表，或船长或其具名代理或代表签署；而且承运人、船长或代理的任何签字必须分别表明其承运人、船长或代理的身份。

14. 提单签发的份数（No.of Originals B/L）。一般信用证支付方法下，提单正本的签发份数都有明确规定，因此，一定要按信用证的规定出具要求的份数。例如，信用证规定："3/3 Original Clean on Board Ocean Bill of Lading…"，这就表明提单签发的正本三份，在提交给银行议付时，必须是三份正本。若在提单条款上未规定份数，而是在其他地方指明，例如："… available by beneficiary's draft at sight drawn on us and accompanied by the following documents in duplicate"，表明信用证所要求提交的单据，当然包括提单，全部要求一式两份。又如信用证规定："Full set of Clean on Board Bill of Lading issued…"，虽然没有具体标明份数，而是"全套"，根据UCP600第20条a（ⅳ）款规定："仅有的一份正本提单，或者如果出具了多份正本，应是提单中显示的全套正本份数。"对此类规定，就要看实际船方签发正本的份数而定。

15. 提单号码（B/L No.）。一般位于提单的右上角，是为便于工作联系和核查，承运人对发货人所发货物承运的编号。其他单据如保险单、装运通知的内容往往也要求注明提单号。

海运提单除上述正面的内容外，背面是托运人与承运人的运输条款（Terms and Conditions of Shipment Mutually Agreed）。理论上应是托运人与承运人双方约定的事项，但实际上是承运人单方面的条件，这也是为什么说提单是双方运输契约的证明，而不能说是运输契约或合同的原因。

由于各国航运公司提单的格式不同，其条款的内容也互不一样，内容较多。如托运人与承运人的定义、承运人责任条款、运费和其他费用条款、责任限额、共同海损等等，其内容虽大同小异，可以归类，一般首要条款中要规定所适用的国际公约（如海牙规则，维斯比规则和汉堡规则），以便在发生争议时作为依据。将国际公约的条款结合到提单条款中，在此就不一一列举。

二、不可转让海运单（Non-Negotiable Sea Waybill）

UCP600第21条就非转让海运单做了明确规定。货物在海上运输，本来必须签发有价凭证性的提单，承运人才凭提单把货物交给收货人。而如果船舶先提单到达卸货港，常常被迫停滞在港内等候提单。这种情况曾影响到欧洲、美国及日本的许多海港，货物因此不能及时发运。为了解决这一问题，UCP500修订时就增加了不可转让（Non-Negotiable）单据的规定，船舶抵达卸货港，承运人即可通知单据上表明的收货人来提货，向收货人交货时不必要求提交该单据，从而解决了港口的拥挤问题，收货人也可以及时收到货物。

目前，国际上有不少国家以不可转让海运单来代替传统提单，除不可转让的班轮提单外，国际商会制定的《联合运输单证统一规则》（第298号出版物）以下简称"298"也把联合单据（或多式联运单据）分为"可转让单据"和"不可转让单据"。当然，这种单据在海运中，如果一批货物的运输关系人仅涉及托运人、承运人和收货人时，是完全适用的，但由于不是物权凭证，因此不能转让给第二买主，也不能作为银行抵押。

三、联合运输与单据（Combined Transport and Document）

（一）联合运输的理解

关于联合运输，根据上述提到的"298"规则二 a 款的规定，联运（Combined Transport）：是指至少使用两种不同的运输方式，将货物从其在一国被掌管的地方，运到另一国指定交付的目的地的运输。而这里的'不同的运输方式'规则二 d 款：是指使用两种或两种以上的运输方式，如海运、内河、航空、铁路或公路等运输货物。b 款联运经营人（CTO）：是指签发联运单证的人（包括任何法人、公司或法律实体）。如果国内法规定，任何人在有权签发联运单证之前，须经授权或发照，则联运经营人只指这种经过授权或领照的人。

1980 年 5 月，联合国在日内瓦举行的国际联合运输会议上，经与会的 84 个贸发会议成员国一致通过的《联合国国际货物多式联合运输公约》第 1 条第 1 款提出国际多式联运（Multimodal Transport）的定义：多式联运是指按照多式联运合同，以至少两种不同的运输方式，由多式联运经营人将货物从一国境内接管货物的地点运至另一国境内指定交付货物的地点。为履行单一方式运输合同而进行的该合同所规定的货物接交业务，不应视为国际多式联运。因此，联合运输与多式联运从概念上差别不大，为了与联合国规定的名称统一，UCP500 修订时，第 23 条'海运提单'起至第 30 条'运输代理人的运输单据'分门别类明确了每一种运输单据的规定和要求，其中第 26 条明确了"多式联运单据"（Multimodal Transport Document）的提法。多式联运经营人（MTO）是整个运输的总承运人和多式联运合同的履行者，而不是发货人或船方的代理人。要对从接受货物开始一直到交付货物时间为止的全程运输负责。

（二）联合运输单据

根据"298"规则二 c 款联运单证（CT Document）：是指证明从事货物联运工作和/或组织货物联运工作合同的一种单证。单证证明应标有"可转让的联运单证，根据联运单证统一规则（国际商会第 298 号出版物）签发"（Negotiable

Combined transport documents issued subject to Uniform Rule for a Combined Transport Documents, ICC Publication No.298），或"不可转让的联运单证，根据联运单证统一规则（国际商会第298号出版物）签发"字样。因为，联合运输单据不像提单那样其承运人的责任、义务和权利条款均以提单背面条款为准，需要在联合运输单据正面标明以"298"为依据。

UCP500修订后，虽然统一了联合运输单据的提法为'多式联运单据'（MT Document），但是现实中有关联合运输单据的使用，仍然有不同的名称。如《国际商会银行委员会决议本（第371号）》指出，联合运输单据包括联合运输提单（Combined Transport B/L）和联运提单（Through B/L）。

UCP600修订后，对运输单据及其名称又做了进一步的调整，从第19条"涵盖至少两种不同运输方式的运输单据"至第25条"快递收据、邮政收据或投邮证明"。联合运输体现在第19条（Transport Document Covering at least Two Difference Modes of Transport）a款规定：涵盖至少两种不同运输方式的运输单据（多式或联合运输单据），无论名称如何，必须有表明的承运人名称并由相关人员签署，这些人员包括承运人或其具名代理人，或船长或其具名代理人，任何签字必须标明承运人、船长或代理人的身份。这样一来，不再强调单据的名称如何，而要看联合运输实际的具体情况。也可以理解为，凡是联合运输项下的单据，无论是联合运输单据、联合运输提单，还是多式联运单据或多式联运提单，其运输方式应符合相关国际惯例提到的至少包括两种及以上运输方式。多式联运单证应由多式联运经营人或经其授权的人签字。

（三）联合运输及单据的应用

我国使用联合运输单据的范围较广，既适用于不同运输方式的联运，也适用于我国港口单一运输到达各国港口的集运箱联运。实际使用中，有联合运输单据/提单或多式联运单据（MTD），还有上文提到的联运提单（Through B/L）。两者在使用中的区别在于：前者属于多种运输方式的联运，后者更强调联合运输中第一程必须是海运；前者单据的签发人是船舶所有人或实际承运人，第一承运人需要负责全程的货物运输，后者可以是实际承运的船舶所有人，也可以是其代理人，承运人只对自己承运航程的运输负责。

实行多式联运后，发货人只要将货物交给多式联运承运人，取得联运单据后即可办理交单结汇，运输的一切事宜均由承运人安排。承运人负责组织和完成全程运输，最终向货主一次收取全程运费。多式联运经营人从接管货物时起到交付货物时止，视为在其管辖之下，承担全部运输责任。货物有任何残损或灭失，货主只要找承运人就可解决赔偿问题，方便了货主。

例如，货物由西安装火车至天津新港改海运装"九江轮"运至马赛，到达马赛装火车至巴黎，即陆海陆联运。运输单据无论其名称如何，单据上的前段运输（Pre-carriage by）栏中填"Train"或"Wagon No."；收货地点（Place of Receipt）栏中填"Xi'an"；船名（Ocean Vessel）栏中填"JIUJIANG"；装货港（Port of Loading）栏填"XINGANG, TIANJIN"；卸货港（Port of Discharge）栏填"Marseilles"；交货地点（Place of Delivery）栏填："Pairs"。如果是集装箱运输，在提单上集装箱号（Container No.）和铅封号（Seal No.）一栏填写上所装货物的集装号码和每箱的铅封号即可。其他与一般海运提单的填法相同。在此，不再重复介绍。

因此，实际业务中，不同的船公司应货物运输的具体情况，可能会使用不同名称的运输单据，无论其名称如何，视具体的运输要求以及合同或信用证条款而定。同时，在使用时注意依据国际公约和惯例来选择正确的运输方式。例如，某出口公司曾经就港到港集装箱运输而采用了联合运输提单，买方以单一运输方式不应使用联合运输提单为借口拒付货款，几经据理力争才付款结案。因此，在实际使用中，一定要根据买卖合同、信用证或相关运输等条款慎重使用正确的单据。

四、航空运单（Air Waybill）

航空运单是航空公司或其代理人对航空运输货物接管后签发的一种单据。它与海运提单的区别在于：不是物权凭证，但是货物的收据，也是托运人与承运人之间运输契约的证明，所以不能背书转让。货到目的地航空公司向收货人发出提货通知，收货人即可提货。

我国航空运单，由航空公司或其代理填制，托运人必须填制《国际货物托运书》（如第四章第二节中的空运出口托运单所示），航空公司凭此填制航空运单。航空运单一般按国际习惯，共有正本三份：第一份正本注明"Original-For the Shipper"，交托运人向银行结汇；第二份证本注明："Original-For the Issuing Carrier"，由航空公司留存；第三份证本注明："Original -For the Consignee"，由航空公司随机交收货人。其余副本则分别注明"For Airport of Destination""Delivery Receipt""For Second Carrier"和"Extra Copy"等由航空公司规定和需要分发。

航空运单的内容与填制，在信用证项下均按信用证规定填写。不同的航空公司，格式也不尽相同，但基本内容有（见单据附样 6-6）：

单据附样 6-6

中保财产保险有限公司
The People's Insurance (Property) Company of China, Ltd

发票号码
Invoice No.

保险单号次
Policy No.

海 洋 货 物 运 输 保 险 单
MARINE CARGO TRANSPORTATION INSURANCE POLICY

被保险人：
Insured:

中保财产保险有限公司（以下简称本公司）根据被保险人的要求，及其所缴付约定的保险费，按照本保险单承担险别和背面所载条款与下列特别条款承保下列货物运输保险，特签发本保险单。

This policy of Insurance witnesses that the People's Insurance (Property) Company of China, Ltd. (hereinafter called "The Company"), at the request of the Insured and in consideration of the agreed premium paid by the Insured, undertakes to insure the undermentioned goods in transportation subject to conditions of the Policy as per the Clauses printed overleaf and other special clauses attached hereon.

保险货物项目 Descriptions of Goods	包装 Packing	单位 Unit	数量 Quantity	保险金额 Amount Insured

承保险别
Conditions

货物标记
Marks of Goods

总保险金额：
Total Amount Insured: _____

保费　　　　　　　　　　载运输工具　　　　　　　　　　开航日期
Premium _____　　Per conveyance S.S _____　　Slg. on or abt _____

起运港　　　　　　　　　目的港
Form _____　　　　　To _____

所保货物，如发生本保险单项下可能引起索赔的损失或损坏，应立即通知本公司下述代理人查勘。如有索赔，应向本公司提交保险单正本（本保险单共有　　份正本）及有关文件。如一份正本已用于索赔，其余正本则自动失效。

In the event of loss or damage which may result in acclaim under this Policy, immediate notice must be given to the Company's Agent as mentioned hereunder. Claims, if any, one of the Original Policy which has been issued in original (s) together with the relevant documents shall be surrendered to the Company. If one of the Original Policy has been accomplished, the others to be void.

赔款偿付地点
Claim payable at

日期　　　　　　　　　　　　在
Date _____　　　　　　at _____

地址：
Address: _____

1. 航空运单的号码（Air Waybill Number）。一般前三位是航空公司代号，后面是航空公司对托运人所托运货物单据编号，如中国民航代号是"999—"。

2. 航空公司的名称。航空运单上要注明承运航空公司的全称或简称。如民航公司（The Civil Aviation Administration of China）及简称 CAAC，除此之外，还印有"不可转让"（Not Negotiable）字样，明确表示航空运单是不可转让的。

3. 发货人的名称和地址（Shipper's Name and Address）。一般在信用证项下，填写受益人的名称和地址，其他支付方式则为合同的卖方。

4. 收货人的名称和地址（Consignee's Name and Address）。凡信用证项下，收货人的名称地址必须按信用证的规定填写。为了保障出口商的利益，审批时应注意可以开证银行为收货人，以防止商人借口单据有问题拒绝或拖延付款，而货物却被提。托收方式下，可以代收银行为收货人，但须征得代收银行的同意。一般收货人栏内必须详细填写收货人的全称和地址，而不能为指示性的抬头。因为航空运单不是物权凭证，航空公司凭收货人栏的名称通知其提货，而不是凭航空运单的持有人提货。

5. 起运地。飞机起航地名称，一般指飞机起航机场所在城市名称。

6. 转运地。指转运机场所在地，如不转运则可不填。

7. 目的地。应填写货物所运往地点的名称。

8. 航班号及飞行日期。该栏主要注意飞行日期，不得晚于信用证的最后装运期。

9. 运费货币及支付办法。货币以币制代号表示。如 RMB、HKD、USD 等；支付方式根据实际情况在印就的费用情况 Prepaid 或 Collect 下面空格内加以注明。

10. 申报价值。填写托运货物价值总数。如果货物在运输途中，由于航空公司的过失造成损失或灭失时，作为理赔的价值依据。

11. 会计事项（Accounting Information）。一般填托运人账号等。

12. 处理情况（Handling Information）。包括标记、件号、包装方法等事项，也可填列发货人对本批货物运输问题，以及信用证上有关运输的特别指示和规定。

13. 承运人代理的名称和地点（Issuing Carrier's Agent Name & City）。该栏填写代理人的"国际空运协会"代号及账号（Agent's IATA Code, Account No.），若信用证没有具体要求，一般可不填。

14. 件数（No. of Piece/Packages）。指装运外包装件数。

15. 毛重（Gross Weight）。一般填货物毛重公斤数。

16. 运价等级（Rate Class）。航空运价根据货物重量的不同等级来计算单价，一般用下列代号填写：

"M"（Minimum Charge），代表起码运费。

"N"（Normal under 45kgs Rate），代表45公斤以下普通货物运价。

"Q"（Quantity over 45kg Rate），代表45公斤以上普通货物运价。

"C"（Special Commodity Rate），代表特种商品运价。

"R"（Reduced Class Rate Less than Normal Rate），代表折扣运价，即低于普通货物运价等级运价。

"S"（Surcharged Class Rate, More than Normal Rate），表示加价运价，即高于45公斤的普通货物运价的等级运价。

17. 品名编号（Commodity Item No.）。应根据航空公司的类别填写，在大多数情况下可以不填，一般可将唛头填在此处。

18. 计费重量（Chargeable Weight）。一般按毛重计费，如按起码运价计收运费，本栏可不填。

19. 费率（Rate）。一般按每公斤计算。

20. 运费总额（Total）。即费率乘以计费重量。

21. 货物品名和数量（包括体积式容积）。一般填写商品名称、数量和尺码。

22. 预付运费情况（Prepaid）。包括几项：

（1）预付重量运费（Prepaid Weight Charge）或（Prepaid Valuation Charge），即第20项中计算出的运费。

（2）预付手续费（Due Carrier），属于承运人的需要而产生的费用。

（3）代理费金额（Due Agent）。

（4）其他费用（Other Charges）。

以上几项加在一起填写在预付总金额一栏（Total Prepaid）。

23. 到付运费情况（Collect）。基本内容同22。

24. 承运人签发地点、日期和签章（Executed on ＿＿＿＿ Date at＿＿＿＿ place Signature of Issuing Carrier or its Agent）。由承运人填写该运单签发的地点和日期，并注意该日期与飞行日期相同或接近，并且不得迟于信用证的装运期。凡是正本运单均须有承运人的印章方始生效。

以上为航空运单的基本内容与填制内容要求。由于航空运单由航空公司缮制，因此，托运人或受益人在收到航空公司签发的运单后，要仔细审核其内容，对照信用证，做到单证一致。

五、承运货物收据（Cargo Receipt——C/R）

我国内地经铁路运输通过深圳至港、澳的货物即所谓"南线"铁路运输，一般委托中国对外贸易运输公司承办。该公司将各出口公司委托发运的货物装上火车后即签发"承运货物收据",供出口人办理结汇,收货人凭此提货。"承运货物收据"既是承运人的货物收据,也是承运人与托运人的运输契约。

承运货物收据的格式和内容与海运提单相比,较简单。主要区别是:它只有第一联是正本,其余各联为副本。正本的正面内容的缮制必须与托运人的委托书内容相同,除信用证有特别规定外,可以用中文出具,也可以用英文填制。正本反面印有"承运简章",载明承运人的责任、范围。该简章第二条写明:本公司承运之货物,在铁路、轮船、公路、航空以及其他运输机构运输范围以内,应根据各该机关规章办理。可见该单据不仅适用于铁路运输,也可以适用于其他运输方式。第七条还规定,该单据签发之日起,满三个月无人持单据提货,该单据即告作废。货物由本公司指定接运单位代为保管候领,保管期间的一切费用均由货主负担,逾期本公司将货物变卖处理,如果所得价款不足以清偿本公司一切费用时,仍须追偿。其他条款,如内容不知悉条款、承运人免责条款、赔偿条款、挂失条款等等。因此,托运人应了解有关承运人的责任范围,在运输中发生问题凭此办理。

承运货物收据的格式与项目缮制,各地区可能不完全一致,但基本内容如下:

1. 承运人名称及该单据名称。该单据的开头写明"中国对外贸易运输总公司××分公司"及"承运货物收据"的中、英文名称,并在单据名称下方注明,该正本第一联是"凭提货物"。

2. 有关运输编号、发票号码和合同号码。运输号码由外运公司编号,发票号和合同号由托运人提供。

3. 委托人。货物的托运人名称。

4. 收货人和通知。若采用信用证支付方式,则严格按照信用证的规定填写;如属托收,一般收货人做成指示式:"To Order"或"To Order of the Shipper",通知人一栏,填写到货后通知收货人的名称及地址。

5. 起运地、过境地和目的地。即单据上印就"From…Via…To…";因为经铁路运往港澳均需在深圳过境,所以往往经由(Via)后面印好"Shenzhen"。

6. 发据/装车日期和车号。即签发该单据或装车日期,一般为同一天,若两个日期不同,则分别填写。车号是货物所装火车的车皮号。

7. 唛头/标记,一般按信用证或发票上唛头填写。

8. 件数。应与发票、装箱单上的总件数相符。

9. 货物名称。可以与提单的打法一样,只打出货物统称,不必详细列明各规格等。

10. 附记。如果信用证或托运人有特别条款和要求，则填在该栏。

11. 运费缴付地点。一般各分公司承运的货物，运费均在公司所在地支付，因此，往往该栏已印明地点，若有不同，必须注明运费在何地支付。

12. 提货地点和货运代理名称。我国内地对香港的货物出口，提货往往委托"香港中国旅行社有限公司"作为代理，因此，单据上也往往印就好。

13. 押汇银行签收。由进口地银行接受进口押汇时签收。

14. 收货人签收。收货人签章以表明收到货物。

15. 承运人印章。最后是承运人，即中国外运公司的印章，无该印章则该承运收据无效。

以上为承运货物收据的内容与缮制，原则上，要根据信用证或实际情况来填写。另外，经深圳外运公司承运的货物，可以使用深圳外运分公司的"承运货物收据"，其格式与其他地区出具的承运货物收据略有不同，填制可按格式要求填写。"特约事项栏"，根据信用证要求和交货价格条款填，一般多填"运费已付，全程保险已办妥"这样的类似字句。在使用时，要将一份副本及时退回深圳外运公司，即使作废也要全套退回。

六、国际货协运单

国际货协运单（以下简称运单），是指参加"国际铁路货物联运协会"（Agreement on International Railroad through Transport of Goods）各国之间办理铁路联运时所使用的运输单据。

运单一般由五张组成。第一张"运单正本"和第五张"货物到达通知单"由铁路局送交收货人；第二张"运行报单"和第四张"货物交付单"，由路局交到达站；第三张"运单副本"交发货人凭此向银行结汇。该运单对原苏东地区和朝鲜等与我国陆邻的国家铁路运输出口时使用，即所谓"北线"铁路运输。

运单的内容和项目与上述运输单据相比，栏目较多，共 98 项，其中约有 50 项由发货人填写。运单的内容填写错误往往影响收货人及时收货，造成索赔，同时，也会造成发货人不能结汇。因此，正确填写运单和审核运单是一项重要的工作。其内容和填制方法如下。

1. 发货人、通信地址。只能填写一个发货人的名称、详细地址，有时可用电传号代替地址。

2. 合同号码。即填写买卖双方销售合同号码。

3. 发站。应填写发货站站名，如果是铁路专线，也应注明。

4. 发货人的特别声明。声明的内容须按路局的规定范围填写，铁路有义务执行。例如：

（1）发货人修改运单时，可注明修改的内容，并签字或加盖戳记证明。

（2）装运特殊商品需要铁路局采取特别的措施，铁路局又同意办理的，可填入此栏。

（3）自货协国向非货协国交货，站长办理转发时，记载最终到站的实际收货人名称及地点。

5. 收货人、通讯地址。应填写收货人的正确名称和地址，除用中俄文外，也可以加注合同文字，但要注意：

（1）往朝鲜发货准许使用国家规定的代号。

（2）发货人或收货人要求变更收货人时，须将原收货人注销后，记载新收货人。

（3）从货协国发往非货协国的货，由站长转发的，记载"站长"即可。

6. 对铁路无约束力的记载。该栏内容如：有关货物的某些说明，如订货单号，仅供收货人参考，铁路无义务执行；若此栏篇幅不足可填在第五张"货物到达通知单"的背面第 94 及 95 栏右侧的空白处。

7. 通过的国境站。填我方出境站站名，必须符合统一过境里程表中的地名。

8. 到达路和到站。应按合同规定填写到达国家的铁路名称和到达站的站名，译文要正确，中文、俄文及合同上使用的文字可并填，将路名与站名用斜线分开，如苏铁/巴库站。如从货协国运往非货协国由站长转发送时，记载货国家铁路最后过境的出口国境站，并在该站的站名后写明：由铁路继续办理发送至×××铁路×××站（填写最终到达铁路和到达站）。

9. 记号、标记、号码。填写唛头或标记。

10. 包装种类。注明包装种类，如木箱、布包、纸箱。

11. 货物名称。按合同和信用证填写大类货名，注明有关品名顺序号。如属棉花等危险品，须用红墨水笔填写，或在其下划红线，并加注"危险，易燃品"和"本货物属国际联运 4 号附件表 6 第 18 项 22 节"等字样。

12. 件数。填写包装件数。

13. 发货人确定的重量。填写货物的毛重公斤数。

14. 共计件数（大写）。填写中文大写件数。

15. 共计重量（大写）。填写中文大写重量公斤数。

16. 发货人签字。发货人签字，原则上应由发货单位负责人签字或盖章，签字样应向路局备案，但目前都盖出口单位运输专用章。

17. 互换托盘。记载与互换托盘有关的事项。

18. 种类/类型。记载与集装箱有关的事项，如集装箱的类型、吨位等。

19. 所属者及号码。记载集装箱所属者及号码。

20. 发货人负担下列过境铁路的费用。填写发货人所承担过境铁路费用的国家和铁路名称，如蒙铁、苏铁等。如过境费用是收货人负担，则填"无"一字。

21. 办理种别。如为"零担"则将"整车"划去；如为"整车"则将"零担"划去。

22. 由何方装车。如由"发货人"装车，则将"铁路"划去。

23. 发货人添附的文件。填写随车附寄的文件及份数，如出口货物明细单若干份，品质证明书若干份，由铁路局盖章表示签收；如不附文件要写明："不需添附文件"。此栏不能空白。

24. 货物的声明价格。非贵重物品，此栏一般不填。

25. 批号。填写运单号码，应按空格自右至左，每格一个阿拉伯字母。

26. 海关记载。海关记载事项。

27—31. 在发送整货物时由车站填写。

32. 铁路确定的重量。铁路确定的重量一般不用填，如果铁路局填的重量与 13 栏发货人所填重量不一致，则应确定以何者为准。

33—44. 由参加运送的铁路自行选用，中国铁路局不用。

45. 铅封。如发货人办理施封由发货人填写，如铁路办理施封则由路局填写。

46. 发站日期戳。由铁路局发货站加盖日期戳，在货物承运后加盖。这个日期表示货物的装运日期，对发货人来说十分重要，必须符合合同或信用证的规定。

47. 到站日期戳。由到达站加盖货物到站日期戳。

48. 确定重量方法。由发货人或路局填写，确定重量所使用的方法。

49. 过磅站戳记。如果由铁路确定重量，则此栏由路局盖戳，否则不必盖。

目前各地填制该运单有各自不同的做法，有的是由发货人填写，有的是由外运公司填写，有的用手写，有的打字或盖橡章。有关该运单的缮制，需要注意的事项和要求如下：

（1）各栏内容必须符合要求，用中、俄文填写；但中朝间运送的货物，可用本国文字。

(2) 一般用蓝色或黑色的钢笔或打字带填写，不得使用红色墨水或打字带。

(3) 所有印章均使用蓝色印泥，不得使用红色印泥。

(4) 字体必须端正、清晰和规范。

第四节 保险单据

国际贸易中，货物经过长途运送和装卸过程，不可避免地会受到自然灾害、意外事故或其他外来因素的影响而导致货物受损。为了保障收货人在货物受损后获得经济补偿，货主在货物出运前，须向保险公司办理有关的投保事宜；保险公司在接受投保后，须签发承保凭证，即保险单据，是保险人（保险公司）和被保险人（投保人）之间订立的保险合同证明，在被保险货物受到保险凭证责任范围内的损失时，是被保险人索赔和保险人理赔的主要依据；CIF 条件下，又是卖方必须向买方提供的出口结汇单据之一。

保险单据，作为保险人对被保险人承保的证明和签订保险契约的证明，而不是代表双方的保险契约，因为作为一种契约或合同，必须有双方当事人的签署，而保险单据只是保险人单方面签署的文件。所以，保险单据只能说明是保险当事人双方已签订保险契约的证明。一般说来，将被保险人的"货物运输险投保单"与保险单据合在一起，才能算是双方当事人的保险契约。

一、国际货物运输险投保与投保单

（一）逐笔投保与货物运输险投保单

即发货人或被保险人在货物发运以前、确定装运日期和运输工具以后，根据合同或信用证规定，按约定的保险险别和保险金额，向保险公司（保险人）办理投保手续所填制和提交的单据，为货物运输险投保单。

每个保险公司都有自己固定格式的投保单，由出口公司办理逐笔投保手续时填写，其内容应按合同或信用证的要求仔细、认真填写，因保险公司出具的保险单据是根据投保单的内容来缮制与签发的。虽然格式上不尽相同，但其内容基本一致（见单据附样6-7）。

单据附样 6-7

货 物 运 输 险 投 保 单
APPLICATION FOR CARGO TRANSPORTATION INSURANCE

投保单号：MI0001931

注：请您在保险人明确说明本投保单及适用保险条款后，如实填写本投保单，您所填写的材料将构成签订保险合同的要约，成为保险人核保并签发保险单的依据。除双方另有约定外，保险人签发保险单且投保人向保险人缴清保险费后，保险人开始按约定的险种承保货物运输保险。

投保人 Applicant	RIQING EXPORT AND IMPORT COMPANY				
投保人地址 Applicant's Add	P.O.BOX 1589, NAGOYA, JAPAN			邮编 Code	197-0804
联系人 Contact	CHUANBEN	电话 Tel.	81-3-932-3588	电子邮箱 E-mail	
被保险人 Insured	RIQING EXPORT AND IMPORT COMPANY			电话 Tel.	
贸易合同号 Contract No.	contract01	信用证号 L/C No.	002/0000398	发票号 Invoice No.	IV0000066

标记 Marks & Nos.	包装及数量 Packing & quantity	保险货物项目 Description of goods
CANNED LITCHIS JAPAN C/NO.1-1000 MADE IN CHINA	1000　　　　CARTONS	CANNED LITCHIS

装载运输工具：Name of the Carrier TBA

起运日期 Departure Date 2011-08-29　　　赔付地点：Claims Payable At JAPAN

航行路线：自 SHANGHAI,CHINA 经　　　　　到达（目的地）NAGOYA, JAPAN
Route From　　　　　　　Via　　　　　　　To(destination)

包装方式：
运输方式：

承保条件　投保人可根据投保意向选择投保险别及条款，并划√确认，但保险人承保的险别及适用条款以保险人最终确定并在保险单上列明的险种、条款为准。
Conditions：
进出口海洋运输： [√]一切险　　[ ]水渍险　　[ ]平安险　　（《海洋运输货物保险条款》）
　　　　　　　　 [ ]ICC(A)　 [ ]ICC(B)　 [ ]ICC(C)　　（《伦敦协会条款》）
进出口航空运输： [ ]航空运输险　[ ]航空运输一切险　（《航空运输货物保险条款》）
进出口陆上运输： [ ]陆运险　　[ ]陆运一切险　　　　（《陆上运输货物保险条款》）

特殊附加险：　[√]战争险　　[√]罢工险

特别约定 Special Conditions：
1、加成 Value Plus About 110 %
2、CIF金额 CIF value _____　　　　3、保险金额 Insured Value _____
4、费率（‰）Rate _____　　　　　5、保险费 Premium _____

投保人声明：
1. 本人填写本投保单之前，保险人已经就本投保单及适用的保险条款的内容，尤其是关于保险人免除责任的条款及投保人和被保险人义务的条款向本人作了明确说明，本人对该保险条款及保险条件已完全了解，并同意接受保险条款的约束。
2. 本投保单所有各项内容均属事实，同意以本投保单作为保险人签发保险单的依据。
3. 保险合同自保险单签发之日起成立。

投保人签字（盖章） RIQING EXPORT AND IMPORT COMPANY　　　　日期 2011-08-29

1. 投保人/被保险人信息（中英文）。主要填写被保险人的中英文名称和地址，及其联系方式。除非信用证有特别规定，一般是信用证的受益人或合同的卖方即发货人。

2. 唛头。要求按合同或信用证或双方约定的内容填写，并注意与发票等其他单据上唛头相一致。

3. 数量和保险物资项目。数量填写出口货物总重量或总包装件数；保险物资项目，即货物的名称、规格，一般可按提单的填法，填写大类或货物的统称，不必详细列明货物的各种规格等细节。

4. 保险金额与加成。是计算投保加成后的总保险金额，（1+保险加成）×发票金额；如果填写成交金额或发票金额，需要标明成交价格条件和保险加成比率。投保加成比率，是双方磋商合同时商议好的。我国各保险公司，一般接受的最高加成是30%，超过该比率，一般不能承保，或要求加以说明和提供有关的证明文件。

5. 装运路线。即装载货物的运输工具、装载日期（一般是提单签发日期），以及运输起运地和目的地。

6. 提单、通知单或邮局收据号次。根据不同的运输方式，填写运输单据的号码，如提单号、航空运单号或其他运输单号。

7. 保费给付地点及赔款地点。保险费给付地点，是指保险费由谁支付和在哪支付。一般 CIF 条件下，由卖方来交付保险费，填写卖方所在地；CFR 和 FOB 则由买方来支付。填写买方所在地。赔款地点，是指若货物运输途中，发生了保险公司承保范围内的损失时，应在何地索赔、获得赔款。一般是买方所在地。

8. 承保条件，即投保险别。应按买卖双方合同规定或按信用证有关的要求条件来填写。

9. 包装情况。分散货运输还是集装箱运输。在集装箱运输条件下，可有一定的优惠保险费率。

10. 保单号次和费率。留给保险公司填写。

11. 投保人签章。在填写完上述内容后，最后由投保人签字盖章才能生效。

投保人投保除了填写上述的投保单外，也可以填制出口货物明细单或出口发票副本，并加注有关保险要求的项目来代替，如：运输工具、开航日期、承保险别、投保金额或投保加成、赔款地点、保单份数等等要求。以便保险公司缮制保险单据时参照办理。

（二）预约保险

预约保险，是被保险人与保险人预先订立的在特定的期限内的有效货物运输保险合同。合同中规定承保货物的范围、货物运输路线、保险险别、费率、责任和赔款处理等项目，凡合同中约定的货物运输，在合同有效期由被保险人在每批货物装运前，发出"保险声明书"或"装运通知"即可自动承保。

预保合同的好处是可以减少逐批投保逐笔填写投保单的手续，并可防止因漏保或迟保而造成无法弥补的损失。而在不需要提交保单时，预约保险合同内的货物，即使出险后再提交货物的信息，保险公司依然承保并签发保险单以便办理相应的索赔手续。而且，国外保险公司对预保合同往往给予优惠费率。因此，业务量比较固定，大多数的进出口商与保险公司之间都订有预保合同。

CFR 和 FOB 价格条件下，订立预保合同的进口商在开立进口信用证中一般都明确规定预约投保号码、保险公司名称，寄送的预约保单应注明货物名称数量、发票金额、船名、起讫港口、开航日期等，以便保险公司掌握进口货物情况和结算保险费。同时，往往要求出口商装运后，直接向其预约保险公司发出"装船通知"（Shipping Notice/Advice）或"保险通知书"或"保险声明书"（Insurance Declaration），并要求其抄件或复印件被列为提交银行议付的单据之一。因此，出口商一定注意在货物装运时发出该通知，而且要注意信用证对此类通知书的要求。如果信用证所订条款要求提供的是"Acknowledgement of Insurance Declaration"，应理解为要求我方发出通知的同时，还要提交国外保险公司已经收到"保险声明书的确认书"，而确认书只有在我国出口商发出保险声明书后，国外收到并确认后寄回，势必需要一段时间，而且这段时间出口商难以掌握，如果作为议付的单据之一，就有可能影响出口商按时交单结汇。因此，对此类条款要慎重，最好不接受，可以改为提供"保险声明书的复印件"（Copy of Insurance Declaration）。

二、保险单据的缮制

（一）保险单（Insurance Policy）

保险单，是保险人根据被保险人投保单的内容和要求，签发给被保险人的单据，俗称大保单（见单据附样 6-8），是我国经常使用的、正式的保险单据。保险单正面的项目，反映了投保单上投保的要求和内容，背面印有保险人与被保险人的责任、义务条款。中国人民保险公司使用的保险单背面，还印有中国人民保险公司海洋运输货物保险条款，各种基本险别和战争险责任范围条款，以及除外责任、责任起讫，被保险人义务和索赔期限等。下面重点介绍一下正面的保险内容和项目。

单据附样 6-8

中保财产保险有限公司
The People's Insurance (Property) Company of China, Ltd

发票号码
Invoice No.

保险单号次
Policy No.

海洋货物运输保险单
MARINE CARGO TRANSPORTATION INSURANCE POLICY

被保险人：
Insured：

中保财产保险有限公司（以下简称本公司）根据被保险人的要求，及其所缴付约定的保险费，按照本保险单承担险别和背面所载条款与下列特别条款承保下列货物运输保险，特签发本保险单。

This policy of Insurance witnesses that the People's Insurance (Property) Company of China, Ltd. (hereinafter called "The Company"), at the request of the Insured and in consideration of the agreed premium paid by the Insured, undertakes to insure the undermentioned goods in transportation subject to conditions of the Policy as per the Clauses printed overleaf and other special clauses attached hereon.

保险货物项目 Descriptions of Goods	包装 Packing	单位 Unit	数量 Quantity	保险金额 Amount Insured

承保险别
Conditions

货物标记
Marks of Goods

总保险金额：
Total Amount Insured: _____

保费　　　　　　　　　　　载运输工具　　　　　　　　　　开航日期
Premium _____ Per conveyance S.S _____ Slg. on or abt _____
起运港　　　　　　　　　　　　　　　　　　目的港
Form _____ To _____

所保货物，如发生本保险单项下可能引起索赔的损失或损坏，应立即通知本公司下述代理人查勘。如有索赔，应向本公司提交保险单正本（本保险单共有　　份正本）及有关文件。如一份正本已用于索赔，其余正本则自动失效。

In the event of loss or damage which may result in acclaim under this Policy, immediate notice must be given to the Company's Agent as mentioned hereunder. Claims, if any, one of the Original Policy which has been issued in original (s) together with the relevant documents shall be surrendered to the Company. If one of the Original Policy has been accomplished, the others to be void.

赔款偿付地点
Claim payable at
日期　　　　　　　　　　　　　在
Date _____ at _____
地址：
Address: _____

1. 被保险人（在 At the Request of 后面），一般填写投保人的名称和地址。除非信用证有其他规定，出口 CIF 条件下，填写出口商/信用证受益人的名称，CFR 和 FOB 条件下，应该由进口商投保，填写进口商的名称。

有时，信用证或买方要求做成"To Order"，或以开证行、开证申请人名称为被保险人，可以照办。凡出口需要出口商投保，取得保险单后，无论被保险人为出口商名称或"To Order"时，如果信用证或买方没有规定和要求，出口商在寄单或交单前，均需在保险单背面做空白背书。有时信用证规定保险单做成"背书给银行"（Endorsed to order of Bank）时，被保险人栏仍填信用证受益人名称，然后在保险单背面注明："To Order of ××× Bank"或"Claim if any pay to the order of ××× Bank"，然后受益人签字盖章。

如果 L/C 规定被保险人做成"To Order of Bearer"（凭来人指定），保险单上被保险人可照打，并在保险单后面背书；或在"To Order of"之后注信用证受益人名称，然后背书。在 FOB 或 CFR 条件下，若买方要求卖方代办保险，被保险人栏做成"×××（卖方）on behalf of ×××（买方）"，并且由卖方在保单后面背书。

2. 发票号码（Invoice No.）。应填写出口商业发票号。

3. 标记（Marks & Nos.）。注意与发票、提单等单据上的唛头相一致。

4. 包装及数量（Quantity）。如以单位包装件数计价者，可只填总件数。如果是散装货，则注明"In Bulk"，然后填写重量。

5. 保险物资项目（Description of Goods）。同投保单。

6. 保险金额（Amount Insured）。一般按发票金额加上投保加成后的金额填写，信用证支付方式下，严格按信用证规定办理。货币要与信用证的币制相符，该栏为小写金额。发票金额有"扣佣金"时，保险金额按扣佣以前的金额再加成计算；如果发票金额"扣折扣"时，保险金额则可以按扣除折扣以后的净额加成计算作为保险金额。

7. 总保险金额（Total Amount Insured）。即上述保险金额的英文大写数字，并注意大、小写一致。

8. 装载运输工具（Per Conveyance S.S）。要与运输单据上所列明的运输工具名称相一致。海运填写船名和航次；陆运则填"By Railway"或"By Train, Wagon No."；空运，则填"By Airplane"；邮包填"By Parcel Post"。

9. 开航日期（Slg. On or about）及起讫地点（From … To…）。按运输单据日期填开航日期，起讫地也按运输单据的起运地和目的地来填写。

10. 承保险别（Conditions）。信用证支付方式下的保险单的险别一定要严格按照其规定办理，或者照抄信用证中对险别规定的内容。

11. 赔款偿付地点（Claim payable at …）。赔款地点即按信用证或卖方投保单已填写的地点填制。如果信用证未明确，则填目的地港所在地名称。信用证规定在偿付地点后注明偿付的货币名称，应照办。如"At London in U.S.D"。如果有信用证要求：如发生货损，赔款给公司（Loss if any pay to ×××Co.），则在保险单赔款偿付地点栏后加注"Pay to ××× Co."。

12. 保险勘查代理人（Insurance Survey Agent）。勘查代理人一般由保险公司自己选定，但要提供其地址，以便在损失发生时，收货人通知其代理人进行勘查和赔款事宜。

13. 签发地点和日期（Place and Date of Issue），保险单签发日期要早于运输单据的签发日期。这一点必须注意，才能证明是在装运前办理的投保。签发地点一般填出口商或信用证受益人所在地。

14. 保险公司签章（Authorized Signature）。保险单要经保险公司签章后方始生效。

（二）其他保险单据

有时，信用证或买方要求出具保险凭证（Insurance Certificate）。我国目前主要是正式的保险单，为了与信用证要求相符，可在投保时说明保险单的名称，保险公司可以对保险单名称进行相应的修改。

有的保险公司出具保险凭证名称的单据，其正面内容与保险单基本相同，只是保险凭证的背面没有像保险单那样详细记载保险人与被保险人的责任条款。它是一种简式的保险单据，又称小保单，具有与保险单同等的效力。

上述提到的预约保险合同下，进口商要求出口商发出装运通知或声明（详见第八章）或者保险证明书（Certificate of Insurance Company）。有些国家来证中，往往印有需提供证明的内容，如沙特阿拉伯来证中常有：When an Insurance Certificate or Policy is Required, It Should Be Appended By a Declaration Signed By the Insurance Company Showing：

（1）Name of Insurances Company；

（2）Address of Its Principal Office；

（3）Country of Its Incorporation；

Certifying That the Said Company Has a Duly Qualified and Appointed Agent or Representative in Saudi Arabia Stating His Full Name and Address.

因此，需要保险公司出具"保险公司证明书"，内容按信用证的要求来填写。有时，该证明还要求向国际商会或贸促会（CCPIT）加以证实或鉴定（Authenticated），我方也可照办，即在该证明书上加盖贸促会签章加以证实。

另外，我国与中南美等国家CIF出口交易中，有时进口商需要在发票上列明总金额外，还列明 FOB 价、运费和保险费金额，或者提交保险公司的保费收据（Premium Receipt）。

三、缮制保险单的注意事项

有关保险单出具及其要求，可以参照 UCP600 第 28 条的内容。重点注意以下内容：

1. 出口公司在取得保险公司的保险单后，凡以出口公司为被保险人的均须背书，以利转让。背书亦包括空白背书和记名背书，前者在保险单据的背面加盖出口公司的签章即可，后者则根据合同或信用证要求写明被背书人名称等，如信用证规定背书给银行，则在保险单背面加打"Claim if any pay to the Order of ××× Bank"，然后再加盖出口公司的签章。

2. 保险单的内容必须与信用证要求以及商业发票、提单等单据相互核对一致，严格做到单证、单单一致。

3. 如果信用证对投保金额未做规定，投保金额须至少为货物的 CIF 或 CIP 价格的 110%。如果信用证有超出合同规定的附加险或过高的保险加成，不同意可以提出修改信用证或声明超额部分须由开证人负担；如果不改证，则须事先与保险公司联系是否能办到，否则必须改证。

4. 保险单据的出单日期不得晚于信用证规定的最后装运期或提单的签发日期。

5. 保险单据必须以信用证同样的货币表示。这是为了避免进口商向保险公司索赔时可能出现的汇率风险。

小 结

商业单据是出口业务中的主要单据，如发票、提单和保险单等，无论采用什么支付方式都应向进口人提供，以便进口人办理提货和通关等手续。信用证方式下，信用证一旦规定了此类单据，需要严格按信用证的具体要求办理，严格作到单证相符和单单相符。

商业发票是作为买卖双方收交货的凭证之一，是所有单据的中心，其他单据都围绕它来缮制，也是最早缮制的单据。因此每一项内容需仔细、按规定和惯例的要求填写清楚。提单代表了货物所有权，也是运输双方当事人之间的运输契约证明，在外贸业务中有着举足轻重的地位。其中收货人一栏，即提单的抬头人的填写表明了提单的所有权及其转移方式，必须按规定填写。对外贸易货物运输保险是对货物运输过程中可能出现风险的一种防范、补偿手段，对于进口采用 FOB 或 CFR 价格条件、出口采用 CIF 价格，（进）出口人都需按事先约定的保险条款进行投保，信用证方式下要严格按信用证的规定出单，以防出现单证不符，影响出口商顺利结汇。

复习思考题

1. 什么是商业发票？它的作用是什么？
2. 商业发票的抬头人的做法有何要求？
3. 商业发票是否需要签署？为什么？
4. 什么是海关发票？它的作用是什么？
5. 什么是形式发票、领事发票、厂商发票？
6. 海运提单的作用有哪些？
7. 海运提单抬头人的填写有几种？
8. 什么情况下，提单需要背书？为什么？
9. 海运提单与空运单的区别是什么？
10. 什么是多式联运单据？其承运人的责任如何？
11. 保险单据的种类有哪些？
12. 保险单上被保险人的填写方式有哪些？什么情况下需出口人背书？
13. 什么是预约保险？

第七章 进出口结算单据——公务证书

除上述两章中介绍的出口商缮制以及与出口贸易相关的业务部门出具的单据外,应进口商的要求,或我国对外贸易法律或法规制度的要求,由我国对外贸易管理机构或民间机构作为第三方关系人而签发的单据,本书称为公务证书(Public Certificate)。这方面的单据主要包括原产地证明书、商品检验证书、配额与许可证等。

第一节 原产地证明书

原产地证书(Certificate of Origin——CO)是应进口商的要求,出口商或第三者公证机构签发并证明该出口商品是某国制造生产的一种证明文件。也是决定出口产品在进口国享受何种关税待遇的重要证明文件。

原产地证书的作用在于:供进口国海关掌握进出口货物的原产地国别,从而采取不同的国别政策以及进口税率和确定税别待遇;是对某些国家或某种商品采取控制进口额度和进口数量的依据,也是进口国进行贸易统计的依据。

签发原产地证书的机构视信用证的具体要求而定,若信用证对签证机构没有具体规定,根据 UCP600 第 14 条"单据的审核标准"f 款规定:"如果信用证要求提供运输单据、保险单据或商业发票以外的单据,却未规定出单人或其数据内容,则只要提交的单据内容看似满足所要求单据的功能,且其他方面符合第 14 条 d 款,银行将接受这类单据"。因此,本章的单据要求,就属于这类单据。下面根据我国原产地证书签发人的不同,分述如下。

一、出口商签发的原产地证书

凡信用证要求供货人、出口人或生产商对提供产地证书(Certificate of Origin Issued by Supplier),可由出口商自行缮制并签发,内容最简单、手续最简便，便于更改和更换，也不需要支付任何签证费用。有时少数国家来证要求出具由出口公司签发并由贸促会认证的产地证，出口商可以将该产地证缮制好后，由贸促会在证上签章即可，这样既符合信用证的要求，又可以节省时间和费用。

随着贸易单证的标准化发展，该产地证已经被一般原产地证书替代，如果信用证未明确产地证的签发人时，出口商出具贸促会签发的一般产地证。因此，下面简单介绍该证书的七项基本内容：也可出具该产地证或申领贸促会产地证。出口商签发的产地证，基本内容有七项：

1. 品名（Commodity）。注意与提单及其他单据上所列的品名一致即可。

2. 产地（Place of Origin）。这是主要证明内容。一般可按信用证上要求的字句填写，后来有具体规定，即填"CHINA"即可。因此，一般出口公司已将产地印刷在单据上。

3. 数量（Quantity）。填写货物的总重量或总包装件数，要注意和提单相一致。

4. 标记及号码（Marks & Nos.）。按合同或信用证的规定填写唛头，并与其他单据相一致。

5. 发货人（Consignor）。即出口商或信用证受益人名称。

6. 收货人（Consignee）。填写进口商或提单的收货人。

7. 运往地点（Destination）。填写货物运输送往的地点，即信用证规定的目的地。

除上述七项内容外，在单据的开头，右上角注明签发的地点和日期，如"Tianjin Oct 30. 2014"。注意出证日期一般不迟于装运日期。其次，是单据中的证明文句：如"This is to certify that undermentioned commodity were manufactured in China"。有的证书写在上述七项内容栏的下方。最后，是出口商单位签字盖章。

此外，有些国家就原产地证明内容有些特殊规定和要求。如澳大利亚来证，经常对从中国进口享有普惠制待遇的产品，往往不要求出具正式的普惠制产地证书，而是在发票上加打有关原产地的证明文句即可，如：

I Declare: （1） That the Final Process of Manufacture of the Goods for which Special Rates Are Claimed Has Been Performed in China；and

（2）That Not Less Than One half of the Factory Cost of The Goods is represented by the Value of Labor and Material of China.

二、一般原产地证书（C/O）

当一些国家没有明确规定原产地签发人，或者指定由国家管理机构即官方机构或民间机构出具原产地证明书，我国称为一般原产地证书。是证明货物原产于某特定国家或地区，享受进口国正常关税（最惠国待遇）的证明文件。

（一）签证机构

如果要求官方机构签发，一般由国家商品质量监督检验检疫局下属的出入境检验检疫局（CIQ）出具。如买方或信用证规定，Certificate of Origin Issued by China Import & Export Commodity Inspection Bureau or C.I.Q.，则向商检局申请并由其签署。如果买方要求民间机构出证，则由中国国际贸易促进委员会（China Council For The Promotion of International Trade，CCPIT）（以下简称贸促会）出具。贸促会相当于商业公会或工商联合会等类的组织，虽属民间组织，却是国家商业界或工商界的上级管理部门，有一定的威信和权力。如来证要求："Certificate of Origin Issued by The Chamber of Commerce & / or Union of Industry in Exporting Country"等类似条款者，或明确提出：Certificate of Origin Issued by CCPIT & / or ICC，均向我国贸促会申请由其签署一般产地证书。

无论签署人是谁，一般原产地证书的格式和内容完全一样。按国家标准化单据要求统一印刷，各口岸贸促分会和商检局分别管理。各出口公司在各分会和分局登记备案，由专人负责申领和专人签字，并预留专人签字印鉴。我国目前一般由出口商根据买方或信用证要求自行缮制，签字盖章后，送交贸促会或商检局审批签发。如有更改或错误，必须在修改后加盖贸促会更正章，同时要交纳一定的出证费。

（二）申请手续与单据

申请时除提交缮制好的一般原地证书全套（正本一份、副本三份）及原产地证申请书（见单据附样 7-1）外，还需随附合同、商业发票和箱单副本各一份，贸促会或商检局在证书正本上盖章，将其中黄色副本留底备查存档，将证书一正两副交出口商办理交单结汇。一般原产地证书的标准格式（GB/T 15310.4-2012）主要包括 12 项（见单据附样 7-2）。

单据附样 7-1

中华人民共和国出口货物
原产地证明书/加工装配证明书申请书

企业名称：　　　　　　　　　　　　　证书号：

申请人郑重声明：

　　本人被正式授权代表本企业办理和签署本申请书。本申请书及《中华人民共和国出口货物原产地证明书/加工装配证明书》所列内容正确无误，如发现弄虚作假，冒充证书所列货物，擅改证书，本人愿按《中华人民共和国出口货物原产地规则》的有关规定接受处罚并承担法律责任，现将有关情况申报如下：

商品名称（中英文）				HS 编码	
商品 FOB 总值（以美元计）			最终目的国/地区		
拟出运日期		发票号		转口国/地区	
贸易方式和企业性质（请在适用处划"√"）					
一般贸易		灵活贸易		其他贸易	
中资企业	外资企业	中资企业	外资企业	中资企业	外资企业
数量或重量：		是否含有进口成份：是（　　）　　否（　　）			
证书种类（划"√"）		一般原产地		加工装配证	
该批货物实际生产企业					

　　现提交中国出口货物商业发票副本一份，《中华人民共和国出口货物原产地证明书/加工装配证明书》一正三副及其他附件　　　　份，请予审核签证。

　　　　申请单位盖章：　　　　　申领人：（签名）

　　　　　　　　　　　　　　　　电　话：

　　　　　　　　　　　　　　　　日　期：　　年　月　日

注：1、灵活贸易包括：来料加工、补偿贸易、进料加工贸易。
　　2、外资企业指所有含有外资的企业。
　　3、其他贸易指一般贸易和灵活贸易以外的贸易，如展卖、易货、租赁等贸易方式。

单据附样 7-2

ORIGINAL

1. Exporter	Certificate No.
2. Consignee	**CERTIFICATE OF ORIGIN OF THE PEOPLE'S REPUBLIC OF CHINA**
3. Means of transport and route	5. For certifying authority use only
4. Country / region of destination	

6. Marks and numbers	7. Number and kind of packages; description of goods	8. H.S.Code	9. Quantity	10. Number and date of invoices

11. Declaration by the exporter The undersigned hereby declares that the above details and statements are correct, that all the goods were produced in China and that they comply with the Rules of Origin of the People's Republic of China.	12. Certification It is hereby certified that the declaration by the exporter is correct.
Place and date, signature and stamp of authorized signatory	Place and date, signature and stamp of certifying authority

（1）出口商（Exporter）。即填写出口商的公司名称、地址，信用证项下填受益人名称和地址。该栏名称应当与第 11 栏中所盖的印章名称一致。

（2）收货人（Consignee Full Name, Address Country）。一般填写最终收货人即进口商名称、地址及所在国家。如信用证有特别要求，则按信用证的特别要求填写。

（3）运输方式和路线（Means of Transport and Route）。按信用证或合同要求填写货物起运地至目的地以及采用的运输方式。如：From Xin Gang, Tianjin to Genoa Italy By Sea。如中途需要转运，则注明转运港。

（4）最终目的地国家或地区（Country/Region of Destination）。

（5）供出证方使用（For Certifying Authority Use Only）。此项不必填，供贸促会在需要时填写。

（6）标记及包装件数（Marks and Numbers of Packages）。填写唛头和货物总包装件数，注意和提单及其他单据相一致。

（7）货物品名及包装种类和数量（Description of Goods, Number and Kind of Packages）。此栏内容一般可按商业发票的内容来填写。

（8）H.S 编号（H.S. Code）。即货物税则号，按《商品名称和编码协调制度》（Harmonized System of Commodity Description & Coding，简称 H.S.Code）中所编排的商品编号来填写出口商品编号。

（9）货物数量（Quantity）。应按照货物的实际计量单位填写，如"打""米"等；如以重量计算的货物，则应填写货物的实际重量，同时注明毛重或净重。

（10）发票号码和日期（Number and Date of Invoice）。填写商业发票的号码和日期。

（11）出口商的声明（Declaration by the Exporter）。该栏已经印好了出口商对出口物所做的原产地声明："The undersigned hereby declare that the above details and statement are correct, that all the goods were produced in China and that they comply with the Rules of Origin of the People's Republic of China"（下列签署人在此声明：上述货物详细情况和声明是正确的，所有货物均在中国生产，完全符合中华人民共和国原产地规则）。

本栏须由出口公司填写签发地点、日期以及公司盖章和专人签字。注意填写的日期一般应晚于发票日期、早于第 12 栏的签发日期。

（12）证明（Certification）。即对出口商申报的内容所做的证明："It is hereby certified that the declaration by the exporter is Correct."（兹证明出口商声明是正确的），此栏由贸促会或商检局签发地点、日期和盖章。一般出口公司在缮制该单据时，也可以将地点和日期打好，然后由贸促会或商检局盖章签字。

国家商品质量监督检验检疫局已开发了原产地证电子签发的相关技术和软件，并颁发了《原产地证电子签证管理办法》，由国家出入境检验检疫局统一管理全国电子签证工作，国家质监局设在各地的出入境检验检疫机构负责电子签证工作的实施。一般原产地证书 C.O. 和普惠制原产地证书 FORM A 适用于以电子方式签发。

三、普遍优惠制原产地证书（GSP Form A）

普遍优惠制（Generalized System of Preference— GSP）是以给惠国（通常是发达国家）为一方，以受惠国（通常是发展中国家）为另一方，给惠国商人向受惠国进口适合产品时，给予减免或免税的优惠待遇，有利于受惠国的普遍的（即对任何发展中国家都适用的）、非互惠的、非歧视的关税优惠待遇，使发展中国家与发达国家在贸易上能开展有效的竞争。

我国是发展中国家，目前已有英国、法国、德国、意大利、荷兰、卢森堡、比利时、爱尔兰、丹麦、希腊、葡萄牙、西班牙、日本、挪威、新西兰、澳大利亚、瑞士、瑞典、芬兰、奥地利，加拿大和波兰等 39 个国家对我国实行普惠制。根据大多数给惠国的规定，享受普惠制必须持受惠国政府指定的机构签署的普惠制原产地证书。我国政府指定各地出入境检验检疫局签发普惠制原产地证书表格 A（Generalized System of Preference Certificate of Origin Form A——简称 GSP Form A）。

（一）享受普惠制待遇商品需要符合的条件

1. 原产地标准。一切商品均可分为两类，一类为"完全原产地"，即商品完全是受惠国出产或制造，没有使用任何进口原料或零部件；另一类为全部或部分使用了进口原料或零部件（包括来源不明的原料和零部件）生产的产品。从普惠制的角度来说，受惠国出口的商品要获得享受普惠制关税的待遇，该出口商品必须在受惠国进行生产和制造，其中所使用的进口原料或零部件必须经过充分的加工，使这些进口原料或零部件有了实质性的改变，或者符合给惠国提出的其他条件。

2. 商品要符合直接运输的原则。即出口商品不但要在受惠国生产或制造，而且必须直接从受惠国家运往给惠国。通过过境的必须在过境国海关监管之下，没有投入当地市场销售或交付当地使用，更不能在那里进行其他再加工。

3. 必须提供普惠制原产地证明书表格 A（GSP Form A）作为有效的证明文件。FORM A 产地证书是受惠国的原产品出口到给惠国时享受减、免关税优惠待遇的法律凭证。FORM A 产地证书不同于一般产地证书（简称 C/O），一般产地证是享受最惠国待遇的有效证件，普惠制 FORM A 产地证，则是享受普惠制减、免税待遇的有效证件。

（二）办理普惠制原产地证书签证的基本程序

1. 注册登记。由申请签发普惠制产地证书的企业（公司）事先向当地商检机构办理注册登记手续。登记时，须提交下列证件：

（1）经营出口业务的批准文件；

（2）国家工商行政管理部门核发的营业执照；

（3）由申请签证单位法人代表签署的、委托该单位人员办理普惠制原产地证书申请及手签事宜的委托书一份，及被委托签署人免冠半身一寸近照两张。

上述证件，经商检机构初步审核后，发给《申请签发普惠制原产地证书注册登记表》和《普惠制 FORM A 原产地证书申报人注册登记卡》各一式二份，由申请单位如实填写，并在规定的时间内将上述表格递交商检机构审核。商检机构确认该单位具有申请签证资格后将准予注册，申请单位应在同时交付规定的注册费。之后，由商检机构在指定时间内，对普惠制申请签署人员进行业务培训，考核合格后签发申报证件。申报人可在当年度内凭证向各地商检机构办理普惠制申请签证业务。注册地商检机构每两年对已注册单位及申请签署人员进行复查。

2. 申请出证。申报签署人在本批货物出运前五日到商检机构办理申请事宜，提交下述申办单据。

（1）《普惠制产地证书申请书》一份（见单据附样 7-3）；

（2）出口商业发票（副本）一份；

（3）装箱单一份；

（4）普惠制产地证书一套；

（5）对含有进口成份的出口商品应填写《含进口成份商品成本明细单》；

（6）商检机构认为有必要提供的其他有关单证（如信用证、合同、报关单等），并如实解答商检机构提出的有关问题。对首次申请签证的单位，商检机构将派员到生产现场作例行调查。对非首次申请签证的单位，商检机构对申报内容有疑问，或认为有必要时，也可派员对产品的生产企业进行抽查。经上述调查后，商检机构将填写《出口企业（或生产厂）普惠制签证调查记录》，作为是否同意签证的依据。

单据附样 7-3

普惠制产地证明书申请书

申请单位(盖章)：
注册号： 证书号：
申请人郑重声明：
本人是被正式授权代表出口单位办理和签署本申请书的。
本申请书及普惠制产地证格式 A 所列内容正确无误，如发现弄虚作假，冒充格式 A 所列货物，擅改证书，自愿接受签证机关的处罚及负法律责任。现将有关情况申报如下：

生产单位		生产单位联系人电话	
商品名称 (中英文)		H.S税目号 (以六位数码计)	
商品(FOB)总值(以美元计)		发票号	
最终销售国		证书种类划"/"	加急证书 普通证书，
货物拟出运日期			

贸易方式和企业性质(请在适用处划"/")

正常贸易.C	来料加工.L	补偿贸易.B	中外合资.H	中外合作.Z	外商独资.D	零售.Y	展卖.M

包装数量或毛重或其它数量	

原产地标准：
本项商品系在中国生产，完全符合该给惠国给惠方案规定，其原产地情况符合以下第　　条。
　（1）"P"（完全国产，未使用任何进口原材料）；
　（2）"W"其H.S税目号为　　（含进口成份）；
　（3）"F"（对加拿大出口产品，其进口成份不超过产品出厂价值的40%）。
本批产品系：　1、直接运输从＿＿＿＿＿＿＿到＿＿＿＿＿＿＿；
　　　　　　　2、转圈运输从＿＿＿＿＿＿＿中转国(地区)＿＿＿＿到＿＿＿＿；

申请人说明	
	领证人(签名) 电　话： 日期　年　月　日

现提交中国出具商业发票副本一份，普惠制产地证明书格式A(FORM A)一正二副，以及其他附件　份，请予审核签证。
　注：凡含有进口成份的商品，必须按要求提交《含进口成份受惠商品成本明细单》。
签证人：

3. 签发证书。商检机构在调查或抽查的基础上，审核申请单位提交的有关单证，无误后签发《普惠制原产地证书》，交申请单位。目前，证书的申请签发都通过电子软件管理系统进行电子申请，在系统内录入申请单信息，提交后可以查询审核的进度，最终打印出证书。

如果申请更改、后发。普惠制产地证经商检机构签发后，申请人需更改证书内容时，必须征得商检机构的同意，将原证如数退回，填写更改单，提交更改凭证和重新缮制的 GSP Form A 全套，经商检机构审核后重新签发。

特殊情况下，货物在出运时未申请签发普惠制产地证，出运后外商又要求时，申请单位可办理申请手续。但必须向商检机构提交货物确已出运的证明文件，并在普惠制产地证书备注栏内注明"后发"字样。经商检机构审核后，决定能否签发。

此外，普惠制产地书格式 A 有两个国家例外：一是新西兰不用 Form A 而用 Form 59 A。另一个是澳大利亚，不需要单独出具证书，而是如前所述，在发票上加打原产地证明文句。如果产品所用的原料或零部件全部或部分是从加拿大、澳大利亚、新西兰、日本进口，并已在上述四国交纳了出口关税，产品销往该四国，并按规定能够享受普惠制优惠待遇时，申请单位还需提供该四国公司或商社签发的有关原料、零部件的出口商业发票。

（三）普惠制原产地证书的缮制

GSP FORM A 是联合国贸发会议优惠问题特别委员会通过制订的，要求尺寸：297×210mm，格式长度允许有一定的误差，但宽度不允许有误差。证书纹面规定印有绿色扭索型图案，以防涂改。证书所使用的文字，一般以英文或法文出具。证书背面允许使用本国文字印刷。其内容和填制方法与前面两种产地证书类似，现介绍如下（见单据附样 7-4）：

第一栏（Exporter）：出口商品名称、地址、国别。此栏必须填明在中国境内的出口商详细地址，名称必须是经检验检疫局登记注册，其名称、地址必须与注册档案一致。如果出口单位是其他国家或地区某公司的分公司，申请人要求填境外公司名称时，必须在中国境内的出口商名称后加上 ON BEHALF OF（O/B）或 CARE OF（C/O），再加上境外公司名称。

第二栏（Consignee）：收货人的名称、地址和国别。一般应填写最终收货人名称，即提单通知人或信用证上特别声明的收货人，如果最终收货人不明确或为中间商时，可填"TO ORDER"字样。

单据附样 7-4

ORIGINAL

1. Goods consigned from (Exporter's business name, address, country)	Reference No.
	GENERALIZED SYSTEM OF PREFERENCES
	CERTIFICATE OF ORIGIN
	(Combined declaration and certificate)
2. Goods consigned to (Consignee's name, address, country)	FORM A
	Issued in THE PEOPLE'S REPUBLIC OF CHINA
	(country)
	See Notes overleaf
3. Means of transport and route (as far as known)	4. For official use

5. Item number	6. Marks and numbers of packages	7. Number and kind of packages; description of goods	8. Origin criterion (see Notes overleaf)	9. Gross weight or other quantity	10. Number and date of invoices

11. Certification	12. Declaration by the exporter
It is hereby certified, on the basis of control carried out, that the declaration by the exporter is correct.	The undersigned hereby declares that the above details and statements are correct, that all the goods were produced in _____CHINA_____ (country) and that they comply with the origin requirements specified for those goods in the Generalized System of Preferences for goods exported to
Place and date, signature and stamp of certifying authority	Place and date, signature and stamp of authorized signatory

第三栏（Means of Transport and Route）：运输方式和路线。填明装货港、目的港名称及运输方式（海运、空运或陆运）。经转运的，应注明转运地。即按合同或信用证的"装运地至目的地及运输方式"（Form … To … By/via Sea / Train / Air）。如 From Xingang, Tianjin to London by Sea via Hong Kong 或填具体船名，如 By S.S.Wen He。

第四栏：供官方使用（For Official Use）。此栏通常情况下，留空不填。需要时由商检局填制。在签发"后发"、"补发"证书时由签证机构在证书正本和副本上加盖相应的印章。需要加签日本原材料证明的 FORM A 证书，应由申请单位在此栏加上"附件参考号×××"（Annex Ref. No. ×××）。

第五栏：商品项目序号（Item Number）。如果同批出口货物有不同的品种或不同型号，可按不同品种分列 "1""2""3"……。单项商品，此栏只填"1"。

第六栏：标记及包装号码（Marks and Number of Packages）。按实际唛头及包装号码填列，并注意与提单、发票所填一致。若没有唛头，则填"N/M"（No Marks）。如果唛头太多，可利用第 7、8、9 栏空白处。此栏必须填写，不得出现"见提单""见发票"（as per Invoice）等字样。

第七栏：件数、包装种类及商品名称（Number and kind of Packages, description of goods）。本栏主要填详细的商品名称，以能确定四位 H.S.税目号为准，可按发票上内容填写。件数上要加上包装的种类，并加括号填上英文大写件数。如：Five Hundred（500） Cartons of Fresh Fruit。如果货物无包装或散装，应注明"散装（IN BULK）"或"裸装（IN NUDE）"。如果国外信用证要求填写合同、信用证号码等内容可填写在此栏。在本栏填写内容结束后加上"*****"符号作为该栏截止线结束，以防止填加其他伪造内容。

第八栏：原产地标准（Origin Criterion）。本栏是证书的核心内容，也是给惠国海关最注意的项目。该栏可参照正本的背面要求来填。一般填法有：

（1）输往上述所列给惠国完全由出口国自产的产品，不含任何进口成份，填"P"。

（2）含进口成分的产品（须符合原产地标准）。对欧洲联盟 27 个国家及挪威、瑞士、土耳其、列支敦士登和日本国家出口，有进口成分但经过充分加工者，填"W"，并在其下方加注该商品的四位 H.S.编码，如："W" 95.03。出口加拿大产品，而价值占产品出厂价 40%以下者，填"F"。出口至澳大利亚、新西兰的商品，此栏可留空或填"W"，并加注商品的四位 H.S.编码。出口俄罗斯、白俄罗斯、乌克兰、哈萨克斯坦、乌兹别克斯坦等苏联的商品，其进口成分不得超过 FOB 价的 50%，填写"Y"字样，并在字母后面打上进口价值成分占出厂价的百分比。如"Y"45%。

第九栏：毛重或其他数量（Gross Weight or Other Quantity）。按商品的重量计量单位填。有毛重即填毛重，若只有净重，要注明 N.W.。该栏计量单位的填写应以销售单位为准，不能只打运输的重量及包装箱数，遇到多项或多种型号产品时，数量要分项列明。

第十栏：发票号码和日期（Number and Date of / Invoice）。按发票的实际号码和日期填写，并注意该日期不能晚于第三、十一和十二栏的日期。

第十一栏：签证当局签发地点、日期和签字盖章。（Place, Date Signature and Stamp of Certifying Authority）。该栏是由商检机构来签署，一般地点和日期由出口公司事先打好，注意该日期不得早于第十栏日期和第十二栏日期，也不能迟于提单日期，然后由商检机构签字盖章。

第十二栏：出口商的声明（Declaration by the Exporter）。该栏一般印就好了出口商所做声明的文句，只在生产国（produced in）后面填"CHINA"，进口国横线上，填最终收货人所在国家的名称，并注意不要与第二栏的收货人和第三栏的目的港矛盾。运往欧盟的货物，进口国不明确时，可填写 EU。申报单位在此栏加盖经商检机构注册的单位印章及签署人的手签。同样注意此栏的申报日期不得早于第十栏的日期。

GSP Form A，商检机构只签发正本一份，副本不签章，由出口商自己签章。证书作为官方签发的证明文件，一般不能有涂改，特别是第 6、8、10、11、12 栏，其他栏目只允许有一处更改，但要加盖商检机构更正章，因此，在缮打时要认真仔细，不能有误。

四、区域贸易优惠安排原产地证书及格式

除上述的原产地证明书外，我国与一些贸易国家在双边或多边区域贸易协定下，也需要出具相应互惠的原产地证明。目前主要有以下几类，只做简单介绍，相关单证样式可参看商务部网站（http://tradedoc.mofcom.gov.cn/）。

（一）《亚太贸易协定》（原称曼谷协定）原产地证书（FORM B）

《亚太贸易协定》的成员国包括：中国、孟加拉国、印度、老挝、韩国和斯里兰卡。该证书是根据协定要求，自 2006 年 9 月 1 日开始，在协定成员国之间就特定产品享受互惠减免关税待遇的，需要签发该官方证明文件。签证依据该协定的原产地规则及《亚太贸易协定原产地证书签发和核查程序》签发，采用专用原产地证书格式，申办手续同 FORM A。

（二）中国—东盟自由贸易区优惠原产地证明书（FORM E）

中国—东盟自由贸易区原产地证书是根据《中华人民共和国与东南亚国家联盟全面经济合作框架协议》的要求签发的、在协议成员国之间就特定产品享受互惠减免关税待遇的官方证明文件。签证依据是《中国-东盟自由贸易区原产地规则》及《签证操作程序》。成员国为文莱、柬埔寨、印度尼西亚、老挝、马来西亚、缅甸、菲律宾、新加坡、泰国和越南。

2004年1月1日起，凡出口到东盟的农产品（H.S.第一章到第八章）凭借检验检疫机构签发的 FORM E 可以享受关税优惠待遇。2005年7月起，7000种正常产品开始全面降税，按照协议在不同的年份对不同国家降税达到0~5%，至2015年对老挝、缅甸、泰国和越南将关税降为零。

（三）中国—巴基斯坦自由贸易区（中巴优惠贸易安排）原产地证书（FORM P）

中国—巴基斯坦自由贸易区原产地证书根据《中国—巴基斯坦自由贸易协定早期收获计划的协议》的要求签发的具有法律效力的、在协议双边国家间就特定产品享受互惠减免关税待遇的官方证明文件。依据是《中国—巴基斯坦自由贸易区原产地规则》及《签证操作程序》。

（四）中国—智利自由贸易区原产地证书（FORM F）

2006年10月1日开始，我国出口到智利的《中国—智利自由贸易协定》项下的产品可以享受智利给予的关税优惠待遇。依据是《中国—智利自由贸易区原产地规则》及《签证操作程序》。

（五）中国—新西兰自由贸易区原产地证书（FORM N）

2008年4月，《中华人民共和国政府和新西兰政府自由贸易协定》在两国总理的见证下正式签署。这是我国与发达国家签署的第一个自由贸易协定。自2008年10月1日起，各地出入境检验检疫机构开始签发中国—新西兰自由贸易区原产地证书。

（六）中国—新加坡自由贸易区优惠产地证书（FORM X）

本证书是根据《中国政府和新加坡政府自由贸易协定》签发的就中国、新加坡两国之间相互给予关税减免待遇的官方证明文件，于2009年1月1日开始实施。为使我国出口到新加坡的产品能够享受《协定》项下关税优惠待遇，各地出入境检验检疫机构签发 FORM X。

（七）中国—秘鲁自由贸易区优惠原产地证书（CO FORM for China-Peru FTA）

中国政府和秘鲁政府自由贸易协定项下的产品符合《中华人民共和国政府和秘鲁共和国政府自由贸易协定原产地规则》的，签发中国-秘鲁 FTA 证书（Certificate of Origin for China-Peru FTA）。申请该证书时，采用 FORM A 申请书，各项目如实填写，与证书相同的栏目应与证书内容一致。申请书由产地证申报员署名并加盖申报单位的中英文印章。电子办证系统申请书应按实际情况如实填写。

第二节　商品检验证书

进出口商品检验是我国进出口贸易程序中必不可少的一个重要环节。实际业务中包括了报检报验、检验和出证。即商检机构接受和办理有关进出口单位申请检验的手续，以及实施检验工作和签发商品检验证书。确保进出口商品符合国家相关法律法规以及合同规定的等级标准，品质规定，卫生检疫和数量及重量等要求。

一、进出口商品报检报验规定和单据

商品检验工作首先是商检机构接受进出口单位的申报，有关报验的规定和要求要遵循我国《商检法》的规定以及1989年9月1日原国家进出口商品检验局发布的《进出口商品报验的规定》。

（一）进出口商品申报检验的范围

1. 列入《出入境检验检疫机构实施检验检疫的进出境商品目录》（以下简称《目录》）内的进出口商品。

2. 出口食品的卫生检疫和检验，以及出口动物产品的检疫。国外一些国家，特别是欧洲等国家对食品的检疫是非常严格的，因此，食品类的商品出口到欧洲等国，一定要严格进行检验。

3. 出口危险品包装容器的性能鉴定和使用鉴定。

4. 装运出口易腐烂变质食品的船舱、集装箱等。

5. 其他法律或者行政法规规定必须经商检机构检验的。例如，包装材料检

验等。

6. 我国与进口国主管部门协定必须凭我国商检机构的证书方准进口的商品。例如，对澳大利亚出口包装用木箱时，必须经过熏蒸，并由商检机构出具证明。

7. 对外贸易合同、信用证规定，由商检机构检验并出证的商品。

8. 对外贸易关系人申请的鉴定业务。

9. 接受的委托检验业务。

凡是列入上述《目录》内，以及我国相关商品检验检疫法律法规要求的商品，在商品进入境前一定要向当地的商检机构申报检验，又称为法定检验。

（二）报验时限和地点

属于上述法定检验范围的进出口商品或者法定检验范围以外的、但合同约定需要检验的进出口商品，出口发货人应当于接到合同或信用证、备货出口前，向商检机构报验，并在规定的地点和期限内接受检验。一般最迟应于报关或装运前10天报验，对个别商品检验周期较长，应留有相应抽样、检验等方面的时间。

（三）报验程序和单据要求

目前，我国商检机构对出入境货物检验检疫纳入电子网络管理，具体流程如图7-1所示。有关报检单据，需提供"中华人民共和国出入境检验检疫出境/进境货物报检单"。同时根据商品需要检验和通关放行的要求，还需提供进出口合同（确认书）、进出口货物报关单、商业发票，必要时需提供信用证等。本节重点介绍"出境货物报检单"（见单据附样7-5）的填制内容，"进境货物报检单"详见第九章。

1. 发货人（中英文）名称。填写出口公司的中英文名称，并注意与信用证的受益人名称一致。

2. 收货人（中英文）。填写收货人或进口商的英文名称。该栏一般要根据信用证的规定填写。

3. 货物名称（中英文）。按合同、信用证或商业发票上的内容填写。如果品名规格太多，可与提单上的品名一致，填写笼统或大类的品种。

4. H.S.编码，填写该货物在《商品名称及编码协调制度》上查得的编号。

5. 产地。填写商品生产国别。

6. 货物总值，填写货物出口发票总值。报验数量及本批商品合同或发票总值，按实际应检验商品的数量及金额来填写。

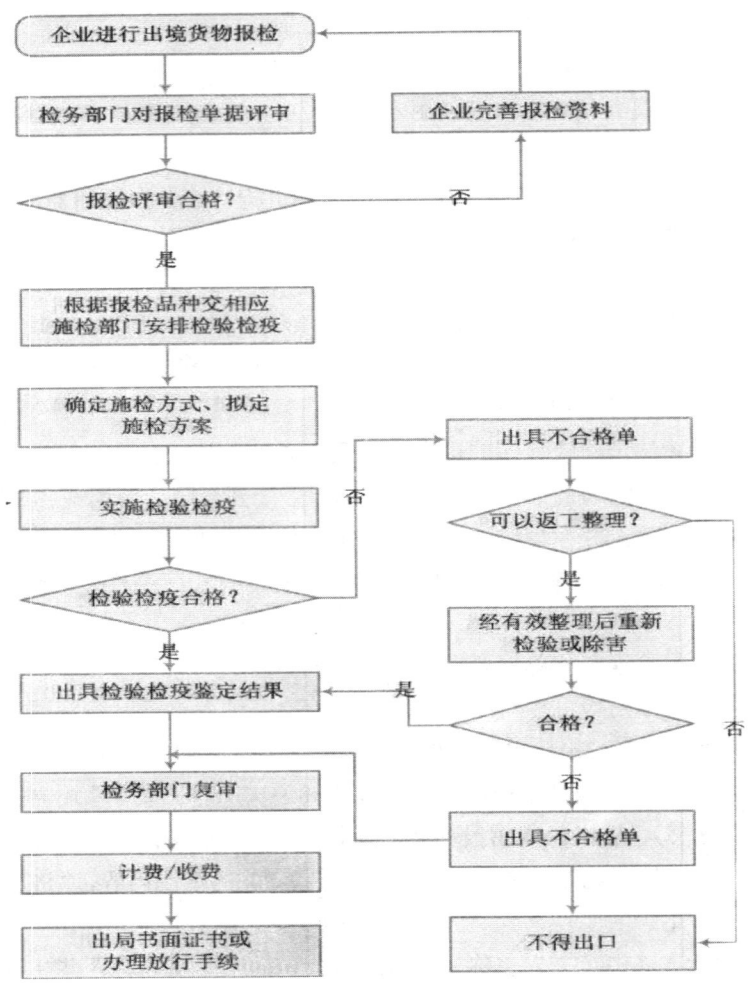

图 7-1　出境货物报检报验流程图

7. 报验数量/重量。主要填写出口货物的毛重和净重，注意与提单等单据保持一致。

8. 包装种类和数量。散装货物就填"In Bulk"；单位包装的就按实际的情况填写。如：纸箱装、木箱装、铁桶装等。

9. 运输工具名称和号码，如海运，填写船名和航次。

10. 贸易方式。按出口公司经营的贸易方式，如正常贸易、三来一补和其他贸易方式表示。

单据附样 7-5

出境货物报检单

 中华人民共和国出入境检验检疫

出境货物报检单

报检单位 (加盖公章):				*编 号	
报检单位登记号:		联系人:	电话:	报检日期	年 月 日

发货人	（中文）
	（外文）
收货人	（中文）
	（外文）

货物名称(中/外文)	H.S.编码	产地	数/重量	货物总值	包装种类及数量

运输工具名称号码		贸易方式		货物存放地点	
合同号		信用证号		用途	
发货日期		输往国家(地区)		许可证 / 审批号	
启运地		到达口岸		生产单位注册号	
集装箱规格、数量及号码					

合同、信用证订立的检验检疫条款或特殊要求	标记及号码	随附单据（划"✓"或补填）	
		□合同	□包装性能结果单
		□信用证	□许可/审批文件
		□发票	□
		□换证凭单	□
		□装箱单	□
		□厂检单	□

需要证单名称（划"✓"或补填）		*检验检疫费	
□品质证书 ＿正＿副	□植物检疫证书 ＿正＿副	总金额（人民币元）	
□重量证书 ＿正＿副	□熏蒸/消毒证书 ＿正＿副		
□数量证书 ＿正＿副	□出境货物换证凭单 ＿正＿副	计费人	
□兽医卫生证书 ＿正＿副			
□健康证书 ＿正＿副		收费人	
□卫生证书 ＿正＿副			
□动物卫生证书 ＿正＿副			

报检人郑重声明： 1. 本人被授权报检。 2. 上列填写内容正确属实，货物无伪造或冒用他人的厂名、标志、认证标志，并承担货物质量责任。 签名：	领 取 证 单
	日期
	签名

注：有"*"号栏由出入境检验检疫机关填写。　　　　　　　　◆国家出入境检验检疫局制

11. 存货地点。一般填写需要检验商品取样时应到的存货地点

12. 报验人提供的附样。有合同号、信用证号、用途、发货日期，许可证/审批号、启运地、到达口岸和生产单位注册号等。

13. 合同、信用证对商检条款的特殊要求。商检证书是根据商检局出具的格式和内容，并由商检局缮制的，因此，如果合同或信用证有特殊要求或需特别申明的内容，必须填写在该栏，以便商检局出证时按要求填写，从而做到单证相符。

14. 标记及号码。填写出口货物的运输标志，应与信用证制定的唛头及其他单据上的唛头保持一致。

15. 随附单据。即报检时应随报检单提交的单据，如合同副本、信用证副本、商业发票、换证凭单（是出口货物不在出运口岸商检，而是在发运地商检机构检验的商品，必须附加当地商检机构签发的"出口商品检验换证凭单"（正本）等，单据名称左边的方框内划"√"。

16. 需要商检证书名称。此栏注明了商检局可出具的证书的名称，供出口公司选择，若需要哪种证书，就在上面划"√"。

17. 报检人声明。需要报检人的签字和盖章。

18. 领取证单。该表填好后，经商检局签收，表明取单的日期和签名。

另外，经本地区预验的商品需要在本地区换证出口时，应附加由该局签发的预验结果单；凡必须由商检局办理卫生注册及出口质量许可证的商品，必须提交商检局签发的卫生注册证书、厂检合格单或出口质量许可证；冷冻、水产、畜产品和罐头食品等须办理卫生证时，还需交附商检局签发的卫生注册证书和厂检合格单。

二、商品检验证书的作用和要求

商检机构商品检验合格后，根据进出口商的要求签发相应的检验证明。如果是法定检验商品、国外客户不需要商检证书的，可以在申请提交的报关单上加盖商检放行章或出具出入境货物通关单（商检放行单）；如果需要出证的，则按进出口商申请出具相应名称的商检证书。

（一）商检证书的作用

商品检验证书是对进出口商品的质和量等内容环节三者或国家公证机构进行检验和鉴定后出具的书面证明文件。它的主要作用有：

1. 作为议付货款的单据之一

如果合同或信用证规定需由检验机构出具有关要求的商检证书，则检验证明中所列的项目或结果注意应与信用证的要求相符，否则银行可以以单证不符

为由拒付。因此，商检证书是不可缺少的议付单据。

2. 证明出口商品的交货品质和数量等

商检机构的检验证书，可以对出口商品的品质、规格、物理和技术指标、交货数量或重量等提供科学的依据，维护我国对外贸易信誉。例如，品质证书说明出口交货的商品质量标准和指标；数量或重量证书证明交货的数量、重量和包装等情况；兽医或卫生证书证明动物产品的疫情和其他卫生情况符合出口要求；植物检疫证书反映植物产品的虫害、疫情等情况。一份由信誉良好的商检机构签发的证书，不仅使买方在付款时增加了安全感，而且也为卖方解除了交货后可能产生的品质、数量等方面争议的顾虑。同时，在买卖双方发生争议或索赔时，可作为科学的依据。

3. 对外贸易中作为某些商品计价的依据

有些商品价格依照品质规格幅度进行价格的增减，例如，棉花、羊毛等纺织品原料都是按公量计价的。公量，是指该商品的干燥重量加上国际上公认的或买卖双方协议的含水率而得到的重量。又如粮食类，双方设定含水分标准为8%，如果实际交货的水分高于该标准者，每高 1%，其价格减扣 1%；如低于标准者，每低 1%，其价格增加 1%。所以，商检的结果关系到价格的确定。

（二）商检证书的种类和文本

商检机构对进出口商品实施检验或鉴定后，根据检验的实际结果，结合对外贸易合同或信用证的要求，对外签发商检证书。商检证书是我国商检机构作为官方机构对外签发的具有法律效力的证明，直接关系到对外贸易、运输、保险契约各方的合法权益和争议各方的利害得失，也是商检机构全部检验工作和管理工作水平的集中反映。下面将重点介绍 CIQ 签发的检验证书。

1. 检验证书的基本内容

检验证书由商检机构统一设计、印制。虽然出具的证书名称和内容不同，就证书的结构而言，基本上由五部分组成：

（1）签证机构的名称。包括中英文名称、地址、电报挂号和电话等内容。

（2）证书的名称、种类。包括正本和副本，证书印制顺序号、证书号和签证时间。

（3）商品识别部分。内容包括发货人、收货人、商品名称、报验数量或重量，标记及号码、运输工具、发货港、目的港等等。

（4）证明内容。是证书的核心内容，即检验或鉴定的结果和评定。

（5）签署部分。包括检验日期和地点，签证机构签证专用章、签署人的签字。

2. 检验证书的文本种类

商品检验证书根据进出口商或信用证要求检验的内容出具相应名称的证书。有关证书式样，可参阅商务部网站（http://tradedoc.mofcom.gov.cn/）。

（1）品质检验证书（Inspection Certificate of Quality）或称质量检验证书。证明进出口商品的品质、规格、等级、成分、性能等，证明语言包括抽样过程、检验过程、检验结果和评定意见等四项基本内容。

对评定合格的出口商品所签发的品质检验证书，是交接货物、银行结汇和进口国海关通关时需要的主要单据之一，因此，使用得最多。有时成交合同或买方信用证要求我国商检局签发规格证书、分析证书或成分证书等，都属于品质证书的范畴。因此，应尽量与买方事先商定，要求出具单据的名称从文字上与我国商检局出具的单据名称相一致。这样，可以确保单证相符，便于结汇。

（2）重量或数量检验证书（Inspection Certificate of Weight or Quantity）。一般内容为证明货物经何种计量方法得出的重量或数量。它是证明进出口商品重量或数量的证件，也是对外贸易双方交接货物、报关纳税、结算货款和运费、装卸费，以及索赔的有效证明。

（3）兽医检验证书（Veterinary Inspection Certificate）。本证书是证明出口动物产品经过检疫合格的检验证书。其证明的内容一般为产品所采用的畜、禽系来自安全非疫区，经过宰前、宰后检验，未发现检疫对象等。证书由主任兽医签字出具方为有效。

（4）健康证书（Sanitary Certificate of Health）和卫生检验证书（Sanitary Inspection Certificate）。它是出口动物产品、食品以及人发等商品时，证明经过卫生检验或检疫合格的证书。内容一般证明产品符合卫生要求，适合于人类食用或使用。

（5）温度检验证书（Inspection Certificate of Temperature）。证明出口冷冻商品在冷藏库保管的温度情况和装冷藏集装箱或冷藏船舱的温度情况。

（6）衡量证书（Certificate of Measurement or Weight）。它是证明进出口商品重量、体积的证书。主要证明货物的体积吨位和重量吨位，是承运人计算运费和制订装货计划的依据，也是国外报关纳税的依据。

（7）船舱检验证书（Inspection Certificate of Hold / Tank）。它是对承运出口商品的船舱情况的证明。例如，船舱的清洁、密固、冷藏效能及其他技术条件，是否符合保护承载商品的质量与安全的要求。

（8）消毒检验证书（Inspection Certificate of Disinfection）。是证明畜产品或其他需经消毒产品已经进行消毒处理，保证安全卫生的证书。

（9）植物检疫证书（Phytosanitary Certificate）。

（10）熏蒸/消毒证书（Fumigation/Disinfection Certificate）。

除上述这几种经常需要签发的证书以外，还有如包装检验证书、集装箱检验证书、产地检验证书、价值检验证书以及进口商品需要的残损检验证书等。主要应根据合同或信用证的要求签发，并在我国商检局所能签发的证书范围内。否则，应与进口商联系说明情况，以便做到单证一致，顺利结汇。

检验证书的内容一般用中英文联合签发，证明内容部分则常常用英文，也可根据报验人或进口国的要求用其他文种。证书一般是正本一份，副本若干份。商检证书并不是所有结汇当中必备的单据，是否需要需根据国家的有关规定和进口商的要求而定。有些商品是我国出口要求检验的，如《目录》内所列属于国家法定检验的商品，出口时必须经检验合格，海关才准许出运。若进口商在信用证中并未规定在结汇中提供，那么只需在"出口货物报关单"上加盖商检机构的检验放行章即可。有些不是必检商品，客户又没有要求，可不必提供检验证书。

另外，有些国家对动植物产品的检验有特殊规定或做法的，必须注意尽量按其要求办理。如黎巴嫩《兽医卫生检疫法》规定，对该国出口的动物、畜产品及其副产品、罐头和易腐、易坏的食品，必须随运输工具附带卫生检疫证书，否则禁止货物入境。同样，对南斯拉夫和意大利等国出口农产品或畜产品等货物，必须随货寄交卫生检验证书给目的港的港口当局，否则不许交货。

如果上述一些国家要求随运输工具带商检证书，而信用证又要求提供正本议付，则可以提供一份副本，由船方代理转目的港当局，正本应作为议付、结汇使用。

（三）检验证书的质量要求

根据国家商检机构制订的《进出口商品检验签证办法》第19条规定：商检证书的质量，由检验工作的质量、证明内容的质量以及证书表面缮制质量三方面构成。

1.检验工作的质量是证书质量的内涵，是保证货证相符的基础。如果检验结果不准确，证书的内容就不准确，整个证书的质量就无从谈起。

2.证明内容是整个检验过程、依据、结果和评定意见的正确表述。证明内容的质量，要求用准确的文字完整地表达为证明文字，证书的每一个证明项目，都必须有明确的证明目的，完整的证明内容和确定的证明语言，以表明商检机构鲜明的证明态度和独立负责的地位。证明内容必须做到：内容明确、完整；论理严谨，论证周密；文词通顺，言简意赅；用字准确，译文确切。此外，还有至关重要的一点，就是证明的语言文字还必须符合合同或信用证的要求。

3.证面质量是衬托证书内在质量和证明语言质量的外表形体。因此，证书要求做到不错不漏、编排得当、清晰、整洁、美观。商品名称、数/重量、标记号码、检验数据、评定结论、签证日期等等可能会引起对方提出异议的内容，不得涂改，其他项目如经涂改，需加盖商检机构的更正章，方为有效。

（四）填写商检证书的注意事项

1. 商品检验的申报工作必须在货物装运前，甚至出仓或出厂前办理，因货物一经装上运输工具，商检工作就无法进行。

2. 检验证书上的发证日期必须早于运输单据的日期或与运输单据的日期相同。

3. 检验证书上的发货人、品名、报验数量、重量、标记及号码必须与信用证规定和实际出运货物及发票内容相一致。

4. 检验结果必须与信用证的要求相符，无特殊规定的应力求简明，一般只打"与×××号合同（或信用证）规定相符"字样即可。如有具体的数量、指标要求，要注意必须与信用证规定的幅度相同。

5. 检验证书是商检机构签发的文件，切勿擅自涂改。如确有需要，须按规定办理更改手续。填写更改申请单，注明更改原因和要求，经商检机构有关部门审核同意补充或更改后，原发证书的正副本需要全部收回作废，另行换取已纠正过内容的证书。签发补充证书或更改证书，证书的编号用原证号码，但必须在原证书号码前加"R"（Revision）或"S"（Supplement），证书的签发日期应改填为更正或补充时的日期，同时还必须在证书中注明"本证书系×××号证书的更正（或补充）"。

6. 证书签发后的有效性。经商检机构检验合格发给检验证书或放行单的出口商品，一般应在证单签发之日起两个月内装运出口；鲜活类商品应在两周内装运出口。超过上述期限的应向商检机构重新报验，并交回已签发的所有检验证书和放行单。

7. 签发机构的名称应与我国检验机构名称保持一致。

三、我国进出口商品检验机构

（一）国家出入境检验检疫局

中华人民共和国国家质量监督检验检疫总局（General Administration of Quality Supervision, Inspection Quarantine of the PRC——简称国家质检总局 AQSIQ）是国务院主管全国质量、计量、出入境商品检验、出入境卫生检疫、出入境动植物检疫、进出口食品安全和认证认可、标准化等工作，并行使行政执法职能的直属机构。为履行出入境检验检疫职能，国家质检总局在全国 31 省（自治区、直辖市）共设有 35 个直属出入境检验检疫局，海陆空口岸和货物集散地设有近 300 个分支局和 200 多个办事处（各省市地方出入境检验检疫机构——CIQ）。质检总局对出入境检验检疫机构实施垂直管理。

1. 通关管理

国家质检总局参加国家对外开放口岸的规划和验收等有关工作，依法制定《出入境检验检疫机构实施检验检疫的进出境商品目录》（《目录》），对涉及环境、卫生、动植物健康、人身安全的出入境货物、交通工具和人员实施检验检疫通关管理，在口岸对出入境货物实行"先报检，后报关"的检验检疫货物通关管理模式。

出入境检验检疫机构负责实施进出口货物法定检验检疫，并签发"入境货物通关单"和"出境货物通关单"，海关凭此放行；签发出境检验检疫证书至100多个国家和地区；依法对出入境检验检疫标志和封识进行管理；负责签发普惠制原产地证、一般原产地证、区域性优惠原产地证和专用原产地证及注册等相关业务。

2001年开始实行"大通关"制度，提高通关效率。国家质检总局通过"三电"工程建设，即出入境货物电子申报、电子监管、电子放行，大大提高了口岸通关速度，并实现了报检、检验检疫、签证通关、统计汇总的网络化管理，作为"金质工程"的重要组成部分，已在建设中的"中国电子检验检疫"，将形成整套电子执法系统，实现检验检疫执法管理的科学化、规范化和制度化。

2. 出入境卫生检疫管理

根据《国境卫生检疫法》及其实施条例，国家质检总局负责在我国口岸对入出境人员、交通工具、集装箱、货物、行李、邮包、尸体骸骨、特殊物品等实施卫生检疫查验、传染病监测、卫生监督和卫生处理，促进国家对外开放政策的实施，防止传染病的传入和传出，保证出入境人员的健康卫生。

3. 出入境动植物检疫管理

根据《进出境动植物检疫法》及其实施条例，国家质检总局对进出境和旅客携带、邮寄的动植物及其产品和其他检疫物，装载动植物及其产品和其他检疫物的装载容器、包装物、铺垫材料，来自疫区的运输工具，以及法律、法规、国际条约、多双边协议规定或贸易合同约定应当实施检疫的其他货物和物品实施检疫和监管，以防止动物传染病、寄生虫病和植物危险性病、虫、杂草以及其他有害生物传入传出，保护农、林、牧、渔业生产和人体健康，促进对外贸易的发展。

4. 进出口商品检验管理

根据《进出口商品检验法》及其实施条例，国家质检总局对进出口商品及其包装和运载工具进行检验和监管。对列入《目录》中的商品实施法定检验和监督管理；对《目录》以外的商品实施抽查；对涉及安全、卫生、健康、环保的重要进出口商品实施注册、登记或备案制度；对进口许可制度民用商品实施入境验证管理；对法定检验商品的免验进行审批；对一般包装、危险品包装实施检验；对运载工具和集装箱实施检验检疫；对进出口商品鉴定和外商投资财产价值鉴定进行监督管理；依法审批并监督管理从事进出口商品检验鉴定业务的机构。

5. 进出口食品安全管理

根据《食品卫生法》和《进出口商品检验法》及相关规定，国家质检总局对进出口食品和化妆品安全、卫生、质量进行检验监督管理，组织实施对进出口食品和化妆品及其生产单位的日常监督管理。对进口食品（包括饮料、酒类、糖类）、食品添加剂、食品容器、包装材料、食品用工具及设备进行检验检疫和监督管理。建立出入境食品检验检疫风险预警和快速反应系统，对进出口食品中可能存在的风险或潜在危害采取预防性安全保障和处理措施。

参与制定并实施《中华人民共和国动物及动物源食品中残留物质监控计划》及《中华人民共和国动植物源性食品农药残留物质监控计划》，参与在全国范围内对动物及动物源性食品进行农兽药残留监测。

（二）中国检验认证（集团）有限公司

中国检验认证（集团）有限公司（China Certification & Inspection（Group）Co., Ltd., 英文缩写 CCIC，原进出口商品检验公司）是经国务院批准成立，在国家工商总局登记注册，负责"检验、鉴定、认证、测试"为主业的跨国检验认证机构，它的成立是中国加入 WTO 新形势下贯彻落实国家质量监督检验检疫总局、国家认证认可监督管理委员会关于商检公司体制改革决策的重大举措。

中国检验认证集团在国内设有 40 家一级子公司、117 家二级公司和办事处及 5 家合资公司，国外设有 25 家公司和代表处，运营网络遍布全球重要港口、城市及货物集散地。二十多年来，积累了丰富的国际检验认证业务经验，并与全球许多国家和地区的检验认证机构建立了良好的合作关系，如：国际知名的 UL（美国安全检测试验所）、CSA（加拿大标准协会）、TÜV（德国莱茵技术监护顾问有限公司）、ITS（天祥公证行）、JET（日本电气安全环境研究所）等。

（三）中国通标标准技术服务有限公司（S.G.S 检验）

瑞士通用鉴定公司（Societe Generale de Surveillance S.A.简称 S.G.S），又称瑞士通用公证行，成立于 1878 年，总部设在日内瓦，在全世界上百个国家设立了分支机构、办事处和实验室，是目前世界上最大的专门从事国际商品检验、测试和认证的集团公司。其最基本的服务项目是接受客户委托，对进行贸易或运输的农产品、各类原材料、石油、石化产品、消费品和工业设备等提供检验和监督服务，是当今世界上最大的第三方检验公司成员。在国际贸易界，SGS 以其公正性和独立性著称，为许多国家政府和各类机构提供特定的服务，包括认证和装船前的检验、海关监督评估、投资的监督跟踪。此外，为保险公司的理赔业务提供残损鉴定等。SGS 的独立、诚实、公正的高质量服务赢得了客户、政府机构和金融机构的完全信赖。

解放前，该公司以"远东公证行"的名义在我国挂牌营业，解放后停歇。1978 年我国改革开放后与我国建立业务关系，后与我国当时的进出口商品检验公司签订了委托业务协议。凡进口商要求或来证要求由 S.G.S 检验出证的，可委托商检公司代办检验，证书则由 S.G.S 在香港签发，对我国出口贸易的顺利开展有一定的影响。特别是从 20 世纪的 60 年代开始，许多国家实施"全面进口监管计划"（Comprehensive Import Supervision Scheme—CISS），进入这些国家的货物必须由 SGS 在出口国进行装船前检验。1991 年，SGS 公司和隶属于国家技术监督局的中国标准技术开发公司（CSTC）共同投资建立了具有中国法人资格的合资企业—中国通标标准技术服务有限公司（Standards Technical Service Ltd.——SGS—CSTC 公司），已在全中国建立了 33 个分支机构和 30 个实验室组成的业务网及 4500 多名员工，代表 SGS 集团在中国为客户提供检验、鉴定、测试和认证服务，是中国第一家加入国际检验机构联盟（IFLA）的检验、认证服务公司，标志着通标标准技术服务有限公司作为独立、第三方的商业性检验机构的地位得到了国际承认。

SGS—CSTC 公司的服务范围主要包括：

• 质量体系和环保体系认证：ISO 9000，ISO 14000，QS 9000，VDA，HACCP，OHSAS18000，以及 CE 标志；

• 消费品（电子电气产品、纺织品、玩具/轻工产品、食品等）的检验和实验；

• 为矿产界、石油界和农业界服务；

• 工业检验包括从设计阶段到供货商的资格和建造中的质量控制；

• 贸易保障服务部提供的有效、便利和成型的服务，协调了商业利益和行政组织利益的冲突；

• SGSonSITE 在互联网为买卖双方的网上交易建立互信。

这些服务都有两个重要的共同特征：帮助客户减少风险，进行独立的评估和检验及给予实事求是的建议。

第三节 进出口配额、许可管理与许可证

配额管理是指一国政府为了维护本国的利益或根据政府间的贸易协定，在一定时期内对某些商品的进出口数量实行限制，出口配额又可分为主动配额和

被动配额，主要体现在对进出口数量的限制。而许可管理是指外贸行政管理部门根据国内外市场情况，限制某些商品的进出口，从而调节国内生产和消费。主要对关系到国内生产所必须的原料、半制成品以及资源性商品实施限制措施。两种手段既可以单独使用，也可以结合在一起使用。无论配额管理还是许可管理，都需要提前向外贸主管机关办理进出口货物许可证的申领，海关凭以查验放行。

一、进出口配额与进出口许可管理

（一）进出口配额管理

进出口货物配额管理，是指国家在一定时期内对某些货物具体的进出口数量或金额直接加以限制，超过规定的数量则不允许进口或出口（或者虽然允许进出口，但要缴纳较高的关税——关税配额）。对实施配额管理的商品，需要申领配额证明后，申请办理进出口许可证。一方面，配额证明只是表示对某些进出口商品在数量上进行的限制，而进出口许可证才是货物准许进出口的标志；另一方面，配额证明的发放部门不仅是一个管理机关，而进出口许可证发放只由商务部负责。这种管理方式有利于对配额数量的管理，防止超配额进出口而对国家造成各种不利影响。

1. 进口配额管理和出口配额管理

进口配额限制有两种管理方式，即进口配额管理和关税配额管理。如重要工业品进口配额、机电产品进口配额属于进口配额管理的范围（即在配额内可以进口，超出配额不能进口），按照我国加入世界贸易组织的承诺，我国在2005年1月1日之前，已取消了重要工业品和机电产品的进口配额管理，目前汽车和其他机电产品在取消配额后，实施自动许可管理。农产品进口关税配额、羊毛、毛条、化肥进口关税配额属于关税配额管理范围（即在配额内进口使用较低的关税税率，超出配额可以进口，但要适用比配额内进口高得多的关税税率）。

出口配额根据实施的主动性可以分为主动配额与被动配额。如出口到香港的活鸡、活牛、活猪等属于主动配额。出口到对原产于我国产品设定限制国家的纺织品属于被动配额。根据世界贸易组织《纺织品与服装协定》，自2005年1月1日起，纺织品被动配额应全部取消，全球纺织品贸易实现一体化，为了促进全球纺织品贸易的稳定发展，同时考虑到一些国家面临着产业调整的困难，经国务院批准，自2005年1月1日起，我国对部分服装征收出口关税。但是在刚刚废除配额仅仅4个月，我国的纺织品出口遭到了来自欧盟和美国的"特限"措施，我国出口到欧美的部分纺织品笼罩在重新实施配额制度的阴影下，我国政府为此发布公告，对输往美国和欧盟的纺织品出口公布临时管理商品目录。

2. 配额管理的货物目录

实行配额管理的一般货物目录由国家发展和改革委员会会同有关部门提出意见，报国务院批准后公布；关系国计民生的大宗资源性出口货物及在我国出口中占有主导地位的大宗传统出口货物、我国在国际市场或某一市场占主导地位的主要货物、出口额大且易引起经营秩序混乱的货物和重要货物以及有特殊要求的货物，国外对我国有配额或要求我国主动限制出口数量的货物实行配额管理，一定时期内，由商务部会同国务院有关部门制定、调整并公布进出口配额管理货物目录。

（二）进出口许可管理

进出口许可管理是进出口管理的重要手段，是国家对限制进出口货物、技术采取的一种非数量控制的办法。凡属于进出口许可证管理的货物、技术，除国家另有规定外，各类进出口企业应在进出口前，按规定向指定的发证机构申领进出口许可证，海关凭进出口许可证接受申报和验放。进出口许可证不得买卖、转让、伪造和变造。

1. 进出口许可证的适用范围和发证机构

进出口许可证是按照发放目录的形式规定进出口许可证的适用范围。商务部是进出口许可证的归口管理部门，负责制定进出口许可证管理的规章制度等。2004年12月，商务部发布了《货物进口许可证管理办法》和《货物出口许可证管理办法》，这两个规章都于2005年1月1日正式实施。在这两个规章中，规定了申领进口或出口许可证应当提交的文件、许可证的发证依据、许可证的签发、许可证的有效期以及检查和处罚措施等，根据商务部发布的《进出口许可证管理货物分级发证目录》，由商务部授权配额许可证事务局统一管理、指导全国各发证机构的进出口许可证签发及其他相关工作，许可证事务局及其驻各地的特派员办事处和各省、自治区、直辖市及计划单列市商务主管部门为进出口许可证的发证机构。

2. 敏感物项和技术出口许可证管理

为了世界和平与发展，为了维护我国的国家安全，在和平共处五项原则的基础上，我国对外签署了《关于禁止发展、生产、储备和使用化学武器及销毁此种武器的公约》，参加了《不扩散核武器条约》，实施对敏感物项和技术的出口管制是我国履行国际义务的必要手段。

为了维护国家安全和社会公共利益，规范敏感物项和技术出口经营秩序，加强对敏感物项和技术出口许可证的管理，根据《中华人民共和国对外贸易法》和《中华人民共和国核出口管制条例》《中华人民共和国核两用品及相关技术出口管制条例》《中华人民共和国导弹及相关物项和技术出口管制条例》《中华人民共和国生物两用品及相关设备和技术出口管制条例》和《有关化学品及相关设备和技术出口管制办法》，商务部于 2003 年制订《敏感物项和技术出口许可证暂行管理办法》，自 2004 年 1 月 1 日起施行。依据国家有关出口管制法规，商务部会同海关总署联合发布《敏感物项和技术出口许可证管理目录》，并作为该办法的附件另行公布。《敏感物项和技术出口经营登记管理办法》也于 2002 年 11 月 12 日起施行。

3. 自动进口许可证管理

根据我国《对外贸易法》规定："国务院对外贸易主管部门基于监测进出口情况的需要，可以对部分自由进出口的货物实行进出口自动许可并公布其目录。"商务部已于 2004 年 12 月公布《货物自动进口许可管理办法》，自 2005 年 1 月 1 日起施行。商务部根据监测货物进口情况的需要，对部分进口货物实行自动许可管理，并至少在实施前 21 天公布其目录。例如商务部和海关总署于 2006 年 12 月发布联合公告，公布了《2007 年自动进口许可货物目录》《自动进口许可机电产品目录》等[①]。自动进口许可证管理是为了对货物进口实行有效监测，掌握进口货物动态的措施，因此，实行自动进口许可管理的货物由于某种原因发生变化，有可能将取消该货物的自动进口许可管理。

4. 其他进出口管理

《对外贸易法》规定："对文物和野生动物、植物及其产品等，其他法律、行政法规有禁止或者限制进出口规定的，依照有关法律、行政法规的规定执行。"

除了文物和濒危物种，还有进口废物、进口药品、音像制品、民用爆破器材、黄金及其制品、农药、无线电设备、现钞等进出口的管理归入其他进出口管理。每一类商品进口或者出口需要国家主管部门批准的许可证件或者进出口的有关证明。

二、进出口许可证联网核查管理

进出口配额和许可证管理由我国商务部配额和许可证事务局管理，为配合我国"电子口岸"的管理，商务部负责企业配额与许可证的网上申领工作。需要申领配额或许可证的企业应首先办理"电子钥匙申请"，然后在网上进行许可证的申领。

（一）电子钥匙申请流程

1. 用正楷字填写"许可证电子钥匙申请表"，签署责任书。申请表中登录许可证申领系统的用户名为大写英文字母，长度不能超过 8 位。

---

① 商务部网站：www.mofcom.gov.cn。

2. 将填写好的申请表、"对外贸易经营者备案登记表原件与复印件"或"外商投资企业批准证书原件与复印件"及"办理人的身份证原件与复印件"送当地外经贸厅许可证签发机构，接受审批。

3. 需提交的文件：进出口许可证企业电子钥匙申请表、对外贸易经营者备案登记表原件与复印件或外商投资企业批准证书原件与复印件、办理人的身份证原件与复印件。

（二）许可证网上申领程序

进出口企业办理了电子钥匙的申请后，就可以登录商务部网站在线办事系统，登录"进出口申领系统"，办理相应的许可证的申领工作。具体申领程序如图 7-2①。

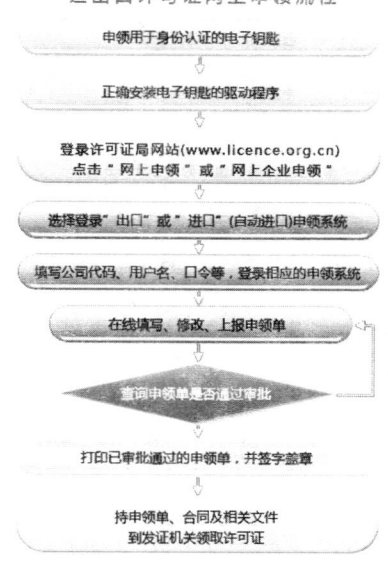

图 7-2　许可证网上申领程序

三、进出口许可证的申请与签发

申领进出口许可证时，要按照我国进出口许可管理的有关规定填制"许可证申请表"，本章重点介绍出口许可证及其申请，以及其他申请的单证和资料根据分级管理原则，向相应的管理机构提出申请。

（一）出口许可证申请表（见单据附样 7-6）的填制

---

① 商务部网站：http://www.licence.org.cn/Web/Default.asp。

单据附样 7-6

中华人民共和国出口许可证申请表

1.出口商： 代码：	3.出口许可证号：
领证人姓名： 电话：	
2.发货人： 代码：	4.出口许可证有效截止日期： 年 月 日
5.贸易方式：	8.进口国（地区）：
6.合同号：	9.付款方式：
7.报关口岸：	10.运输方式：
11.商品名称：	商品编码：

12.规格、等级	13.单位	14.数量	15.单价（币别）	16.总值（币别）	17.总值折美元
18.总　计					

19.备　注 　　　申请单位盖章 申领日期：	20.签证机构审批（初审）： 经办人： 终审：

填表说明：（1）本表应用正楷逐项填写清楚，不得涂改、遗漏，否则无效；
　　　　　（2）本表内容需打印多份许可证的，请在备注栏内注明。

1. 出口商（Exporter）

（1）配额管理出口商品，应填写出口配额指标单位的进出口企业全称；

（2）一般许可证管理出口商品，应填写有出口经营权的各类进出口企业的全称；

（3）还贷、补偿贸易项目出口，应填写有出口经营权的代理公司全称；

（4）非外贸单位经批准出运货物，此栏填写该单位名称；

（5）企业编码，应按外经贸部授权的发证机关编定的代码填写（下同）。

2. 发货人（Consigner）

（1）配额招标商品（包括有偿和无偿招标）的发货人与出口商必须一致；

（2）其他出口配额管理商品的发货人原则上应与出口商一致，但与出口商有隶属关系的可以不一致。

（3）还贷出口、补偿贸易出口和外商投资企业委托代理出口时，发贷人与出口商可以不一致。

3. 出口许可证号：由发证机构编排

4. 出口许可证有效截止日期：

（1）实行"一批一证"制的商品，其许可证有效期自发证之日起最长为三个月。供港澳（不包括转口）鲜活冷冻商品的许可证有效期为一个月。

（2）不实行"一批一证"制的商品、外商投资企业和补偿贸易项下的出口商品，其许可证有效期自发证之日起最长为六个月。

（3）许可证正面有效期如需跨年度时，可在当年将许可证日期填到次年，最迟至二月底。

5. 贸易方式

（1）此栏内容有：一般贸易、易货贸易、补偿贸易、进料加工、来料加工、外商投资企业出口、边境贸易、出料加工、转口贸易、期货贸易、承包工程、归还贷款出口、国际展销、协定贸易、其他贸易。

（2）进料加工复出口，此栏填写进料加工。

（3）外商投资企业进料加工复出口时，贸易方式填写外商投资企业出口。

（4）非外贸单位出运展卖品和样品每批价值在5000元以上的，此栏填写"国际展览"。

（5）各类进出口企业出运展卖品，此栏填写"国际展览"，出运样品填写一般贸易。

6. 合同号

（1）指申领许可证、报关及结汇时所用出口合同的编码。

（2）原油、成品油及非贸易项下出口，可不填写合同号。

（3）展品出运时，此栏应填写外经贸部批准办展的文件号。

7. 报关口岸：指出运口岸，此栏允许填写三个口岸，但仅能在一个口岸报关。

8. 进口国（地区）：指最终目的地，即合同目的地，不允许使用地域名（如欧洲等）。

9. 付款方式：此栏的内容有：信用证、托收、汇付、本票、现金、记账和免费等。

10.运输方式：可填写海上运输、铁路运输、公路运输、航空运输、邮政运输、固定运输。

11.商品名称和编码：按商务部发布的出口许可证管理商品目录的标准名称填写。

12.（商品）规格等级

（1）规格等级栏，用于对所出商品作具体说明，包括具体品种、规格（如：水泥标号、钢材品种等）、等级（如兔毛等级）。同一编码商品规格型号超过四种时，应另行填写出口许可证申请表。"劳务出口物资"也应按此填写。

（2）出运货物必须与此栏说明的品种、规格或等级相一致。

13. 单位：指计量单位。非贸易项下的出口商品，此栏以"批"为计量单位，具体单位在备注栏中说明。

14. 数量：

（1）数量表示该证允许出口商品的多少。此数值允许保留一位小数，凡位数超出的，一律以四舍五入进位。计量单位为"批"的，此栏均为1。

（2）单价是指与计量单位相一致的单位价格，计量单位为"批"的，此栏则为总金额。

15—17．单价（币别）、总值（币别）、总值折美元：根据合同规定的货物价格和总值填写；如果不是美元计价，则要折合成美元。

18．总计：将13—17项汇总数量。

19 备注：填写以上各栏未尽事宜。然后由申请人签字盖章，并注明申请日期。

20. 签证机构审批（初审）：由签发许可证机构根据提交的其他单据一起审核后签字盖章。

（二）申领出口许可证应提供的其他文件和材料

1. 出口合同（正本复印件）；

2. 申领单位的公函或申领人的工作证；代办人员应出示委托单位的委托函；

3. 非外贸单位（指没有外贸经营权的各机关、团体和企事业单位）申领出口许可证，需提供其主管部门（司、局级以上）证明；

4. 第一次办理出口许可证的申领单位，应提供在商务部或经其授权的地方主管部门登记企业进出口经营权的文件（正本复印件）；

5. 外商投资企业第一次出口申领许可证，应提供政府主管部门批准该企业的批准证书和营业执照（复印件），由发证机关存档备案。

（三）主管部门签发许可证

经过电子网络申请后，主管部门根据提交的申请表审核后在电子网络终端打印、签发进出口货物许可证。证书同样由商务部统一标准化（GB/T 15311.2—2008），便于电子化管理。出口许可证的内容是根据提交的出口许可证申请表来填写，审核时需注意以下几点：

1. 出口许可证各栏目的内容，如贸易方式、输往国家（地区）、出运口岸等必须与报关单一致，不能有相互矛盾的地方。

2. 出口许可证所允许出口的数量，在实际装运时，不能超出所允许的数量；许可证所标明的出口价格，在实际结汇时，不能低于所标明的出口价格。

3. 出口许可证的填写不得涂改和转让，需任何更正都要经过原发证机关办理，否则，要追究其责任。

小　结

在进出口贸易的结算单据中，原产地证书、商检证书和配额和许可证书等都属于国家政府机构或民间机构等第三方机构签发的单据，也是国家参与国际贸易单边或多边贸易协定以及对外贸易管理等活动的体现。无论采用何种支付方式，都要根据与贸易对象国的关系以及合同或信用证的要求出具。信用证方式下，要特别注意对这类单据内容和出单的要求。虽然跟单信用证统一惯例对除运输单据、保险单据和商业发票以外的单据没有特别条款加以约束，但如未按要求填写，也会影响到收汇的顺利进行。

原产地证书主要用于证明出口产品的生产国别，以便进口国确定对其采取何种关税待遇。我国目前主要出证机构为商检机构和贸促会,是出口的一个重要环节。商检证书是对进出口商品实施检验后由商检机构签发的证明货物符合有关标准的证明文件。对货物的质量等方面出现纠纷时,可作为买卖双方责任划分的证明。因此,应按规定的时间进行报验、检验和出证等程序,以确保进出口双方正常出运和收取货物。配额和许可证书体现了我国对外贸易的管理和政策,应当根据国际贸易的有关协定或协议办理相应的出证手续,保证进出口贸易的正常顺利进行。

复习思考题

1. 什么是原产地证书?它的作用是什么?
2. 一般原产地证书的基本内容有哪些?
3. 我国原产地证书由哪些机构签发?
4. 商品检验证书的作用是什么?
5. 我国出入境商品检验检疫局签发的商检证书的基本内容有哪些?
6. 我国对哪些商品的出口实行出口配额管理?
7. 出口许可证签发的原则是什么?
8. 一般出口许可证的基本内容是什么?
9. 了解出口配额许可证的网络核查管理程序。

第八章 其他结算单据

对外贸易结算单证,除包括前面所述的主要单据外,有时买方或信用证要求一些与货物的包装袋、装运及运输等有关方面的单据。虽然内容和格式上相对简单或不一定有固定的格式或内容要求,但是,当合同或信用证要求作为结算单据提交时,与主要单据具有同样重要的作用。常见的有包装单据、装运通知、有关运输方面的证明和受益人证明等。

第一节 包装单据

包装单据(Packing Documents)是指一切记载或描述商品包装情况的单据,是辅助单据中主要的一种。对外贸易货物在运输途中,只有散装货物(Bulk Cargo),如谷物、煤炭、矿砂等不需包装,但大多数商品为了避免在搬运、装卸、运输途中发生碰撞、振动或受外界其他影响而损伤货物,改变货物的质量,必须经过适当的包装才能装运出口。例如,纺织品、轻工产品和食品等等大部分属于包装货物(Packed Cargo)。同时,买方为了了解包装情况或分拨转售、验货的需要,往往要求提供包装单据。

一、装箱单/包装单(Packing List)

装箱单又称为花色码单,重点说明包装情况、包装条件和每件的毛重、净重等方面的内容,是商业发票的附属单据。特别是不定量的包装,即每件的包装方式、大小、重量等不同的商品,一定要逐件列出。定量包装,只需说明总件数及每件重量及总重量。

装箱单中除包装方面的说明,有关货物的描述及唛头等内容注意与发票以及其他单据相符或没有矛盾即可。装箱单的标准化单据式样(GB/T 15310.2—2009,见单据附样8-1),其主要内容包括以下内容。

单据附样 8-1

ISSUER NANJING TANG TEXTILE GARMENT CO., LTD. HUARONG MANSION RM2901 NO.85 GUANJIAQIAO, NANJING 210005, CHINA			装箱单 PACKING LIST			
TO FASHION FORCE CO., LTD P.O.BOX 8935 NEW TERMINAL, ALTA, VISTA OTTAWA, CANADA							
					INVOICE NO. NT01FF004	DATE Mar.9, 2005	
Marks and Numbers	Number and kind of package Description of goods	Quantity	Package	G.W	N.W	Meas.
FASHION FORCE F01LCB05127 CTN NO. MONTREAL MADE IN CHINA	LADIES COTTON BLAZER (100% COTTON, 40SX20 / 140X60)	2550PCS	85CARTONS	19KGS	17KGS	21.583 CBM
	TOTAL:	2550PCS	85CARTONS	19KGS	17KGS	21.583 CBM
SAY TOTAL: EIGHTY FIVE CARTONS ONLY							

1. 出单人（Issuer）和抬头人

这两项内容应完全按照商业发票的前两项来填写。

2. 发票号码（Invoice No.）和日期（Date）

按照已经缮制的发票上的号码和日期填写。

3. 装箱单的正文部分

这部分的内容关键是数量、包装、毛净重（G.W., N.W.）和尺码（Measurement）的填写与前面的商品描述的对应。一般注意，凡是商品名称有不同包装方式和数量的，一定在商品后对齐每一数量、分别的毛重和净重及尺码（体积），并在列举每一商品及上述包装情况后，进行加总计算出最终的数量、毛重、净重和尺码。最后，由出口商签字盖章。

二、规格单（Specification List）

规格单从内容上与"Packing List"基本一致，只是从名称的要求上要与规定相符，并重点说明包装的规格。如"每箱装 24 打，每 2 打装一小盒、每打用塑料袋装"等细节。

三、重量单/磅码单（Weight List/Weight Memo）

以重量计价的商品，收货人对商品的重量比较重视，或当商品的重量对其质量能有一定反映时，一般会要求出具重量单。除装箱单上的内容外，重量单上必须尽量清楚地列明每件货物的毛重、净重，以及总的毛重和净重情况。总的毛重和净重必须与商业发票、运输单据、原产地证书、商检证书单据上的描述一致等。

四、尺码单（Measurement List）

尺码单也是常用的一种辅助单据。侧重说明所装运货物的体积，即每件商品的包装尺码以及总尺码。其作用在于便于买方安排运输、装卸和仓储，同时它也是计算运费的最重要依据。尺码单上一般要求列明每件货物的尺码和总尺码，并提供货物包件的体积。无固定格式，由出口人自行拟制。此外，尺码单有时也与重量单以联合形式出具。

五、中性包装单（Neutral Packing List）

要求单据上不表示出具的单位和收货人的名称,即签发的单据为空白格式,而且不盖章、不签字。只注意与信用证上规定的有关包装条件、包装规格、包装重量等说法一致，可将包装要求按原句抄在单据上。

六、包装声明（Packing Declaration）

有些国家当局对进口货物包装所用的材料有严格规定。例如，新西兰、澳大利亚等国家要求，凡是进口的货物使用木材为包装材料的，木材必须无虫、无菌、经过熏蒸处理才准许入境。

例如，新西兰来证常有这样的条款：If the Limber used for packing, the Declaration for Wooden Packing required。根据该条款，可以用公司的抬头纸，打印相关的内容，如：

Declaration for Wooden Packing

To whom it may concerned,

I, ×××corporation, hereby declare that all timber used for packing the goods listed below has been inspected by ××× and was to the best of my knowledge fsee from lark and from visible signs of insect and fungi attack when the goods were shipped to ×××.

（Signature）

如果货物的包装并非以木材为包装材料，如用纸箱（Cartons）、铁桶（Iron Drums）或麻袋（Gunny Bags）等，可以出具以下声明：

Declaration

To whom it may concerned:

We declared that no timber has keen used in the packing of the goods under c/c No.×××.

上述这几种包装单据是在实际业务中经常出现和使用的，此外，还有其他的名称提法，如包装说明（Packing Specification）、包装提要（Packing Summary）、重量证书（Weight Certificate）、花色搭配单（Assortment List）等等。总之，要根据不同的商品按信用证的条款和名称要求提供适当的包装单据，应以既能符合信用证的规定为银行所接受，又能满足客户的要求为原则。因为包装单据的内容，既包括包装的商品内容，也包括包装的种类和件数、每件毛净重和毛净总重量、每件尺码和总尺码，所以，无论信用证要求的包装单据是什么名称，都必须按其规定填写。信用证若有特殊规定，必须在单据中充分体现出来。例如，信用证要求提供尽可能详细的内容，描述每件包装的细节，包括商品的货号、色号、尺寸搭配、毛净重及包装的尺码等。此外，装箱单据一般不应显示货物的单价和总价，因为进口商在转移这些单据给实际买主时不愿泄露其购买价格。

第二节　装运通知

根据国际贸易术语解释通则，发货人在装运货物后，应通知买方发货信息，以便买方安排接货，诸如订租仓库、安排接货运输工具、报关等接货事宜。特别是在 FOB、CFR 或 FCA 和 CPT 等条件下，更应及时通知买方，以便买方办理保险。否则，因未及时通知而使买方漏保，货在运输途中若发生损失，应由卖方负责。因此，买方为防止因卖方的疏忽而未及时接到通知，经常在信用证中订明受益人在规定的时间内必须以电讯或其他方式将装运情况（即装运通知——Shipping Advice or Notice 或称装运声明——Shipping Declaration）通知收货人或开证申请人或进口方保险公司，并凭该电讯的副本交单结汇，此时的电讯副本就成为议付或结汇的单据之一。

装运通知，是卖方向买方发出的或按信用证上规定发出的有关货物装运情况的说明。有关单据的格式很不统一，我国的出口公司根据自己业务的实际要求，制定了装运通知的格式，有些则没有固定格式的单据，在需要时用自己公司的抬头信笺，拟写装运通知或装运声明。我国单据标准化（GB/T 15310.3-2009）制定了"装运声明"。如果信用证规定明确卖方在装运货物后，必须向买方发出装运通知，通常有相关的规定，例如：Certified true copy of Beneficiary's Telex sent directly to L/C Applicant within two days after shipment has completed advising shipment details as follows:

　　——Name of vessel, B/L No. and B/L date；

　　——Port of Loading；Port of Discharge；

　　——Quantity, Number of Bags shipped；

　　——Gross and Net Weight；

　　——Contract and L/C No.；

——Description of Goods and Shipping Marks;

根据上述要求，受益人必须在货物装船后的两天内（48小时）以电传方式向开证申请人发出装船通知，并在通知内将其要求的每项细节都写明。发出电传后，将电传件的副本作为议付单据向银行交单，即符合了信用证的要求。

有时进口商因为与保险人签订了预保合同，往往要求出口商在装运货物后直接向进口国的保险人发出装运通知，以便由保险人承保其进口商品的货运保险。例如，信用证规定：Insurance covered by buyers, shipping advice must be faxed to ××× Insurance Company immediately after shipment, advising full detailed shipping particulars under L/C No×××, such copy of shipping advice to accompany the documents for negotiation. 这里的装运通知（Shipping Advice），有时又称保险声明（Insurance Declaration），出口商按要求发给指定的保险人。具体的装运内容一般包括信用证号码、预保合同号、出口公司名称、发票号码、船名、装运日期、品名、数量、重量、发票金额等装运情况，即可以满足该条件的要求。

第三节 有关运输方面的证明

国际贸易货物运输除了规定的运输方式以及运输工具、运输路线等，个别国家或地区信用证中有时有一些特别的规定和需要出具有关的证明。为满足其要求，卖方应事先向有关部门联系，了解能否办到并及时出证，若不能满足买方的要求，应及时与买方联系更改或更换其规定的证明。虽然，这类单据并不是贸易必备和必需的，但一旦成为信用证要求的单据，就与其他单据一样，要认真对待，它同样会影响到出口是否能顺利结汇。

一、船籍及航程证明

船籍证明（Ship's Nationality Certificate）是用以说明载货船舶国籍的证明。有时买方出于政治原因，对装货船舶的国籍予以限制，要求卖方限装某些国家或不装某些国家的船舶，并要求卖方提供相应证明。

船程路线证明（Itinerary Certificate）是用以说明载货船舶在航程中停靠港口的证明。有时买方出于政治原因或为了避免航行途中货船被扣的风险，对装货船舶的航行路线、停靠港口予以限制，要求船只不经过某些地区，或不在某些港口停靠，并要求卖方提供相应证明。

大多数阿拉伯国家的商人或来证常常要求出具船籍和航程证明。阿拉伯地区的国家为了抵制以色列，来证经常要求装运的船只，不能是以色列国籍，而且，全部的航程不能在以色列港口停靠。例如，条款规定：Shipping company's or their agent's certificate indicating that goods have not been shipped on Israeli ships and that ships will not call at any Israeli ports is required.。又如：Shipment must be effected not by Israeli vessel and not call at any Israeli ports, and not blacklisted vessel.

这时要求的证明可由船运公司或船方的代理人出具。如果来证规定可由受益人出具，卖方在向船运公司了解该船情况后，可自行签发。其格式可由出口公司自行制定，例如：

CERTIFICATE

Tianjin _____

To whom it may concerned:

Re: Invoice No.×××/L/C No. ×××

其证明的内容可根据信用证上的字句来填写，或将信用证要求的内容写明，最后由出口公司签字盖章。内容举例如下：

This is to certify that M.S/s. s. ××× flying the people's Republic of China flag, will not call at any Israeli ports during this present voyage, according to the schedule, and so far as we know that it's not blacklisted by the Arab Countries.

二、货装集装箱证明

有时外商来证规定，货物须装载集装箱船只。没有要求出具具体书面证明时，只要提单上能表示出是集装箱运输，就无需提供单独的书面证明。但如果信用证有下列条款：Shipment to be made by container vessel and beneficiary to certify to this effect. 此时，必须提供受益人出具的证明。其内容及格式举例如下：

CERTIFICATE

Tianjin _____

To whom it may concerned:

Re: Invoice No.×××/L/C No.×××

We hereby certify that shipment of the captioned invoice has been effected by the container vessel.

（signature）

三、船龄证明

船龄证明（Ship's Age Certificate）是用以说明载货船舶船龄的证明。一般15年以上的船为超龄船，许多保险公司不予承保。

有些国家，如科威特，有时对卖方所装运货物的船只的使用年限有一定规定。例如，来证要求货物须在香港转船，二程船的船龄不得超过15年，并能允许进入科威特港。此类条款在信用证中若要求结汇时提供书面的证明，可请我国香港运输代理签发，内容如：

We hereby certify that the goods under the above invoice shipped by S.S.JINJIANG V.4, B/C No.165 will be transhipped at Hongkong via an on-carrier not over 15 years old, and is allowed to enter Kuwait Port from Hongkong.

中东有些地区来证，规定装载船舶的船龄不得超过15年，受益人必须要求船代理或船公司出具装载船龄证明，举例如下：

CERTIFICATE

Tianjin_____

To whom it may concerned:

Re: Invoice No. ×××L/C No. ×××

This is to certify that the carrying vessel m. v. ×××fully owned by us is not more than 15 years old and fits for long sea sailing and that she is not included in the black list.

船公司盖章

四、船级证明及班轮公会船只证明

船级证明（Confirmation of Class）是船级社通过技术评审、检验对船舶做出船级标准的技术规范的证书。我国的船级社称为中国船级社（China Classification Society 简称CCS）。有些国家信用证对所装货物的船只的船级有一定要求。例如，要求提供英国劳埃德船级社签发的船级证明：Certificate issued by Lloyd's Register of Shipping, London, certifying that the carrying vessel is classified as 100A 1.

类似这种条款,对船只做了限制,而我国目前各口岸劳埃德船级社的船只很少,而且,对有一定级别的要求的,如 100A 1 是最好的一级船,在结合船运公司的船期和装运日期上是否能做到这一点很难掌握,所以,这类条款在审证时要特别注意,一般不宜接受,应要求改证。如果不能改证,必须接受的话,在允许转船的条件下,必须安排在香港转船,并事先与船运公司联系,由香港的劳埃德船级社代表其伦敦船级社签发证明,以便顺利结汇。另外,有时信用证规定货物需装班轮公会的船只(Conference Line Vessel),此证明可由船运公司或其代理人出具。例如,内容是:

To whom it may concerned:
Re: Haixing V.81, B/L No. xxx
We hereby certify that the above on-carrying vessel is a Conference Line vessel covered by Institute Classification Clause.

五、船长收据

船长收据(Master's Receipt or Captain's Receipt)亦称收单证明,是由船长出具的用以说明收到托运人委托随船转交单据的凭证。船长收据的内容一般包括收据名称、签发日期和地点、事由、声明文句、签章等。签发日期应等于或晚于提单日期;事由一项须与提单一致;声明文句应与信用证要求相符。船长收据必须由船长签章才有效。

有时,有些信用证规定,货物装运后,正本或副本单据须交装货船只的船长,随船带给收货人,在议付时须提交船长收据作为证明。例如,信用证规定:

Original inspection certificate of quality must be sent to the master of the carrying vessel, and the master's receipt required for negotiation.

此时,就必须将要求的"质检证正本"交给船长,并由船长出具收据证明,一般收据上须有船长转递单据的承诺,才能到银行办理交单议付。这种信用证多见于日本来证,因中日航线较短,经银行议付结汇时,往往船只已到,单据未到,日本商人因而多在信用证上提出类似的要求。船长收据的格式要求并不固定,可根据实际的情况来出具,举例如下:

RECEIPT

Tianjin_____

Received for shippers,×××　Co. Ltd. ,the following documents which present master is required to transmit to the consignee, xxx Co. Ltd.:

1. 2 copies of B/C;

2. 2 copies of Invoice;

3. 2 copies of Packing List;

（Master's Signature）

根据需要，也可以由公司使用这样的格式：

To the Master:

We thank you for forwarding the documents to Messrs.   Co. Ltd. as below:

1. Two copies of …;

2. Two copies of …;

Please acknowledge the receipt of the above mentioned documents by counter-signing this letter and return remain copy of the came to us.

The Master of s. s×××

（Signature）

六、船运公司（代理）的运费账单

在国际贸易交易中，一般我方对外不主动提供有关运输费用方面的数据，但在 CIF 和 CFR 条件下，信用证要求提供这方面的证明。如：Freight Note, Freight Voucher, Invoice for Freight 或 Certificate from Shipping Company Certifying Amount of Freight Paid 等等，在不必费时费力的情况下，可提供此类运费账单。并事先向船运公司或其代理言明。其格式和内容，将船运公司收账的单据复印即可作为议付单据提交给银行。

若信用证条款还特别规定须在商业发票上加注运、保费及 FOB 金额，要注意三者注明的币制应相同，即与发票的币制相同。

第四节　受益人证明

有时信用证规定某些单据在装运后，由受益人出具相关内容的证明，直接邮寄给收货人或其指定人，并随附证明的副本或邮寄收据等作为议付单据之一，以证实已按信用证的规定照办。有关受益人证明文本可以由进出口公司自行拟定，或根据单据标准化的要求，使用通用格式的文本（见单据附样 8-2），常见的有以下几种。

第八章　其他结算单据

单据附样 8-2

ISSUER	BENEFICIARY CERTIFICATE	
TO		
	INVOICE NO.	DATE

一、由出口公司或受益人出具的寄单证明

由受益人按信用证规定将有关单据寄出后，出具一书面的证明（Beneficiary's Certificate for Dispatch of Documents），说明寄单的情况或根据信用证中的要求写明其规定的内容。一般包括所寄单据的名称、份数、寄出时间、寄送的方式和寄送对象等。如：

CERTIFICATE

Tianjin_____

To whom it may concerned:

Re: Shipping Documents under L/C No. ×××

We hereby certify that we have sent the following documents to Messrs. ×××Co. Ltd. by registered airmail/ DHL/ Speed post.:

1. Two copies of ×××
2. Two copies of ×××.

（Signature）

或在证明中表明已按要求寄单的字句即可，例如：

Re: L/C No. ×××

This is to certify that one set of extra copies of shipping documents under L/C No. ×××has been sent directly to the accountee （or ××× Co. Ltd.）as stipulated in the above L/C.

（Signature）

二、邮寄收据

有时信用证除要求受益人将有关单据直接寄给收货人或指定人，出具寄单证明外，还要求随附办理邮寄后由邮局或快递（邮）公司承办的收据，例如："Original Beneficiary's Signed Letter/ Certificate together with the Couriers Receipt certifying that the full set of Original Documents have been sent to Co. by airmail/ DHL/ Speed post 8 days after B/C Date."

按照这类条款的规定，受益人除出具本公司的书面寄单证明外，还要随附邮局或邮寄后的收据，一般有：

（一）邮局收据（Post Receipt）

受益人在邮局对外寄发单据或其他邮件时，如样本、样卡、包裹等，由邮局盖戳后的挂号收据即邮局收据。这种收据较简单，就像在国内寄发包裹或挂号信后邮局给的邮寄执据。

（二）快递收据（Speed Post Receipt）

快递是比一般航邮更为快捷的一种方式。目前随着对外贸易运输以及对外通讯事业的发展，快递的方式在国内外的使用越来越广泛。这种方式严格按照预先确定的计划按时发运，运输衔接紧密，向国外寄递时，服务网络以最快的速度派专人负责优先处理，具有迅速、准确、安全、方便的特点。一般航邮到香港需4至5天，快递只需一天；航邮到美国约15天，快递只需三四天。目前，国内经营快递业务除邮政局外，还有许多快递公司。

1. 我国邮政国际特快专递（International Express Mail Service），简称 E.M.S.，是我国邮电邮政局最早举办的快递业务，按其性质，可分为"定时"与"特需"两种。

定时业务，即应事先与邮局签订一项合同，商定交寄的频率、时间、寄达地和收件人以及邮件的投递时间，以便邮局按合同规定有规律地进行交寄业务。

特需业务，是不需要提前与邮局签订合同，而是在邮局营业时间，可随时到邮局办理交寄手续的业务。

目前，我国几乎所有的大中城市都已办理国际特快专递业务，并随着竞争的日益加剧，一般都采用上门服务，做到邮件的"桌到桌"服务。

2. 快递公司服务。如 DHL 信使专递（DHL Courier's Service），是国际信使专递行业中有代表性的一种，D.H.L.（Dalsey. Hilbolon, Lind）是由三个美国老板的名字的第一个字母合成的，它的总部设在美国纽约，在全球140多个国家和地区建立了分支公司、站、中心和代理机构，使用的名字，如 DHL Worldwide Courier, DHL Courier Service, DHL Courier Service Pte. Ltd., DHL International Express Ltd., DHL Airways Inc. 等。DHL 设在东南亚地区香港的公司全称是：DHL International Ltd., 在我国称为敦豪国际有限公司。该公司是最早委托我国对外贸易运输公司为其在国内的业务代理。目前，各地外运分公司均可办理此项快递业务。

此外，还有美国 UPS（United Parcel Service）快递、FedEx 联邦快递、TNT 天地快运、OCS（Oversea Courier Service）等等。

凡信用证指明由何种专递寄送的，应按照要求寄交办理。一般快递业务有快递邮件详情单，在接受邮寄人的邮件后，将其中一联交由邮寄（件）人作为收据。该收据可作为向银行交单议付的寄单凭证。

三、其他证明

（一）寄样证明（Beneficiary's Certificate for Despatch of Shipment Sample）

有时买方要求货物装船时，需取样向买方寄样，信用证往往要求由受益人签发寄出船样、样卡、码样等情况的证明。其格式和内容如下：

CERTIFICATE

Tianjin_____

To whom it may concerned:

Re: Invoice No. ×× × under L/C No.×××

We hereby certify that in compliance with the term of the relative L/C, We have sent requisite shipment sample by registered airmail to the nominees.

（signature）

（二）借记通知单（Debit Note）

在日常业务中，有时有小额款项，例如，来证金额不足，保险加成的规定超过合同的规定而需追加保险费，或由于保险责任扩展而发生超额保费等等，这些费用应由买方负担。由于金额较小，如果要求买方修改信用证，有时会影响货物及时出运和议付、结汇，或修改费用及利息损失也许大于应收款额，因此，一般采用借记通知单通知对方，请对方把款项汇来或征得对方同意，在佣金中扣除。

借记通知单样式如下：

DEBIT NOTE

TO:…   Tianjin…

Dr. to TIANJIN PANTECH CO., LTD.

Particulars	Amount
Re: Invoice No.… amounting… to…	
Sales Confirmation No.…L/C No.…	
Additional Insurance Premium:	
（ ）being difference CIF＋ %	
（ ）from port of discharge to final inland destination	
（ ）Difference in unit price；	
Sales Confirmation@	
L/C received@	
（ ）Amount in deficit of L/C already deducted from invoice value	
（ ）In settlement of the above marked（×）, kindly let us have your payment at your earliest convenience.	

(三) 扣佣通知书 (Credit Note)

在国际贸易中佣金的扣除，有的是公开的，有的则要求不在商业发票上表示出来，即要求发票上表示金额，另出具扣佣通知书或称贷记通知书表示扣佣金额。记票金额则是发票金额减扣佣通知书上佣金后的金额。

例如，信用证规定：Credit Note for 3% of Invoice valve to be deducted from amount negotiated being commission. 根据上述条款，可出具扣佣通知书如下：

CREDIT NOTE

Tianjin_____

No._____

Re: Invoice No. ××× under L/C No. ×××

Please be advised that we have requested our Bankers to instruct the opening bank to pay you the amount mentioned below as your commission which has been deducted from their payment to us. 3% commission on Invoice value USD 50,000.00 USD 1,500.00

（signature）

或用下列格式：

CREDIT NOTE

Tianjin_____

In favor of …:

In accordance with the instruction of ××× Bank, L/C No. ×××, we hereby deducted from the amount of our invoice No. ××× as follows:

Invoice amount: … … USD 50,000.00

Refund the amount of 3% for commission: USD, 1,500.00

SAY TOTAL U.S. DOLLARS ONE THOUSAND AND FIVE HUNDRED ONLY.

(四) 包装、唛头方面的证明

有些国家除对包装或唛头在信用证或合同中明确规定以外，还常常要求受益人对包装或唛头另出具书面的证明。

1. 对伊拉克出口的包装、唛头证明。伊拉克来证对包装、唛头往往提出许多要求，可以将其要求综合起来，出具一份证明，格式可参考如下：

CERTIFICATE

Tianjin_____

To whom it may concerned:

Re: Invoice No ×××,L/C No. ×××

We hereby certify that:

（1）Shipping item do not bear any Israeli sign, or symbol especially the six pointed star;

（2）Full name of the opener, Order and L/C No have been pointed on shipped cases in addition to the other shipping marks, as well as on the manifest;

（3）Goods have been packed according to internationally adopted commercial packing specification to ensure its safe, and sound arrival to final destination.

（Signature）

2．港澳地区要求的刷唛证明。香港和澳门来证经常规定货物外包装须刷有中文"请勿用钩"字样，此时可按其要求由出口公司出具证明。格式和内容举例如下：

CERTIFICATE

Tianjin_____

To whom it may concerned:

Re: Invoice No. O8169, L/C No. 84304

We hereby cetrify that outside packing of each package of the goods shipped under the captioned invoice has been marked with Chinese wordings:

"请勿用钩"

3．澳大利亚、新西兰两国常要求包装清洁完好的证明。货物运往澳大利亚或新西兰时，外包装所用的材料，一般两国防疫当局有严格规定，因此，常要求出具特别的证明，出口公司应按信用证条款的要求来办理。下面举例说明，供参考。

CERTIFICATE

Tianjin_____

To whom it may concerned:

Re: Invoice No. ×××, L/C No. ×××

We hereby certify that the goods are packed in bales and the materials used for packing are clean, sound and new.

或类似于前文所提到的,有关包装声明中常要求的内容。

(五)出口地无领事证明

有些国家来证规定我国出口货物的单据上要由其国家驻我国使领馆在上面认证或签证后,才能到银行交单议付,否则须出具出口地无领事证明。因为我国各省、市不可能都设有使领馆,使领馆大都集中在北京,所以要求使领馆认证,势必要增加难度,花费时间和额外开支。因此,一般可由出口公司签发出口地无领事证明,并由当地贸促会盖章加以证明。例如:

CERTIFICATE

Tianjin_____

To whom it may concerned:

Re: Invoice No. ×××/ L/C No. ×××

This is to certify that there is no Consulate in our city/country.

(Signature)

小　结

对外贸易合同的履行中,除前几章的单据作为主要结算单据外,有时买方为了维护自身的利益,确保卖方在一些细节上能按自己的要求去做,经常要求卖方出具有关包装、运输等方面的证明。常见的有包装单据、装运通知、有关运输方面的证明、寄单证明等。这些单据虽然从内容上并不比前述的基本单据重要,也不像前述的单据有固定的格式或一定的规范,但一旦作为信用证项下要求提交银行的单据时,它们对出口商交单结汇的作用同等重要。如果在这方面的单据出现不符,也会被银行审核为不符点而影响出口商的顺利收汇。

复习思考题

1. 什么情况下需要出具包装单据？它包括哪几种？
2. 装箱单的作用及其与商业发票的关系。
3. 什么是装运通知？它的作用有哪些？
4. 常见的寄单单据有哪些？其格式有什么要求？
5. 什么情况下，进口商要求寄副本单据？寄单的方式有几种？

第九章 进口贸易程序与单证

前文各章节对国际贸易中的出口单证做了较为详细的说明，也是本书的重点内容。因为从单据的产生来看，单证工作主要是出口商缮制单据并提交给进口商，进口商凭以办理进口通关和接货手续。所以进口单证工作主要是接受出口商提供的单证从而办理进口手续，以及在进口合同履行的过程中的单证管理。下面简单说明进口单证工作的主要内容。

第一节 进口配额与许可证管理

第七章中已经提到，进出口配额与许可证管理是国家对进出口货物进行宏观管理的一种行政手段。我国对部分进口商品实施配额制度与许可证制度的目的在于：保证国家产业政策和行业发展规划的实施；对国内尚需适量进口以调节市场供应，但过量进口会严重损害国家相关工业发展的商品和直接影响进口结构、产业结构的商品实施必要的限制；对危及国家外汇收支地位的进口商品实施必要的限制。

我国根据《中华人民共和国对外贸易法》和《中华人民共和国货物进出口管理条例》的规定，实行统一的货物进口许可证制度。对限制进口的货物实行进口许可证管理，由商务部负责全国进口许可证的发放和管理，负责制定进口许可证管理办法及规章制度，监督、检查进口许可证管理办法的执行情况，处罚违规行为等。商务部会同海关总署制定、调整和发布年度《进口许可证管理货物目录》，商务部负责制定、调整和以公告形式发布年度《进口许可证管理货物分级发证目录》。商务部授权配额许可证事务局（以下称许可证局）统一管理、指导全国各发证机构的进口许可证签发工作。商务部许可证局、商务部驻各地特派员办事处和各省、自治区、直辖市、计划单列市商务厅（委）为进出口许可证发证机构，在许可证局统一管理下，负责授权范围内的发证工作。进口许可证是国家管理货物进口的法律凭证，凡属于进口许可证管理的货物，除国家另有规定外，对外贸易经营者（以下简称经营者）应当在进口前，按规定向指定的发证机构申领进口许可证,海关凭进口许可证接受申报和审核验放。

一、进口货物许可证的申领

申领进口许可证的单位,必须在对外订货之前向发证机关提交申请,申请时需提供规定的文件和材料。

1. 经营者申领进口许可证时,应当认真如实填写进口许可证申请表,并加盖印章。

2. 经营者应当根据进口货物情况,向发证机构提交进口批准文件及相关材料。

3. 经营者应当提交经年检合格的《企业法人登记营业执照》及加盖对外贸易经营者备案登记专用章的《对外贸易经营者备案登记表》或者进出口企业资格证书。

4. 经营者为外商投资企业的,还应当提交外商投资企业批准证书。

5. 进口货物属国家实行国营贸易或者有其他资质管理要求的,应当提供商务部或者相关部门的有关文件。

二、进口许可证申请表及进口许可证的填写

凡申领进口许可证的单位,应按规定规范地填写进口许可证申请表(见单据附样 9-1),然后发证机关按申请表的内容签发进口许可证(见单据附样 9-2)。进口货物许可证的格式也统一了标准的格式(GB/T 15311.1—2008),便于电子化管理。内容共二十项,包括:

1. 我国对外成交单位及编码(Importer)
2. 收货单位(Consignee)
3. 进口许可证编号(Licence No.)
4. 许可证有效期(Validity)
5. 贸易方式(Terms of Trade)
6. 外汇来源(Terms of Foreign Exchange)
7. 到达口岸(Port of Destination)
8. 进口国家或地区(Country Whence Consigned)
9. 商品原产地(Country of Origin)
10. 商品用途(Use of Commodity)
11. 唛头—包装件数(Marks & Numbers — Number of Package)
12. 商品名称(Description of Commodity)及商品编码(Commodity No.)
13. 商品规格、型号(Specification)及单位(Unit)

单据附样 9-1a 进口许可证申请表（第一联）

中华人民共和国进口许可证申请表

1.进口商： 代码	3.进口许可证号：
2.收货人：	4.进口许可证有效截止日期： 年　　月　　日
5.贸易方式：	8.出口国（地区）：
6.外汇来源：	9.原产地国（地区）：
7.报关口岸：	10.商品用途：

11.商品名称：			商品编码：			
12.规格、型号	13.单位	14.数　量	15.单价（币别）	16.总值（币别）	17.总值折美元
18.总　计：					

19.领证人姓名： 联系电话： 申请日期： 下次联系日期：	20.签证机构审批（初审）： 终审：

中华人民共和国商务部监制　　　　　　　　第一联（正本）签证机构存档

单据附样 9-1b 进口许可证申请表（第二联）

中华人民共和国进口许可证申请表

1.进口商： 代码	3.进口许可证号：
2.收货人：	4.进口许可证有效截止日期： 　　　　　　年　　月　　日
5.贸易方式：	8.出口国（地区）：
6.外汇来源：	9.原产地国（地区）：
7.报关口岸：	10.商品用途：

11.商品名称：			商品编码：		
12.规格、型号	13.单位	14.数　量	15.单价（币别）	16.总值（币别）	17.总值折美元
18.总　计：					

19.领证人姓名： 联系电话： 申请日期： 下次联系日期：	不能获准原因： 1.公司无权经营；　　　　　　8.第（　）项须补充说明函； 2.公司编码有误；　　　　　　9.第（　）项与批件不符； 3.到港不妥善；　　　　　　　10.其它。 4.品名与编码不符； 5.单价（高）低； 6.币别有误； 7.漏填第（　）项；

中华人民共和国商务部监制　　　　　　　　　　第二联（副本）取证凭证

单据附样 9-2 进口货物许可证

中华人民共和国进口货物许可证
IMPORT LICENCE THE PEOPLE'S REPUBLIC OF CHINA

1.我国对外成交单位　　　编码 Importer			3.进口许可证编号 License No.		
2.收货单位 Consignee			4.许可证有效期 Validity		
5.贸易方式 Terms of trade			8.进口国家（地区） Country whence consigned		
6.外汇来源 Terms of foreign exchange			9.商品原产地 Country of origin		
7.到货口岸 Port of destination			10.商品用途 Use of commodity		
11.唛头——包装件数 Marks & numbers – number of packages					
12.商品名称 Description of commodity			商品编码 Commodity No.		
13.商品规格、型号 Specification	单位 Unit	14.数量 Quantity	15.单价（ ） Unit Price	16.总值（ ） Amount	17.总值折美元 Amount in USD
18.总计 Total					
19.备注 Supplementary details			20.发证机关盖章 Issuing authority's stamp 发证日期 Signature Date		

商务部监制　　　　　　　　　　　　　　　　　　　　　　　本证不得涂改，不得转让

14．数量（Quantity）

15．单价（Unit Price）

16．总值（Amount）

17．总值折美元（Amount in USD）

18．总计（Total）

19．备注（Supplementary Details）

20．发证机关盖章（Issuing Authority's Stamp & Signature）及发证日期（Date）

三、进口许可证的有关管理

（一）进口许可证的有效期

进口许可证的有效期一般为一年。进口许可证应当在进口管理部门批准文件规定的有效期内签发。进口许可证当年有效。特殊情况需要跨年度使用时，有效期最长不得超过次年3月31日。进口许可证应当在有效期内使用，逾期自行失效，海关不予放行。

（二）进口许可证的延期申请

进口许可证因故在有效期内未使用的，经营者应当在进口许可证有效期内向原发证机构提出延期申请。发证机构应当将原证收回，在进出口许可证计算机管理系统中注销原证后，重新签发进口许可证，并在备注栏中注明延期使用和原证证号。

进口许可证因故在有效期内未使用完的，经营者应当在进口许可证有效期内向原发证机构提出未使用部分的延期申请，发证机构收回原证，在发证系统中对原证进行核销，扣除已使用的数量后，重新签发进口许可证，并在备注栏内注明延期使用和原证证号。

进口许可证只能延期一次，延期最长不超过三个月。

未在进口许可证有效期内提出延期申请的，进口许可证自行失效，发证机构不再受理延期手续，该进口许可证则视为持有者自动放弃。

（三）进口许可证的更改与挂失

进口许可证一经签发，不得擅自更改证面内容。如需更改，经营者应当在许可证有效期内提出更改申请，并将许可证交回原发证机构，由原发证机构重新换发许可证。许可证更改内容如涉及经营者、进口商品税号、数量、金额、价格、原产地、进口用途、外汇来源、贸易方式、报关口岸等栏目，如原批准机构有相应限制，经营者应当提供原批准机构同意更改的文件。

已领取的进口许可证如果丢失，经营者应当立即向许可证正面注明的进口口岸地海关及相关发证机构书面报告挂失,声明作废,并及时向公安机关报案。发证机构收到经营者遗失报告,经核实该证确未通关使用后,可撤销原进口许可证并核发新证。

第二节 信用证的申请和开立

进口合同签订后,买方在付款接货前,根据不同的贸易方式和支付方式,作进口前的准备。如果合同规定的支付方式为信用证,则进口商首先要作好信用证的申请和开立、进口付汇核销的申请手续以及进口押金及抵押等进口前的准备工作。

一、进口商申请开证应注意的问题

买卖合同签署后,如果合同规定采用信用证支付方式,买方须在合理的时间内向开证行提出申请开证,开证行根据进口商的要求开出信用证,这是履行进口合同的第一步。

1. 开证时间的掌握应以卖方在收到信用证后能在合同规定的装运期内出运为原则。合同中应规定进口商开证的时限,以便出口商在接到信用证后有充足的时间审核及修改信用证,从而按期安排生产和发货。如果进口商未按合同规定的时间申请开证,应视为买方违约。

2. 进口商在开证时,要注意证同一致。虽然,信用证一旦开立是独立于合同以外的,但信用证的内容必须以签订的合同为基础和依据。凡合同中的内容需要在信用证上明确订明的,尽量不使用"参见×××号合同"(… details as per / refer to S/C No. ×××)的方式来表达,否则,受益人或银行可以忽略其援引的内容。因为根据 UCP600 第 4 条"信用证与合同"a 款,即使信用证中提及该合同,银行亦与该合同完全无关,且不受其约束。同时,该条 b 款还指出,开证行应劝阻申请人将基础合同、形式发票或其他类似文件的副本作为信用证整体组成部分的做法。

3. 信用证的内容必须准确无误,明确规定各类单据的出单人(商业发票、保险单和运输单据除外),以及各单据内应表述的内容,否则只要表面看来与信用证要求相符,就视为单证相符。根据 UCP600 第 14 条"审核单据的标准"f

款规定，如果信用证要求提交运输单据、保险单据和商业发票以外的单据，但未规定该单据由何人出具或单据的内容。只要提交单据的内容看起来满足其功能需要且其他方面与 14 条（d）款相符，银行将对提交的单据予以接受。

4. 买方对卖方在履行交货义务方面的具体要求，以及合同有关规定的内容应转化为信用证中有关单据条款，在信用证中具体表示出来。如果仅对一些要求列有条件，却未明确应提交的单据，通常称为非单据化条款（见第三章），对这类要求起不到要求受益人的作用，受益人可以不予理会。

二、信用证开证程序与申请书

（一）申请开证的程序

1. 开证人填写信用证申请书

信用证申请书是由银行统一印刷的，一式三份，一份留业务部门，一份留财务部门，一份交银行。出口商应根据合同条款的具体要求，在开证申请书的各项栏内选择，另可用文字说明。

2. 银行开立信用证

开证人填制好信用证申请书，根据银行的要求办理交纳开证抵押金或担保等其他相关的手续。连同其他一些必须的文件，如合同副本、进口配额或许可证、某些部门的审批文件等向银行申请开立信用证。开证行进行审核，并对开证申请人的资信进行评估后，根据开证申请人的要求开出信用证。

（二）信用证开证申请书的主要内容

虽然各银行的申请书格式不完全相同，但基本内容大同小异。现以中国银行天津分行的开证申请书（见单据附样 9-3）为例，说明填写的内容和要求。申请书主要分为两部分。

1. 申请书正面为进口商向银行申请开证的内容说明

（1）开证的形式、受益人和开证人及开证金额。即说明是采用信开（By Airmail）还是电开（By Cable / Telex），说明受益人（Beneficiary）和开证人（Applicant）的详细名称和地址（Name and Address）以及信用证金额（Amount）。

（2）要求受益人提交的单据条款。包括单据的名称、种类、份数和单据内容要求。需要进口商一一填写。

（3）有关进口商品的描述（Evidencing Shipment of）、唛头（Shipping Marks）及包装（Packing），应按合同的要求填写。

（4）装运条款。包括运输路线、装卸地（港）（Shipment From __ To __）、

装运期（Not Later Than__）及是否允许分批（Partial Shipment）和转船（Transshipment）等内容。

（5）对通知行或议付行及受益人的特殊指示和要求（Special Instruction）。

上述内容填写完毕后，由进口商即开证申请人签字盖章。

2. 申请书反面为开证申请人声明，用以明确双方的责任

基本内容包括：开证人承认在其付清货款前，开证行对单据及其所代表货物拥有所有权，必要时开证行可以抵付进口商的欠款；保证单据到达后如期付款赎单。否则，开证行有权没收开证人所交付的押金，以充当开证人应付款的一部分；银行免责条件，如因申请书中字迹不清或词义含混所造成问题而免责，银行接受表面上合格的单据而对于是否伪造单据、货物与单据不符或货物中途灭失、受损、延迟到达等事项免责；申明信用证开立的根据，即依照国际商会《跟单信用证统一惯例》第 500 号出版物（2007 年 6 月 1 日起实施 UCP600）办理该信用证项下的一切事宜，并同意承担由此产生的一切责任。

填写好的信用证开证申请书，见单据实例 9-3。

二、进口开证的担保

开证人申请开证时，开证行要审核进口商的资信状况，以决定是否同意对外开证。因为信用证是银行以自己的信誉做出的保证，承担第一付款责任，即只要受益人提交符合要求的单据，银行就必须付款。银行付款后，向进口商要求付款赎单，如果进口商不付款，虽然银行掌握货运单据，拥有货物的所有权，可以货物的价值抵偿欠款，但对货物进行处理毕竟会给银行带来很大的麻烦，也因此会造成许多坏账。所以银行根据进口商的经营能力、资金偿付能力而要求进口商交纳一定比率的押金（Margin）或其他担保品，如有形资产抵押等。押金一般为 L／C 金额的百分之十或几十，视开证人的资力、信誉以及市场动向、商品销售滞畅情况而定。

我国对于和银行业务往来不多的一些小公司或新公司的开证申请，开证行会要求进口商首先将申请开立信用证的全部金额存入开证行的指定账户，才对外开证。在这种情况下，进口商将不能获得资金的融通，但银行却减少了资金风险。

在进口商完成了上述的手续后，银行根据开证申请书的内容要求，以航空邮寄或电传或通过第三章所述的 SWIFT 网络向出口商所在地的银行（通知行）开出信用证。

单据实例 9-3　信用证开证申请书

IRREVOCABLE DOCUMENTARY CREDIT APPLICATION

TO:　BANK OF CHINA BEIJING BRANCH	Date:
☐Issue by airmail　　☐With brief advice by teletransmission ☐Issue by express delivery	Credit No.
☒Issue by teletransmission（which shall be the operative instrument）	Date and place of expiry　JULY 30, 2004 IN CHINA
Applicant EAST AGENT COMPANY ROOM 2401, WORDTRADE MANSTION, SANHUAN ROAD 47#，BEIJING, P. R. CHINA	Beneficiary（Full name and address） LPG INTERNATION CORPORATION 333 BARRON BLVD., INGLESIDE, ILLINOIS（UNITED STATES）
Advising Bank	Amount **USD 570,000.00** SAY U.S.DOLLARS FIVE HUNDRED AND SEVENTY THOUSAND ONLY
Partial shipments ☐allowed　☒not allowed	Transhipment ☐allowed　☒not allowed	Credit available with **ANY BANK** By
Loading on board/dispatch/taking in charge at/from **NEW YORK** not later than　　**JULY 15, 2004** For transportation to:　**XINGGANG PORT, TIANJING OF CHINA**	☐sight payment　　☐acceptance ☒negotiation ☐deferred payment at against the documents detailed herein ☒and beneficiary's draft（s）for __100__ % of invoice value
☒FOB　　☐CFR　　☐CIF ☐or other terms	at____**** sight drawn on

Documents required:（marked with X）

1.（X）Signed commercial invoice in __3__ copies indicating L/C No. and Contract No.

2.（X）Full set of clean on board Bills of Lading made out to order and blank endorsed, marked "freight [X] to collect / [　] prepaid [　] showing freight amount" notifying **THE APPLICANT WITH FULL NAME AND ADDRESS**.

（　）Airway bills/cargo receipt/copy of railway bills issued by showing "freight [   ] to collect/[   ] prepaid [   ] indicating freight amount" and consigned to_____.

3. (   ) Insurance Policy/Certificate in _____ copies for _____ % of the invoice value showing claims payable in _____ in currency of the draft, blank endorsed, covering All Risks, War Risks and _____.

4. (X) Packing List/Weight Memo in __3__ copies indicating quantity, gross and weights of each package.

5. (   ) Certificate of Quantity/Weight in _____ copies issued by _____.

6. (   ) Certificate of Quality in _____ copies issued by [   ] manufacturer/[   ] public recognized surveyor_____.

7. (X) Certificate of Origin in __2__ copies.

8. (X) Beneficiary's certified copy of fax / telex dispatched to the applicant within __1__ days after shipment advising L/C No., nameof vessel, date of shipment, name, quantity, weight and value of goods.

Other documents, if any

Description of goods:
   MEN'S DENIM UTILITY SHORT
   COLOR: MEDDEST SANDBLAS
FABRIC CONTENT: 100% COTTON
QUANTITY:2000 CARTON
PRICE TERM: FOB NOW YOURK
   COUNTRY OF ORIGIN AND MANUFACTURERS: UNITED STATES OF AMERICA, VICTORY FACTORY

Additional instructions:

1. (X) All banking charges outside the opening bank are for beneficiary's account.

2. (X) Documents must be presented within __10__ days after date of issuance of the transport documents but within the validity of this credit.

3. (   ) Third party as shipper is not acceptable, Short Form/Blank back B/L is not acceptable.

4. (   ) Both quantity and credit amount _____ % more or less are allowed.

5. (X) All documents must be sent to issuing bank by courier/speed post in one lot.

   (   ) Other terms, if any

单据来源：南京世格软件有限责任公司外贸单证。

第三节 进口单据的审核

国外出口商在货物出运后，会根据不同的支付方式将单据提交给银行或者是出口商。信用证方式下，出口商将信用证规定的汇票及全套单据提交开证行，银行根据 UCP600 的规定，合理谨慎地审核信用证所规定的单据，以确定单据是否在表面上与信用证条款相符。审核无误且达到单证相符、单单相符之后，银行应根据汇票的期限对外付款。开证行一经付款即为终局性的、无追索权。开证行付款的同时，通知进口商付款赎单。托收方式下，代收行并没有审核单据的义务，只是核对单据种类和份数是否与托收指示书中列明的相符，因为托收单据并不是买方付款的前提，但是单据应该不影响买方提货，否则也会影响到卖方的顺利结汇。汇付方式下，卖方应在备齐单据后直接寄给进口商。

无论采用哪一种支付方式，进口商在收到单据后，都应不迟延地审核单据。信用证方式下，根据 UCP600 的规定，开证行或指定的付款行对提示的单据进行审核，并仅以单据为基础决定单据表面上是否构成相符交单，单证相符的应将货款立即（即期汇票）或在将来规定的日期（远期汇票）支付给议付行；发现单证不符，银行可根据实际情况联系进口商决定是否付款，如果进口商拒付，此时开证行一旦已经付款，则不能以审核时未发现不符点为由向出口商索回货款。但是，实际业务中，开证行在收到单据审核无误后，往往提请开证人审核确认其是否同意付款，虽然这样做并不符合惯例的规定。如果出现单证不符，开证行与进口商联系、协商，从而决定是否付款，并做出适当的处理。但应特别注意的是，单单不符和单证不符是拒付的惟一理由，拒收单据、拒付货款必须以开证行的名义做出，而不能以开证申请人声称单证不符为由拒付货款；而且开证行必须在收到单据次日起 5 个工作日内，以电信方式通知寄单银行或受益人，说明其拒付的所有不符点，并说明单据是否保留听候处理或退回交单人。否则，开证行就失去了提出拒付的权利。

因此．进口商对单据仔细审核，以确认出口商是否按合同或信用证的要求交货是至关重要的环节。审核时，除了审核提交的单据种类是否齐全、份数是否相符外，以下就重点的单据审核内容进行说明。

一、汇票

虽然汇票是资金单据，但在信用证方式下，如果汇票的内容有问题，同样也视为单证不符。重点审核以下几项：

1．汇票的日期即汇票的出票日期，表明受益人向银行交单的日期，应审核其是否在信用证规定的交单期内。

2．汇票金额是否正确，大小写是否一致。汇票金额是进口商付款的具体数额；如果有佣金或折扣规定的，要审核汇票的金额是否扣除。

3．付款期限是否与信用证规定的一致。

4．出票条款是否按规定填写。

5．付款人和出票人的名称、地址是否有误。

二、商业发票

商业发票是全套单据的中心，也是对货物做全面描述的单据。如果发票的内容有误，进口商有理由凭此认为货物不符。所以，应仔细审核发票，以维护进口商的利益。重点应审核：

1．商业发票的出票人应与信用证的受益人相同。

2．除非信用证另有规定，商业发票的抬头人必须是开证申请人。

3．有关货物的描述应与合同及信用证的要求一致，特别是货物的品名、规格和包装等应与信用证完全一致。

4．货物的数量、单价与总金额是否相符。审核是否按规定装运数量装运、金额是否超出信用证规定的金额、价格术语是否正确。

除上述主要内容以外，还应审核发票上记载的唛头、装运路线、起运地及卸货地等内容是否与提单或其他单据上的内容相同，以及是否漏掉信用证要求表明和证明的内容。

三、运输单据

运输单据中主要是提单的审核，因为它代表了货物的所有权。

1．运输单据的类型是否与信用证规定的一致。

2．提单的抬头人是否按规定出具。信用证项下的提单，一般都要求有明确提单的抬头人，以便进口商安排提货。对于空白抬头或记名抬头，此类应加背书的提单，应当审核其是否按要求背书，否则会影响进口商的提货。

3．提单上的品名、数量、包装是否与发票上的内容相符。

4．运费支付情况是否与相应的价格术语相对应。

5．提单上是否有不良批注。一般应注明"清洁已装船"（Clean On Board）。

6．提单的签发日期是否与信用证要求的装运期相符。

7. 唛头是否与其他单据一致。

四、保险单据

进口采用 CIF 条件的，卖方应提供保险单据。对保险单据的重点审核内容有：

1. 保险单中的投保险别、投保加成是否与信用证规定相符。
2. 保险单背后是否有投保人的背书。

除信用证另行规定外，保险单应当为可转让形式。因为在 CIF 条件下，由卖方投保，保险单上的被保险人为卖方的名称，卖方在交单时，应在保险单上背书，才能将保险单转让给买方，以保证货物在运输途中一旦出险，买方可以凭保险单办理索赔事宜。

3. 如果货物需要转运，保险期限必须包括全程运输。
4. 保险单的签发日期不得迟于运输单据的装运期。

五、商检证书

买卖双方在签订合同时，对商品的检验有所规定。在开证时，具体规定了卖方办理检验的要求及应提供的单据。所以，重点审核的内容有：

1. 出具商检证书的名称及出单机构是否与信用证的规定相符。
2. 检验的项目、结果及证明的内容是否符合要求。
3. 商检证书的出单日期应早于提单的签发日期。

另外，对于信用证或合同及买方规定的其他单据，如原产地证书及其他的证明等，进口商都要对照信用证内容和其他单据的内容仔细审核，在此不再一一说明。经审核无误后，进口商应按规定支付货款，取得单据，办理提货。

第四节 进口货物通关与报验

进口商在接受单据后，应在货物到达时凭单据办理报关与商检报验。下面主要以一般贸易为例，说明进口货物的通关与报验。

一、进口货物的通关

进口货物的收货人，必须向进境口岸海关请求申报，交验规定的证件和单据，接受海关人员对其所报货物和运输工具的查验，依法缴纳海关税费和其他由海关代征的税款，然后才能由海关批准货物和运输工具的放行，这与前面所述的海关对出口货物的监管程序是一样的。从收货人的角度看，进口货物的通关，一般包括四个基本环节：进口货物的申报、海关查验、海关计征税费和海关批准放行。

（一）进口货物的申报

1. 申报时间与期限

根据《海关法》的规定，进口货物的保管期限为自运输工具申报进境之日起 14 日内。进口货物的收货人或其代理人超过 14 天期限未向海关申报的，由海关征收滞报金；超过 3 个月还没有向海关申报的，其进口货物由海关提取变卖处理。变卖后所得价款，除支付运输、装卸、储存等费用和税款后尚有余额的，自货物变卖之日起 1 年内，经收货人申请予以发还；逾期无人申请，上缴国库。

2. 报关时应交验的单证

进口货物报关时所需提供的单证包括以下几种：

（1）由报关员填写或由自动化报关预录入人员录入后打印的报关单，见单据附样 9-4；

（2）进口货物属于国家限制或控制进口的，应交验对外经济贸易管理部门签发的进口货物许可证或其他批准文件；

（3）进口货物的发票、装箱单等；

（4）进口货物的提货单或提（运）单；

（5）减税、免税或免验的证明文件；

（6）对应实施商品检验、文物鉴定、动植物检疫、食品卫生检验或其他受管制的进口货物，还应交验有关主管部门签发的证明；

（7）海关认为必要时，可以调阅贸易合同、原产地证明和其他有关单证、账册等。

（二）海关查验

这是指海关接受报关员的申报后，对进口货物进行实际的核对和检查，以确定货物的自然属性以及货物的数量、规格、价格、金额以及原产地等是否与报关单所列一致。

海关查验，一是要复核申报环节中所申报的单证及查验单、货是否一致，从而检查是否有无证进口问题及走私、违规、逃漏关税等问题；二是通过查验货物,保证正确地估征关税。

进口货物除海关总署特准免验的以外,都应接受海关查验。重点查验进口货物的名称、品质、规格、包装式样、数量、重量、标记唛码、生产或贸易国别等项是否与报关单和其他证件相符。查验货物一般在设有海关的码头、机场、车站的仓库、场院等海关监管场所进行。为了加速验放、方便外贸运输,根据货物性质,海关对海运进口散装货物、大宗货物、危险品和鲜活商品等,结合装卸环节在船边现场验放;对成套设备、精密仪器、贵重物资和"门到门"运输的集装箱货物等,在海关规定地区进行查验有困难的,经进口货物收货人的申请,海关核准后,可以派员到监管区域以外的地点进行就地查验放行货物。但申请单位应按规定交纳规费,并提供往返交通工具。

(三)海关计征税费

海关在审核单证和查验货物后,根据《中华人民共和国关税条例》和《中华人民共和国海关进出口税则》规定的税率,对实际货物征收进口关税。如果根据规定可减、免、缓、退、保税的,报关单位应向海关送交有关证明文件。

进口税是海关对进口货物和物品所征收的关税。进口税在进口货物和物品直接进入关境时征收,或者在国外货物和物品由自由港、自由贸易区海关保税仓库中提出运往进口国的国内市场销售、办理海关手续时征收。进口税是关税中最重要的一种,在许多废除了出口税和过境税的国家,进口税是唯一的关税。

《进出口关税条例》规定,进出口货物应当依照进出口税则规定的归类原则归入合适的税号,并按照适用的税率征税。进口关税的税率在2002年1月1日前,分为普通税率和优惠税率两种。对原产于与我国未订有关税互惠协议的国家或地区的进口货物,按照普通税率征税;对,原产于与我国订有关税互惠协议的国家或地区的进口货物,按照优惠税率征税。但自2002年1月1日起,鉴于我国已成为世贸组织成员,我国对进口税则的栏目作了相应调整,即现实的税率栏目有4个,分别为最惠国税率、协定税率、特惠税率和普通税率。

海关在对进口货物征收关税的同时,对该货物代为征收国内税费。代征税与关税性质不同,它们的征税依据不在于进口,而在于将这些进口货物在国外经过的生产流通环节与国内同类货物经过的生产流通环节同等对待。这样,对国内同类货物已征收的流转税,对进口货物也要征收。为了简化手续,进口货物的国内税一般在进口环节由海关征收。

单据附样 9-4

中华人民共和国海关进口货物报关单

预录入编号：			海关编号：	
进口口岸	备案号		进口日期	申报日期
经营单位	运输方式	运输工具名称		提运单号
收货单位		贸易方式	征免性质	征税比例
许可证号	起运国（地区）	装货港		境内目的地
批准文号	成交方式	运费	保费	杂费
合同协议号	件数	包装种类	毛重（公斤）	净重（公斤）
集装箱号	随附单据			用途
标记唛码及备注				

项号	商品编号	商品名称、规格型号	数量及单位	原产国（地区）	单价	总价	币制	征免

税费征收情况

录入员	录入单位	兹声明以上申报无讹并承担法律责任	海关审单批注及放行日期(签章)	
			审单	审价
报关员			征税	统计
单位地址		申报单位（签章）	查验	放行
邮编	电话	填制日期		

目前，我国规定由海关征收的进口环节税主要是增值税和消费税。另外，海关还对部分进口减免、免税和保税货物征收海关监管手续费。

除进口税和进口环节税外，还有进口附加税（Import Surtaxes）。它是对进口商品除征收正常关税外再加征的额外关税，是一种特定的临时性措施。其目的是为了解决国际收支逆差，防止外国商品倾销或对某国实行歧视与报复等。最典型的是以下两种：

1．反补贴税（Anti-Subsidy Duties），又称抵消税，是针对直接或间接接受任何贴补和奖金的外国商品所征收的一种进口附加税。该税征收的目的是为抵消其所享受的补贴金额。

2．反倾销税（Anti-Dumping Duties），是针对实行商品倾销的进口商品所征收的一种进口附加税。目的在于抵制外国商品倾销，保护本国产品和国内市场。构成倾销的条件是：商品以低于正常价格的办法在国外市场销售，使外国生产和工业受到损失和威胁。正常价格是指商品在原产国的销售价格或商品向第三国正常出口时的价格。

海关在计算出应纳税额并审核无误后，即填发关税税款缴纳证和海关代征税交纳证，交由进口货物的纳税义务人向指定的银行办理缴纳手续。根据《关税条例》的规定，进口货物的收货人或者他们的代理人应当在海关填发税款缴纳证的次日起 7 日内（星期六、日和法定节假日除外），向指定银行缴纳税款。逾期未交的，除限期追缴外，由海关自到期的次日起至缴清税款日止，按日加收欠缴税款总额的 1‰的滞纳金。超过 3 个月仍未交纳税款的，海关可责令担保人交纳税款或将货物变价抵缴，必要时，可以通过银行在担保人或者纳税义务人的存款内扣款。纳税人同海关发生纳税争议时，应先交纳税款，然后自海关填发税款缴纳证之日起 30 天内，向海关书面申请复议。

（四）进口货物的放行与提货

对于一般进口货物，在收货人或其代理人如实向海关申报、接受查验，并如数缴纳应缴税款和有关规费后，海关在货物的进口货运单据如进口提单或运单、特制的放行条上签盖"海关放行章"，进口货物的收货人凭此到海关监管仓库提取货物。

二、进口货物的报验

我国对进出口商品实施检验的规定和要求在第七章已经阐述过。因此，凡是我国明确规定要进行法定检验的进口商品，以及在合同中规定货到后买方有复验权的商品，买方应在规定的时限内向商检机构办理进口商品的报验，并由商检机构检验出具证明，以确定进口商品符合我国有关规定，达到了规定的质量和标准等；它也是买方确认卖方是否依合同履行交货，并决定是否向卖方提出索赔的依据。

（一）报验的时限和地点

必须经商检机构检验的进口商品到货后，由收货人或其代理人凭进口货物到达通知单或有关的其他进口单证，向到货的口岸或到达站的商检机构办理进口商品登记。凡列入《目录》的进口商品，海关凭商检机构在进口货物报关单上加盖的印章验放。未列入《目录》的进口商品，收货人也应在合同规定的索赔期限内，向货物卸货地商检机构报验并完成检验出证工作。如果在索赔期限内完不成检验出证，收货人须预先与国外出口商协商，办理延长索赔期限手续。对重要的进口商品和大型的成套设备，收货人应按合同约定．在出口国装运前进行预验、监造或监装；商检机构根据需要可派出检验人员参加。

（二）报验要求和提交的单据

1．入境报检时，应填写入境货物报检单，并提供外贸合同、发票、提（运）单、装箱单等有关单证。

2．凡实施安全质量许可、卫生注册、强制性产品认证、民用商品验证或其他需经审批审核的货物，应提供有关审批文件。

3．报检品质检验的，应提供国外品质证书或质量保证书、产品使用说明书及有关标准和技术资料；凭样成交的，须加附成交样品；以品级或公量计价结算的，应同时申请重量鉴定。

4．报检入境废物的，应提供国家环保总局签发的《进口废物批准证书》、废物利用风险报告和经认可的检验机构签发的装运前检验合格证书等。

5．报检入境旧机电产品的，应提供与进口旧机电产品相符的进口许可证明。

6．报检申请残损鉴定的，应提供理货残损单、铁路商务记录、空运事故记录或海事报告等证明货损情况的有关证单。

7．报检申请重（数）量鉴定的，应提供重量明细单，理货清单等。

8．货物经收、用货部门验收或其他单位检测的，应随附验收报告或验测结果以及重量明细单等。

9．报检入境动植物检及其产品的，在提供贸易合同、发票、产地证书的同时，还必须提供输出国家或地区官方的检疫证书；需办理入境审批手续的，还应提供入境动植物检疫许可证。

10. 报检过境动植物及其产品的，应持分配单和输出国家或地区官方出具的检疫证书；运输动植物过境时，还应提交国家质检总局签发的动植物过境许可证。

11. 报检入境旅客、交通员工携带伴侣动物的，应提供进境动物检疫审批单及预防接种证明。

12. 报检进口食品的，应按规定提供《进出口食品标签审核证书》或《标签审核受理证明》。

13. 报检进口化妆品的，应按规定提供《进出口化妆品标签审核证书》或《标签审核受理证明》。

14. 报检来自美国、日本、欧盟和韩国的入境货物的，应按规定提供有关包装情况的证书和声明。

15. 报检因科研等特殊需要输入禁止入境物的，必须提供国家质检总局签发的特许审批证明。

16. 报检入境特殊物品的，应提供有关的批件或规定的文件。

进口商申请检验后，经过商检机构检验合格的签发商品检验证书，如属于法定检验的，由进口商凭其办理进口报关；经检验不合格的，也由商检机构签发检验证书，以便进口商凭此向有关的责任方办理索赔等事宜。

小　结

在对外贸易单证工作中，由于出口商的交货以所提交的单据为出口方履行合同的证明，并且作为进口商将来进口接货时办理通关手续时使用，所以单据主要由出口商缮制并签发，进口商对外的单证工作很少，大多数的单据是在国内流转。因此，进口商主要是对进口单据进行必要的审核，以确认所收到的货物是否符合合同要求，以及将来证实所收到的货物是否与单据所列明的一致，并作为自己履行合同付款义务的依据。因此，进口单证工作主要是接到单据后审核无误，办理付款以及凭单据办理进口商品复验和报关等手续。

复习思考题

1. 进口货物许可证应怎样申领?
2. 进口许可证主要包括哪些内容?
3. 对进口货物单据主要审核哪些内容?
4. 进口货物通关需提交哪些单据?进口货物报关单的内容和填写。
5. 进口商品检验应注意哪些问题?

主要参考书目

[1] 施米托夫. 出口贸易——国际贸易的法律与实务. 北京：对外贸易出版社，1985.

[2] 姚新超. 国际结算——实务与操作. 北京：对外经济贸易大学出版社，2006.

[3] 上海市工商联外贸基层工作组. 外贸出口单证工作手册，1987.

[4] 姚大伟. 国际贸易单证实务. 北京：对外经济贸易出版社，2006.

[5] 上海对外贸易协会. 进出口单证教材. 上海对外经济贸易培训中心，1992.

[6] 对外经济贸易大学国际商务教研室编写组. 国际贸易实务. 北京：对外经济贸易大学出版社，2002.

[7] 谢娟娟. 精编国际贸易实务. 北京：首都经贸大学出版社，2013.

[8] 顾民. 外贸制单与结汇. 北京：对外经济贸易大学出版社，2003.

[9] 林泽拯. 对外贸易出口单证实务. 北京：中国对外经济贸易出版社，1994.

[10] 梅清豪编译，姚念慈审定. 跟单信用证统一惯例解释与应用. 上海新闻出版局内部资料，1993.

[11] 郑俊田. 中国海关通关实务. 北京：中国对外经济贸易出版社，2006.

[12] 陈文培. 外贸实务一本通. 北京：中国海关出版社，2006.

[13] 刘舒年，严思忆. 国际贸易结算与融资. 北京：对外经济贸易大学出版社 1996.

[14] 国际商会. 跟单信用证统一惯例修订本，2007.

[15] 商务部网站：www.mofcom.gov.cn.

[16] 海关总署网站：www.customs.gov.cn.

[17] 国家质量监督检验总局网站：www.aqsiq.gov.cn.

[18] 国家外汇管理局网站：http://www.safe.gov.cn/.